南明史

錢海岳撰

第九册　列傳

卷六十五至卷七十三

中華書局

南明史卷六十五

列傳第四十一

無錫錢海岳撰

焦璉 胡祖虞 周孔昭 馬之驥 劉起蛟 白玉等 白貴 趙興 鄧元禧 朱旻如 白國楨等 趙應選 湯執中 温如孔 周宗德 尉遲日昇等 龍國命 胡鯉 楊佩玉 郝太極 解鼇 王國增 胡一青 李成龍 楊應亨 石元澤 王永祚 喬汝遷等 蔣甲 陶仰用 鍾芳 陳日堯 弟世則 周金湯 周朝 周斌等 羊明節 黃崇文 蘇汝賢等 楊大恩 劉珮雲 謝國恩 余啟泰 葉承恩 戚輔臣 羅廷用 吉大堯 覃朗富 李大受 侯性 子方道 嚴雲從 林時望 王忠 張應葵 楊奇等 張鳴鳳 康永寧 成大用 王有成 劉大榮等 謝甲 劉福興 黃元吉 孟本淳 張明誠 黃以仁 梁上棟 周甲 李建來 梁大 吕建 梁台玉 韋嗣寬 段晅 王命哲 盧太明 汪馨 王臣忠 趙登元 劉星海等 閻長吉 王良盛 鄭啟明 李鎮雄 鄧林杞 李潛 竇雲開 胡宗元 魏豹 屠時中 孔思誠 遲光啟 苗路宗 陳斗陽等 倪養寧 魯國良 李福仲 曾文啟 袁成章

黄眼石　劉攀鳳　吴醒閒　知開　羅熙　兄璣等　鄧凱　張龍　黎維祚

焦璉，字國器，大同人。父晃，指揮使，守榆林有戰功。璉爲兒時，善騎射，讀孫吴書，通大畧。嘗遊塞上，見台吉諸部落有乘良馬者，輒騰而上，推墮其人，馳射數十里。諸部落知其爲焦指揮子，莫誰何也。年三十，官遊擊，爲楊國威中軍。

崇禎十六年，張獻忠攻全州，璉以先鋒敗之黄沙驛，進復永州。昭宗陷寇道州，璉踰城出之。上以驚怛致病，不能行，璉乃背負登城，手短兵躍下，輕捷如飛，獻忠不敢逼，遂疾趨渡河以免。

隆武元年八月，國威挾靖江王亨嘉反，幽瞿式耜桂林，丁魁楚遣將趙千駟、嚴遵誥、馬吉翔、陳邦傅討之，亨嘉戰敗歸。國威率璉來援，入城守。璉素重式耜，且知亨嘉不義，夜縋城出，與邦傅定計，執亨嘉、國威、嚴天鳳、吴之琮、張龍翼等致福京，亂遂定。遷黄沙參將。

昭宗即位，擢都督同知總兵，挂援剿征虜將軍印。以舊恩，優厚之。

永曆元年，從扈平樂。式耜留守桂林，璉與胡祖虞軍隸焉。三月十四日，清兵從平樂長驅入，桂林虚無甲兵，式耜檄召璉於黄沙鎮，璉以三百人赴之。時山水汎濫，士卒從水中行百里，水及馬腹。至江，得漁舟二，次第渡之，以十三日薄暮抵留守府。明日，方遣人至太墟運糧。俄清騎數十突入文昌門，璉袒背控弦提刀出，發數矢，應弦倒。璉士卒閉城門，清兵之入城者不得出，繞城走。璉復斬數人，乃棄馬越城下，璉與周孔昭開門追之。清兵自入粵來，未有抗衡者，見璉出，方錯愕，而璉引騎直貫其營，自寅至午，斬首數千級，衝清兵爲三。已復合而圍之，璉大呼入，戈刃所及，血雨肉飛，追奔數十里。是役也，璉以三百騎破清兵數萬，桂林獲全。已劉承胤部兵之助守者，與璉兵不和，鬨而去。清兵偵有變，復還師環攻文昌門，吏士失色。璉出戰，以西洋大礮架女牆放之，殺傷數百人。向晡收兵，明日復出，奮刀直入，橫突其陣，清兵棄甲仗奔，追斬千人，逐北二十里而還。陞太子少師、左都督、提督廣西軍，封新興伯。

旋命督標副總兵馬之驥、鎮標右協副總兵熊飛，於八月復陽朔，俘都督馬必晋、副將管雄、守道李勝，得大銃八十，火藥刀甲無數。參將陳惟學、朱方明、朱方昇、龍文明進復平樂各邑，斬將吴維藩。總兵杜鳳、劉國泰亦復岑溪。屠埒鼂奔賀縣，爲懷集義兵所斬。清兵逼全州，以總兵趙興、畢壯猷八鎮七千人從何騰蛟守八日夜大破之。已與郝永忠鬨，全州降清。

二年正月，晋侯。二月，永忠兵亂，上出狩，璉聞警，自平樂馳援，而清兵已間抵桂林北門。騰蛟令滇師出文昌門，楚師出榕樹門，自與璉出北門。戰未合，璉突搏清營。清兵圍之，矢雨下。璉左右蕩抉，勢如遊龍，清兵合而復散者再。其部將劉起蛟、白玉、白貴、趙興、沈煌及總兵張天祚、覃裕春，督標馬胤昌、之驥父子，副總兵俞方、吴希璘、吴之英亦大呼陷陣，與璉合鬬，斬數百人，貫營而出，清兵大奔。玉、貴誅通敵陽朔舉人莫之元。清將使人來招，璉斬之。清兵進攻全州，璉督天祚、高彪相視發礮，所向旨中，余世忠彈傷左臂，幾斃。副總兵林三鼎襲黄沙、六塘，鄧元禧、廖必名絶東南餉道，皆捷。璉督興及總兵杜化年、吴應夔，繇茅鋪破南門入，再復永州，幾獲孔有德。論者謂桂林三捷，南渡以來所未有也。

璉敢戰恥走，身爲士卒先，而與諸將交，謙讓不競，諸將皆安之。自隆武來，武帥或假便宜，因之驕横，往往廷參監司，鞭笞守令。獨璉遇文吏，一仍中朝舊制，尤斂束部兵，於民無擾，恂恂如儒生。而時聞寇警，則蓐食馳赴，不畏危險。顧以糧餉不給，兵不滿萬，故不能成大功。

三年春，孫可望據僞敕稱王，脅諸將降附。璉移書諸將，請公疏糾私王可望者，因合兵責可望削號，不從，則奉天子討之，可望氣懾不敢動。

八月，清兵攻全州，起蛟敗績於興安。四年二月，上幸梧州，璉率兵入衛，晋宣國公。

金堡下獄，抗疏言：「堡忠邪，臣不敢知，但楚、粵、川、黔諸將，下至厮養賤卒編户細民，莫不以爲直者。陛下欲收人心，而亟罪堡，似不相宜。」因移書馬進忠等疏理，堡得減死論戍。

時式耜以滇兵守桂、全，調璉守陽朔。璉不樂曰：「留守驕客兵，輕腹心，吾死無埋骨地矣。」順承王勒克德渾三路兵再陷永、全，薄桂林，滇兵走，式耜嘆曰：「吾死矣。使璉在，吾安得至此！」遂陷敵。將死，遺書璉曰：「虜兵弱，城空虚，公可提兵來，此中興大計，毋以我爲念。」璉得書泣曰：「留守遠我，致我倉卒不及救。今公既死，我又誰與共功名？」因長號不已。

五年正月，治兵五屯所。吉翔調旨分其兵守篁竹，隸璉兵止五千人。九月，兵潰過潯州，邦傅以潯州畔，璉不知也。邦傅誘之入營，百計勸降，璉大駡，從容自刎死。子三郎，後爲吉翔所害死。事聞，謚璉忠愍。

祖虞，字叔羽，歙縣人。崇禎七年武進士。自新平守備，累功官都督總兵。從式耜守桂林。桂林陷，變姓名，入盤古山。一夕，中伏弩死。

孔昭，不知何許人。監紀推官遷兵科給事中。永曆三年五月，調兵懷集陽山，爲人所害。

之驥，不知何許人。後投永忠，與朱旻如爭昭平餉，驕悍不可制，爲璉計殺。

起蛟字小泉，資膽勇，兵稱最强。以總兵挂撫桂將軍印，嘗戰虞山下，首級垂馬項，累累如貫珠。

玉，南陽守備。從騰蛟轉戰有功，陞協守廣西副總兵，後與副總兵煌坐失律死。

貴，協守廣西副總兵，後戰死永州。焚其屍，獲箭鏃數升。

興，總兵。好剛使氣。趙應選部衆多劫掠，興怒而攻之，殺四五人，幾大鬨。璉不得已，斬興以謝滇將。

後清兵攻全州，璉卧病陽朔，起蛟總統諸軍，與總兵張明綱以全營疾趨興安，深入敗，璉按軍法斬之，以明綱代。自三人死，而璉營遂弱。璉每與瞿共美言之，淚輒簌簌下也。

元禧，字子瑞，全州人。崇禎十五年舉於鄉。起兵，歷監紀推官、職方主事。桂林陷，死難。

朱旻如，字宗臣，臨桂人。猿臂善射，膂力過人。以武進士禦張獻忠全、灌，授守備。已隨焦璉起兵，定靖江王亨嘉亂，遷遊擊。益散家財萬金，號召丁壯，成一軍。馬仗精好，爲璉軍最。永曆二年，從復陽朔、平樂，以功擢副總兵，守平樂。

昺如剛直慕義，折節下文吏，尤恭謹循法度。時何騰蛟部滇、楚老營留桂平縱暴，萬六吉責之，騰蛟欲得而甘心。昺如偵得其詳，慨然曰：「督師乃欲捕係天子近臣，無人臣禮。」留六吉於署。材官至，挫辱之，大言曰：「昺如不畏死，爲一隅君臣存分義。督師若欲殺我者，我自來。」遂送六吉南寧，而自署其門曰：「昺如得罪督師，爲朝廷存一綫君臣之義，故不敢擁兵以自求活，今解兵待譴。」乃自囚服就逮，謝事閒居。騰蛟敗歿，復職，守平樂，謙謹有節制聞。陞右都督總兵，挂鎮西將軍印。

五年九月，馬蛟麟、陳邦傅以清兵自灌陽、恭城間攻平樂，昺如兵止三千，與白國楨戰敗，攖城堅守，發火礮，頗傷清兵。蛟麟以雲梯登，卻之。自辰至午，兵寡不敵，城陷，昺如巷戰，衆皆披靡，頭顱塞巷。騎縱火焚民舍，昺如從火中擊殺騎數百人。衆騎追射入署，昺如挾弩矢火藥，騰附鴟尾，舉火器，發無不中，兵死枕籍。會別軍躡署後登，入臥内，昺如知不可爲，遂殺其妻子，南向拜，易進賢冠大絳袍，握印手劍端坐。清兵望見如塑神像，愕眙不敢進。昺如大呼曰：「身是鎮西將軍朱昺如，虜何怯，不前殺我也？」清兵自堂下射之中頰，昺如復呼曰：「虜不濟事。」遂援劍自刎而死。蛟麟怒昺如之拒，下令屠城三日，部曲蕭伯雄冒死負昺如屍，葬之城北。賀縣土司梁尚挺降清。

國楨，字幹卿，清遠人。隆武元年副貢。與文耀祖、朱應遇、曾士毅、白嘗康、朱祚陟、徐汝相迎立昭宗，授監紀推官。從扈廣西，瞿式耜疏薦桂林知府，陞僉事，監旻如軍。城陷死。弟國忠守廣寧，城陷被執不屈死。耀祖，隆武恩貢。應遇，隆武恩貢，平樂教授。士毅、嘗康，永曆恩貢。皆清遠人。

趙應選，字玉田，建水人。胡一青中表兄弟，故爲里魁，雄長諸土漢。弘光時，陳賡請募滇兵入衛，以胡紹虞爲總統，應選副之。隆武元年，敕赴閩，乃與湯執中隨賡出湖南。至建昌，益王由本留之共事。保寧王紹炟畔，以火箭傷象兵，遂潰亂，改隸萬元吉。吉安圍解，應選代爲總統。顧肥鈍不任戰，一倚一青爲重。無何，賡與元吉忤，引兵退南安。忠誠陷，應選等退居郴、韶、永間。

賡卒，乃改依何騰蛟，爲奏授副總兵，命副總兵秦遇春、吴大魯、廖化龍及火器營畢九章守歸儀。

永曆元年三月，清兵襲衡山，與一青以五千人力扼橋頭，連斬數十人，追奔三十餘里，騰蛟乃得至衡州。劉承胤襲騰蛟，應選力戰殲其衆，騰蛟倚以自强。十月，率之入衛，賜號御滇營，加太子少保、都督總兵，挂靖虜將軍印。

十一月，大敗清兵全州。全州降清，以兵回桂林，封新寧伯。桂林潰，提五協五司兵爲中軍，督周正營、周一烈、易水汲奮勇爭先，大破清兵。進攻全州，清以鈀手合戰於橋，水陸拒守，鋭甚，應選身當其衝，吳興朝水戰維忠橋下頗利，應選突擊，各斬其一將，總兵黄尚賢連中三槍，不少挫，蒲纓營高招紅旗手劉魁泰渡河擊西路，前騎劉承讚、魯大國營高招紅旗手朱邦鳳亦渡河持梃擊後騎，橋口之敵乃潰。應選躬督全營墮北門，遂復全州。繼復永州、衡州，以藍亭爲監軍。

騰蛟歿，從堵胤錫守衡州，敗績。應選謂一青等曰：「閣部死，軍新破，不可復振。將死封疆乎，則吾無封疆責；將降乎，則當日之出滇者謂何？瞿留守仁慈好士，可與共當一面。」乃於三年五月，收餘兵走桂林。瞿式耜命益募兵二萬人，分守全州、永寧，以衛桂林。晉侯。

永寧陷，檄出全州，糧匱不克進。忌焦璉之勇，使屯平樂。

四年三月，命與一青、纓、曹志建進兵長沙，晉開國公，漸驕蹇，廷議不平。一青出守榕江，應選則居桂林老營，擁姬妾自娱，又奪王永祚子婦，盛飾親迎，置疆埸不問。勒克德渾陷嚴關，式耜檄戰守，不應；又尼璉救。再促之，則盡室逃柳州山中，部曲解體，桂林遂陷。已屯賓州。

五年正月，退崑崙關，入南寧，鼓噪索餉。上盡括宫中簪環器皿準銀八千兩，不足，立迫文武攢銀二千給之，又搜行在布帛裀褥棉絮，爲營中馬屜棉甲用，乃去。十月，命與黄安信進復潯、梧。清兵過新寧，應選戰敗，上遂自瀨湍幸安龍，應選走欽州。

六年二月，清兵至，入山。李定國復桂林，與石道貴以兵應之，復欽州。清兵再至，棄城走，依定國，與一青抑隸部下。二人故夙將，不從，因留御營宿衛。孫可望畔，隨劉文秀破之交水。滇京亡，入迤東土司，依王耀祖。二十年，起兵復彌勒。總兵王輔臣進攻，城陷，被執死。

執中，建水人。累功官總兵。湖南陷，降清。

時滇將之完節者温如孔、周宗德、尉遲日昇、龍國命、胡鯉、楊佩玉、郝太極、解鼇、王國增。

如孔，昆明人。崇禎元年武進士，精騎射。授鎮西衛守備。苗畔，進剿，以功陞臨元參將、貴陽副總兵。沙定洲反，奉命援滇，戰盤江者數月。可望招之不見，隱山中卒。

宗德，昆明人。諸生。沐天波薦副總兵。隱於醫。

日昇，臨安新化人。副總兵。弟日華，遊擊。

國命，建始人。北京亡，練鄉兵自保，多所保全。自守備陞尋霑參將。

鯉，字克齋，江川人。隴鑾遊擊。

佩玉，字毓初，霑益人。諸生。可望兵入，衛衆避難。歷守備、遊擊，撫威寧夷，與總兵趙世朝平東川盜。

太極，晉寧人。天啟中，官霑益守備。安效良糾水西兵入寇，從巡撫閔洪學堵截，斬級數千。厥後屢立戰功。國亡，隱蘇州上津橋，以醫自給。

鼇，南寧人。通典籍。曲靖指揮、洱海守備。

國增，龍遊人。雲南守備。皆不仕。

胡一青，建水人。本名一清，隆武中詔改名。短小輕捷，尤長於馬槊。腋挾二槊，飛擲三十步外，中重鎧皆洞中。追及奪槊，迭擲迭奪。每馳陷陣，輒手殪數十人以爲嘗。乘馬號「沙兔子」，高不滿五尺，每出必翦其鬃，騰躡度萬馬前，清兵認爲牛，輒曰：「此騎牛蠻子不易當也。」

初以偏裨隨胡紹虞應詔入閩。過吉安，萬元吉留之屯安福。劉良佐、高進庫以清兵數萬攻吉安。一青聞警，命嚴新屯永新，自率輕騎馳歸，蹂良佐老營，斬殺披靡，敵半殲，轉戰至城下，圍城兵忽潰走，城中猶不知。俄一青躍馬追擊，大呼城中出兵夾擊，追奔十餘里。

吉安圍解，紹虞讓爲總統，一青以趙應選齒長，聲望較重，轉推之，卑躬自下，以是滇營稱和輯，臨敵無貳心。

吉安陷，同應選依何騰蛟，授副總兵。與黄瑾屯寶慶。隨扈奉天。劉承胤欲致爲己屬，誘脅備至。治兵自保，承胤不敢誰何。遷太子少保、都督總兵，挂威虜將軍印。承胤怨騰蛟，不遣出師。一青等乃拔營護騰蛟出，承胤兵追之，一青上馬挾槊，火礮齊發，軍以次行，自緩轡爲殿，承胤不敢迫，遂繇間道達義寧，北進永州。清兵攻城，郝永忠走，一青獨從騰蛟，力戰十餘日，援絶糧匱，自八十里山退全州，同應選屯永寧。清兵攻全，大破之。全州降清，以兵二千護騰蛟興安。

桂林潰，瞿式耜請援，騰蛟以應選、一青至，封興寧伯。時清兵甚盛，一青督標下總兵掌廣西都司印李成龍、總兵陳志高、前協鎮張拱濟持戟當前隊陷陣，手馘數百人，叱咤撼山嶽。午刻，追至嚴關甘棠渡，各將猛戰，斬首三萬餘級，僵屍横關。戰至日落，溽暑枵腹，諸將請令收兵，一青單騎獨入，至興安三里橋。線國安與一青交馬，騰蛟撫一青背曰：「兒好爲之。」國安舉刀斫一青，一青從脅下持之。國安憊，拔刀將斫，會救至，國安乃脱走。是日，大風塵蔽天，清兵驚潰，一青盡獲其馬仗輜重。諸將尾之，亦以一當百，直抵興安，清兵遁楚。明日，再戰鳳凰坪，會應選、焦璉等攻全州。大戰飛鸞橋，一青躍馬飛槊，敵盡披靡，大敗之，衆幾殲，河水爲之不流。一青攻全未下，清乘虛來襲，大戰橋東南。甫接而清兵退，追至北關，欲乘勢入城。清兵矢石如雨，一青乃却。清募鈀手千人，水陸出戰，一青與應選敗之。增置火藥，親修敵樓，雲梯傅城，一青先登，生禽巡撫李懋祖，悉誅其精鋭，遂復全州。圍永州數匝，城中食盡，食馬盡，人相食。余世忠出兵拒戰，部將普明師覆。軍中獲諜者，得密書，知清將魏甲自寶慶來救，一青伏兵文明鋪待之。敵至，夜安營竟，猝起攻之，斬七千餘級。世忠死，遂復永州、衡州。騰蛟至湘潭，以楊應亨監其軍，命守衡州，依依不忍舍，泣曰：「敵兵近矣，請易我馬，步行保之。」騰蛟曰：「無庸也。大事去，生奚益？爾往矣，毋以我累爾。」

騰蛟敗歿，與應選至桂林，受瞿式耜節制。晉侯。

清兵大入，請援於應選，應選坐桂林不爲出。

三年八月，一青與王永祚、蒲纓全軍出楚，屯白牙橋。命拱濟復新寧，破清兵石門。一青薄清兵於衡山，敗之。已而清兵十餘萬至，戰永州青草橋不利，乃退嚴關。

一青所部多滇中驍卒，轉戰三年，死傷過半，益招楚、粵間新軍萬六七千人。晉衛國公。

一青樸率無威儀，言多造次，而恭謹不驕，在軍中能茹荼苦，坐卧草泥，食糗飲濁水，自如也，故能與士卒共甘苦，士卒亦愛戴而樂爲之死。應選踞嫚待一青，一青弗較。每出師，一青輒先驅，應選乃遣部將尾之。

式耜催諸軍出楚，一青獨與永祚、馬養麟數萬人圍永州。垂克，會孔有德復南，乃全軍壘嚴關。與有德前部相持不下者五月，糧盡兵餒，采蕨殺馬以食。有德使人勸之降。曰：「吾堂堂大丈夫，有死而已，豈蒙面事虜者耶！」再踰一月，兵益疲，勢不可支，不得已泣求於應選，弗應。一青孤軍，誓死與敵相拒榕江。未幾，清兵知勢難遽入，撤退圍解。已有德復聲稱進攻榕江，一青以領餉入桂林，並謁式耜請機宜。清兵偵知一青離汛，遂以全力逼榕江，應選走柳州。一青聞警，與楊國棟、纓、養麟馳出小路還榕江柵壘。未至，全軍已潰，一青身被數創，幸以死戰得脱，收集潰衆，欲走潯州扈車駕。

上幸瀨湍，命與應選斷後，守南寧。清騎至，以步兵拒之不利，乃走新寧，疏請上即時出狩。清兵尾之，屢戰屢挫衄，遂退遷江土司中。一夕出山，斬平樂知縣涂起鵬，餘衆二百餘人先後戰死，乃披薙爲僧。

孫可望僭逼，不爲之用。李定國復桂林，與龍韜、楊武起兵永福，陽朔應之。桂林再陷，七年四月，進攻不克，斬副將張士舉，入山。

上幸滇京，導自泗城進。可望犯闕，與應選敗之。

清兵陷滇京，隨衆降，歸里力田。吴三桂招之，陽狂歌哭。後爲家奴密首一青有金印敕書，將謀起兵。總督范承勳召問之，一青曰：「誠有之。」遂出諸懷中金章一、大小方寸許敕書一道。承勳詰之，曰：「此二物，歷今三十餘年，而汝猶守之弗失，何耶？」一青泫然出涕曰：「故主之恩未報，故主之賜難忘，是以佩帶三十年，未嘗去身者，意欲殉死同埋，以見故主於地下。」承勳遂杖殺其奴，放一青歸。久之乃卒。

成龍，河南人。以復全、永功，累擢都督同知。

應亨，武進人。長沙縣丞，歷陞御史。

又石元澤，黎平人。百户。從一青軍。永曆二年，戰長沙死。

王永祚，字虎山，建水人。年少於胡一青而慓悍亞之，一青尤與相得。同轉戰贛、湖，以總兵挂戡虜將軍印，封寧遠伯。

與喬汝遷從一青攻全州，追至北關。及依瞿式耜，所部尚五千人。蒲纓亦滇將，與合營，亦二三千人。

永曆三年八月，命會總兵張明綱圍永州。清堅守，五月不下。十二月，孔有德兵間襲永祚後，永祚出不意，大潰，惟明綱全師而還。

初，于元燁以女許配永祚子，既納采。元燁潰盟，適趙應選子。永祚怒，欲刺殺應選，爲一青勸止，遂稱病不出。桂林陷，降於清。已爲僧逸去，被殺。

汝還，邵陽人。父木，廣西都指揮使。兄汝登，右都督。汝還習騎射韜畧。值湖湘亂，招豪傑子弟團練保鄉里。袁有志攻城，與田華國從劉承胤堵禽之；張獻忠破寶、武，以鄉兵追殄之於鵝口，以知兵名。昭宗立，轉戰楚、粤。永曆四年，爲永祚總理坐營總兵，挂開定將軍印，加太子少保、左都督。後不知所終。

蔣甲，失其名，建水人。弘光元年，與趙應選、胡一青從陳賡出師勤王。南京亡，楊廷麟、李永茂起兵吉安，留與共事。隆武二年正月，與清兵戰螺子山下，斬高友諒，甲與一青功居多。昭宗即位，晋前軍都督總兵，挂殄虜將軍印。

永曆二年，何騰蛟攻全州，清以勁騎五千死守，戰於飛鸞橋。騰蛟師中潰，走湘山寺，甲獨將百騎與角。道險劣容騎，清疑伏兵，不戰，從地道入城；甲亦將整軍還。道遇一僧，疑諜者，將殺之。僧曰：「我見督師入湘山寺，故來言耳，非諜也。」甲聞之，偕數騎遶寺索騰蛟，見之。曰：「軍盡潰乎？」曰：「未也？」曰：「何如？」曰：「距前十里塵漲蔽天，必我軍也。」因並馬馳。衆見騰蛟與甲至，益喜，遂下令食畢，士卒啣枚，一鼓抵城下，圍數匝。清兵自是糗糧不給，人馬俱困，然時出撓諸軍，飄忽排蕩無休日。相持浹旬，乃於西關外夜掘一塹，上覆以草土，使羸卒坐女牆嫚駡，別匿壯士空室。甲決計仰攻。陷塹中，於是解肘後將軍印，亟脱韡納底中，復繫絲重結，與同衆墮塹者約曰：「抵死毋洩我將軍也。」衆皆諾。比驅入城，甲貌寢，又先棄甲胄，衣綿縷，操楚音以對，清兵不疑，令飼馬。甲潔槽櫪，視水草，晝夜不少怠。時外攻益急，城中人皇擾。甲廉得其實，翌日，城守者倦寢，屬甲代之。因乘間解韡取印，投女牆下，大呼曰：「我殄虜將軍蔣甲也。」城中糧止三日，當急攻，我死報公等。」言未訖，左右曳去，寸臠而死。閱六日城下，妻吳求遺骸不可得，具衣冠葬於鳳凰坪之南岡。事聞，贈甲祁陽伯，謚武烈。

陶仰用，雲南人。驍勇善戰，當大敵，堅不爲動，軍中呼謂「鐵籬笆」。清兵攻桂林，與標將王林芳從何騰蛟力戰破之，累擢總兵。

永曆三年正月，清兵入衡州，騰蛟七十萬衆潰。時仰用官後軍都督，將萬人爲胡一青前營，退保洪橋。衡民聞警，傾城奔散。一青聚諸帥計曰：「衡，上潛邸，敵未至，讋虛聲退，於伍法當誅，奈何？」仰用曰：「速往守之，猶可收後效也。」一青以百騎授仰用，先馳抵衡陽，僅蓐食頃，與左軍都督阮百魁選鋒倍道行，夜襲衡山破之，置守衛而還，自是滇兵大營益集，屯兩路口，旌旗數十里相望。仰用獨將八百騎扼守草橋。當是時，騰蛟死湘潭。堵胤錫督忠貞營援江，不果行，逗留耒陽，聞滇兵鋭，徒跣二百里，至回雁峯。仰用在草橋凡六旬。

三月，鄭王濟爾哈朗大隊繼進，衡山守禦單弱，折而北距草橋十里軍焉。仰用伏四百騎於橋左右，戒曰：「勿遽擊，俟吾戰酣而追，出以應也。」清分數道以撓其師，仰用倚橋不爲動，與數十騎夾三鏢跳蕩出入，鏢清十數騎落馬，陣動，伏隨起，鉦鼓動地，塵沙蔽日。所部誤識縞素爲己軍，濟爾哈朗麾蓋龍節，督戰不休，仰用躍馬入陣，一鏢中其兜鍪，火光迸裂，人馬辟易。仰用不知中清帥，揮軍回；清亦止不交仗。一青夜發數營助戰，兵非素習，人各爲營。

四月朔，清以勁騎綴仰用，而驅他軍間道渡河，遶仰用師背。師中之助戰者，先棄營潰去，而屯兩路口者，見潰兵，誤以爲草橋潰也，亦拔營起。胤錫藏漁舟中渡河，單騎走耒陽。仰用所部八百騎，或潰或降，止十三騎蹀躞萬馬中。清疑伏兵不前，仰用左右衝突不得出，與十三騎各發一鏢，當之無不墮馬者。鏢盡，清矢環集如雨，仰用下馬，抽刀步戰，斬其部長三人。清兵合圍，十三騎歿，仰用伏馬腹間，同馳十餘里，復跳擊清兵，殲數十人，力竭死焉。清兵脱其敗甲，見其身中箭鏃，拔之得升許。

鍾芳，一名鉉，字東來，東莞人。貌奇偉。少爲賈荆州。何騰蛟拔置麾下，從劉承胤爲提塘。侍姬陸氏，湖廣人，美而善射彈弓，承胤以妻芳。每戰親執桴鼓，女隊數十騎從之。芳累功官總兵，挂寧楚將軍印。嘗復奉天至廣西接境十餘州縣，七日夜不下馬。趙應選以爲火攻營右翼，自楚至粵，多斬獲。以扈梧功，加太子少保右都督。永曆四年，援廣州不利，回鬱林。陸先官都督同知。桂林陷，從城決圍死。芳號召故部，復陸川、博白，被執死。

同時陳日堯，字元大，德慶人。諸生。從陳邦傅起兵，自守備累遷總兵。清兵至，守德慶北鄉寨。戰敗，敵捕急，以完髮自盲其目，隱萬山中。久之被執，自經死。

弟世則，字顯庸。永曆六年，以諸生從副總兵易一瑜見孫可望辰州乞師，授副總兵。七年，偕一瑜還肇慶，聯絡義師，遇清兵大灣，被執。勸薙髮，不從，大駡死。

周金湯，字憲洙，莆田人。崇禎十三年武進士。少善詩賦，壯好兵法，精騎射劍槊。時天下方亂，歷吴、楚、兩粵，徧觀山川屯兵扼塞，結納其邑中少年豪傑，三年乃歸。挈妻子寄陽江海島中，泣别曰：「國家多難，吾當馬革裹屍，冀圖萬一。若輩勿以我爲念。」謁選上湖守備，訓練精鋭，能以少擊衆，所向皆捷。遷永州都司、副總兵。

永曆元年五月，覘城空虛，糾壯士二百人，夜鼓譟而登，復永州，追清兵至祁陽排山，去衡州百里。永州陷，守全州，與熊兆佐屯三義鋪，防宜、湘小路。

二年二月，桂林之變，首入城，收婦女置別室護之，待家屬認領。請瞿式耜入城，桂林乃安。三月，式耜、何騰蛟在桂林，金湯與焦璉、兆佐合兵。已趙應選、胡一青先後至，軍遂振。歷擢都督總兵。清兵迫，騰蛟督師三面出，金湯、兆佐共出榕樹門，戰鳳凰坪，沿左山東下，横擊破陳，清兵大崩，遂復全州。挂果毅將軍印，封漳平伯，以御史倪炳元監金湯、馬養麟軍。

三年，守永州。八月，與兆佐立栅大嵩橋，拒戰不勝，城遂陷。尋晋太子太師，提督勇衛營。

四年八月，屯連州朱岡。桂林陷，火梧州走博白。

七年六月，復石城。閏七月，從李定國攻肇慶，以數萬人復化州，斬參將應太極；復遂溪，降其將陳琪。九月復陷，至石城，合鄧耀兵。久之，自防城走上思、南寧。

十年五月，敗於欽州貼浪。七月，陳志禄、梁信、黄桂中、贊中、寧學向、廖覲乾、陸見規起兵復靈山。守備陸國相反正，斬知縣徐尚介。羅應駟起兵全州應之。十月，志禄敗死。

十一年，上幸滇京，命與賀九儀守南寧，固行在門户。

十二年正月，與曹延生及太監劉國柱，齎印册自龍門航海思明封鄭成功，大風舟覆，回。繼命同職方主事許如桂、太監劉之清往。

十四年，起兵雷、廉海上，與王懋德屯隔水南廳。李嘗榮自海陵降清。八月，金湯戰敗，與周宗鼎被執。係獄半年，誘降不從，從容就義。監刑者授以紙筆，問所欲言。金湯奮然書絶命詩與之。粤人葬之廣州辰門外周家埔。

同時周朝，不知何許人。與于耀鱗、張信德、許有信、晋級、王興國、李養臣、郎啟貴、滿進忠、楊文富、余啟元、郭雲鳳、李國眷同爲左良玉副總兵，以材武稱。後屯高州。永曆元年十二月，清兵至，與總兵方國泰、副總兵趙國威降清。後反正，屯電白。三年冬，合施尚義。八年戰死。餘衆與賴天錫等屯博白，久始敗歿。

周斌，字平寰，晋江人。事嫡母張以孝聞。崇禎初，以廪生上策軍門，草檄討寇。永曆時，累功授上柱國、左都督，挂干城將軍印。清兵迫，慨然曰：「我之後死者，以寇未討。今寇死，吾可地下見先帝矣。」從容就貴州土司自刎死。子文驥，太學生，官參議。

羊明節，字道卿，金谿人。負志節，博通經史。天啟元年武舉。授永寧千户，駐中左所。馭兵嚴，訓練有方。以拒海寇，遷守備，曾櫻重之。陞永州道中軍都司，勦畔苗、流賊，招寧遠土寇，所得虜獲，悉散士卒，不私一文錢。改鎮祁陽，擢贛州參將。北京亡，丁母憂，聞變，素服勤王。會安宗立，乃歸。昭宗即位，馳驅行間，晋總兵。從瞿式耜守桂林，城陷死。

同時黄崇文，本名學驥，新建人。都督龍從弟。昭宗求死難忠臣裔得之，自順寧參將陞總兵，式耜倚如左右手。李成棟以清兵至，戰死。母孫，妻王，子燿、焜、焜，皆執死。

蘇汝賢，字凱禹，順德人。少客青、萊，上策當事，以守備從孫承宗，歷都司、遊擊、參將。永曆時，擢左都督總兵，從式耜守桂林。援全州死。子雲鳳，字聖侶。羽林左衛都司，從扈緬甸死。

楊大恩，龍溪人。左江總兵。隱上林。

劉珮雲，全州人。總兵。

謝國恩，宜山人。都督同知慶遠總兵，撫覃朗富、李大受有功，望重苗夷，屹然成重鎮。累加太子少保，挂奠夷將軍印。

余啟泰，融縣人。起兵柳州板江，於懷遠建署征糧。俞忠衮不應，鎖禁之。累官都督同知懷融、古泥總兵。

葉承恩，靈川人。都督同知總兵。

戚輔臣，宜山人。世襲慶遠指揮使。永曆十四年起兵死。子揚烈，與覃明貴，降清。

羅廷用，陽朔人。都督僉事副總兵。

吉大堯，興安人。靈川副總兵。

朗富，字朝恩，思恩人。都督僉事邦傅副總兵。程源疏薦前軍都督同知卒。

大受，天河人。副總兵。與提塘劉希武皆式耜將。

侯性，字若孩，商丘人。太嘗卿執蒲從子。廓達有大志，長身偉幹，眉目如電，虬鬚如戟張射人。喜結客尚俠，赴人難如不及。材武騎射絶人，善詩文，爲諸生有名。嘗殺人亡命河北，劫商旅得資數萬，賄中官王化民，逕授西寧參將。

安宗立，從劉澤清、史可法、張鳳翔軍，官狼山總兵。隆武時，南之庾嶺。

昭宗即位，依附擁戴，遷都督同知、御營總兵，屯古泥關。上幸古泥，命以左都督挂翼明大將軍印，總督楚粵，開藩古泥、潯、柳。

上在奉天，性於江右截行旅，得金帛數萬上貢，自三宮服御至宮人衣被皆辦。

劉承胤以性不附，誣款清，將召殺之。而性方大破李成棟兵大藤峽口。捷聞，上成棟誘降書。上喜，口封商丘伯，賜尚方劍便宜行事。

已承胤逆狀日著，太后賜性母田冠服，李國泰密屬曰：「寧聖親解御袍，勿落他人手。」田拜賜心動，捫索袍帶，紉綴有物，啟得寸紙，曰：「承胤惡甚卓、操，朕母子日坐湯火，刺血書敕，卿其念之。」承胤矯詔召卿，勿來，偕死無益也。」性立遣部將謝復榮入衛，身勒大兵踵發。承胤畔，上與三宮倉卒出狩，清兵追襲，復榮戰死，上徒不能前，鳴鏑相聞，幾頻於殆。性率兵迎至，請上御箯輿先發，陳兵五百峽口，清兵乃引去。夜宿羅家店茅屋，上席地坐，羣臣拜門外，跪進便膳，上兩日不食矣。宮眷狼藉泥淖中，饑無人色。性供帳甚盛。上瀝杯酒酹地，曰：「他日太平，無忘君臣此夕也！」越四日，抵古泥，田拜道左，太后下輿，手撫曰：「微夫人，母子安得至此！」先龐天壽聯絡兩廣，密諭之桂林，命性造舟數百古泥，至是君臣得逕濟如柳州。

上闔宮御龍舟，田朝夕朝謁，用家人禮。爲子方徹聘王后之從女。敘迎駕功，加性左柱國、太子太傅，掌中軍都督府，總督戎政，晉祥符侯。性請「駕幸桂，三宮幸南寧，臣母妻隨行，臣移潯以據上遊，固門户」，許之。

成棟反正，與吴貞毓勞其軍，從扈肇慶。

性素蓄健兒，沿兩江東至三水，劫掠多得金寶，與馬吉翔結，頗干預國政。金堡論劾之，書奏不省。性敏慧通文墨，堡每上章，皆譯解示吉翔，文稍深僻者，則曲釋之，指爲誹謗。兩宮太后憾堡，必欲殺之。性以珍異進奉内廷，尤爲宫禁所喜。田奉佛爲尼，御書「共孟齊芳」旌門，築庵曰貞慧，賜號忠慈貞慧大師，紫袈裟金鉢盂，出入朱棒前驅。時進宫禁，便服不拜，稱説外事，太后信之，往往輒强上行。國事之壞，性實陰持之也。

梧州再陷，隱蘇州洞庭山卒。

子方道，任中書舍人。

嚴雲從，分宜人。世宗時奸臣世蕃曾孫。天啟二年武進士。從孫承宗遼東，累功官都司，遷昭平參將。

昭宗立，附擁戴，擢錦衣指揮使、御營總兵，與馬吉翔、郭承昊比，事劉承胤爲外援，直西司房，封清江伯。毛壽登等疏言：「雲從無一矢之功而封五等，何以鼓人心而匡國難？」奏上，壽登等奪職。奉天陷，扈幸廣西，加太子太保、左都督，掌後軍都督府。以一品覃恩，乞封其高祖嵩以下，不許。雲從視吉翔差謹，不敢執朝權，碌碌充位而已。

上幸潯南，雲從北匿懷集山中，不知所終。

林時望，遼東人。貌雄偉，膂力過人。少以勇衛營裨將從黄得功轉戰豫、皖，陷陣衝鋒，一時無兩。得功歿，間謁福京，授御營參將。昭宗立，遷勇衛營總兵，挂勇毅將軍印。奉天之難，自桂林率兵迎駕至南寧。永曆二年正月，永淳李雅、横州徐彪亂，將禁兵三千破之，而身負重創，雅、彪後卒就撫。從扈肇慶。

三年四月，再扈南寧。時京營潰散，自請捐資召募，得數千人。素與馬吉翔左，吉翔所部盡失，忌時望擁重兵，叵欲害之，遂與龐天壽密奏時望逗留有異志。四年十二月，時望與火器總兵王忠入朝，吉翔矯命犒師，預伏甲士，即演武場收之，皆以弓弦勒死，命張應葵統其軍。時望治戎嚴整，降將雖驕悍如郝永忠等，皆敬憚之。時望死，禁旅遂無人矣。上幸滇京，謝秉鉉上其事，謚時望忠愍，忠節愍。

應葵，大興人。總兵，挂勷衛將軍印。五年五月，左江、新寧土寇僭稱王，與魏豹、姜承德、宋德亮平之。後事失傳。

其隨扈安龍先後死者：楊奇、張鳴鳳、康永寧、成大用、王有成、劉大榮、張應舉、沈天德、陳家相。

奇，漢陽人。父國威，崇禎十二年武舉，靖州守備，累陞廣西總兵，挂平蠻將軍印。昭宗永州陷寇，急徵狼兵七萬復永，車駕得出。國威坐從靖江王亨嘉反誅。奇累功官都督同知、錦衣僉書。昭宗即位，論舊恩，永曆元年六月封祁陽伯。二年閏三月，從復梧州。五年冬，出廉州度海，颶風舟覆，死。

鳴鳳，大興人。錦衣千户。隆武時，與張玄度同爲承旨傳事官，掌南司房印務。尋總督靖虜營糧餉軍器，封顯忠伯。上將幸汀，命以千人護宫眷輜重。兵敗，走肇慶，累陞錦衣都督。與王應科按金堡之獄。

永寧，字晋生，清苑人。福府書堂官。安宗立，奉迎鄒太后河南，授都督僉事。隆武時，以錦衣都督徵兵安南，未達歸。福京亡，與總兵汪甲從路振飛入粤，代吉翔衛掌刑。鳴鳳殁，再代掌衛。從幸安龍，掌前軍都督府，封新安伯。

大用，龍江衛人。武進士。歷吴淞把總、中都留守僉書、浙江掌印都司、温處參將。崇禎末，以陳丹衷薦，調南太訓練狼兵八千人，屯藍山，紀律嚴明。溪峒寇突至，三戰三克，下其巢平之。弘光元年，高平都統莫敬耀反，陷思明、龍州、明江、江州，大用力拒，敬耀退高平，遷副總兵。隆武末，與李惟明以萬人援忠誠度嶺，未行而城陷。永曆時，守南、太，陞援剿都督，封武宣伯。

有成，江寧人。都司。侍昭宗永州脱難，遷副總兵，守全州。清兵至，降。後又反正，擢京營總兵。

大榮、應舉，京營總兵。天德，旗鼓。家相，指揮。籍貫皆不詳。

又謝甲，以總兵統勇衛援剿兩粵，鎮守潯、梧、柳、象，挂忠勇將軍印，封馬平伯，事跡失考。

劉福興，宣化人。雄勇多力。崇禎四年，隨南寧知府平寇，授都指揮使。永曆時起兵，擢總兵。十二年五月，與清兵戰於白楊河敗死。

同時，黄元吉、孟本淳、張明誠、黄以仁、梁上棟、周甲、李建來、梁大、吕建、梁台玉、韋嗣寬，皆稱名將。

元吉，上林人。永曆中征西隆、西林瑶有功，官後軍都督。

本淳，普安人。多勇力。年二十，見天下將亂，從軍，歷功官總兵。國亡，爲僧名本謙。尋至新化，改名葛天，與王嗣乾、劉應祁相酬唱。

明誠，城步人。廣西指揮使，戰死。

以仁，字道修，來賓人。三捷武魁。狀貌俊偉，目灼灼有光。自鎮撫累遷總兵，鎮肇慶。國亡歸里，獨力建黌舍，抑强扶弱，以好義稱。

上棟，賀縣人。總兵。

甲，佚其名，蒙化人。扈從廣西，官總兵。李定國出師，自潯、梧響應。南寧陷，入烏龍寺爲僧。

建來，香山人。義勇。南寧副總兵。

大，陸川人。永曆時，率弟二以鄉兵保龍堡，與李科、李六雙營嶂相應，授參將。六年，敗殁。

建，字靈源，陸川人。武生。義俠。官參將。國亡入山。

台玉，字無瑕，北流人。以功官守備。兵敗，奉父隱花石山，嘯歌以終。

嗣寬，馬平人。永曆二十三年，再起兵死。

段晅，字心讓，劍川人。父光禄卿高選死難，謚恭節。晅請兵復仇，以諸生任錦衣千户堂上僉書，掌南鎮撫。不附權璫，治獄多平反。累官右都督。以武臣特請守制，廬墓三年。服闋，行次沅州，北變聞，痛哭入山。

昭宗幸滇京，起提督鑾駕庫錦衣都督，陞兵部左侍郎。國亡爲僧。清屢召之，曰：「亡國大夫，苟全性命足矣，先帝恩不可負也。」乃已。

同時王命哲，武昌咸寧人。天啟七年武舉。重慶守備、御前都指揮使。

盧太明，威遠人。武舉。迤西百勝總兵、錦衣都指揮使。

汪馨，竹谿人。永曆末雲南總兵，扈駕有功。上崩，隱姚安，建彌興壩，水利賴之。

王臣忠，字明宇，南安州人。提督兩迤漢士兵馬總兵後軍都督。

趙登元，昆陽人。累功官提督七省標營中軍、參贊，調發征剿事務，左軍都督同知。

劉星海，字如冰，霍丘人。扈駕自粵歷黔、滇入緬，以功官總兵。國亡，隱蒼山。後以事戍寧古塔。子範、彬，間關萬里迎歸，居永北。範，字正木。彬，字玉章。皆工詩文，不仕。

閻長吉，渠縣人。兵馬指揮、貴州副總兵、都督僉事總兵。

王良盛，蓬溪人。武舉。昭通總兵，死孫可望難。

鄭啟明，澧州人。巡撫朝棟子。任錦衣指揮同知。

李鎮雄，字鍾英，騰越人。能文章，優騎射。崇禎末襲衛千户。歷都指揮僉事、騰衝練兵衛總管。從幸緬，至蠻莫失散，歸隱曲石，率家人力耕而食，足跡不入城市，諭子孫勿求仕進。

鄧林杞，武岡人。駕前指揮參將。子來賓。

李潛，威遠人。崇禎十六年武進士。御營遊擊。

竇雲開，陸涼人。襲指揮。國亡，隱羅平，卒年九十二。

胡宗元，大理趙州人。諸生。襲越州衛千户。北京陷，憤懣形於詩歌。偕妻錢，隨扈西山，遇清兵，共投馬槽河。適一蒼頭瞥見，力援之，宗元得不死；錢死而復甦，明日，復自縊小樓死。宗元以隱終。

魏豹，字正陽，丹徒人。世襲應天錦衣衛。負膂力，好武畧，納交奇才劍客，以義俠名。安宗立，選技勇，豹冠多士，以金吾入直內殿。馬、阮亂政，大呼曰：「今何時耶，君臣偷安旦夕，二祖列宗神靈怨恫，會見銅駝荊棘中矣。」遂痛哭，聲震殿陛。馬、阮惡之，矯旨廷杖四十，斥之。

紹宗起水師總兵。福京亡，與肇慶推戴，挂靖夷將軍印，鎮海上，平海寇羅阿福亂，封靖夷伯，晋公。請册封日本，日本款附，軍資藉焉。南韶陷，督李明朝、王自全守三水。新寧妖賊稱新天子，以土兵數千倡亂，與張應葵、姜承德及恢定將軍宋德亮平之。兩粤再陷，扈從安龍。土司陸卡將畔，撫以恩信，遂不復反。

吴貞毓殁，奉命通好孫可望，陰與白文選、馬進忠交。言及國難，輒泣下。二人感其義，合盟同心王室。得間，撫西山十三家圖可望。歸而滇京陷，走永昌，追駕及之。過趙州，馬維興將去麗江，勸爲計。曰：「忍皇上獨行耶？」謝之。在緬，日以恢復事上書，馬吉翔沮之。兕水伏發，中利刃，仰天笑曰：「忠義今日乃畢，天乎！胡不假我長槍定變，而顧以短兵較技耶？」手刃數人力竭死。妻，屠時中女，通書傳，以婢妾從軍，聞亦經殉。

時中，鄞縣人。主事隆子，南詔道。

孔思誠，字少元，昆陽人。少負大志，擅騎射，天性激發，仗劍從傅宗龍軍，立功西北，授副總兵。宗龍死項城，護其喪歸。謂遲光啟曰：「國事如此，忍弄毛錐子死牖下耶！」遂結盟，並得段鶴皋、趙登雲，與率義兵三千人勤王。至河南，聞北京不守，渡淮而東。史可法上奏召見，晉都督同知總兵，鶴皋、登雲守備，守江北。

南京亡，會荆本澈、吳志葵誓起義。謁福京，再晉太子太保、右都督，挂興國將軍印，提督閩廣雲貴川湖兵餉，光啟監軍，調雲貴廣西漢土官兵恢復。思誠回滇，說沙定洲歸命，不果。孫可望兵至，與冷陽春守晉寧，出合呈貢兵。甫行而城陷，光啟間之大理，與楊畏知合。聞父訃，奔昆陽，麻衣草履，廬墓不返卒。思誠尋從李定國執定洲阿迷。昭宗再申前命。滇京亡，解兵隱山中。清忌其材武，戍寧古塔。卒年七十二。

光啟，字開先，昆陽人。父疾刲臂。志在經世，學博詞贍，意氣偉然。以諸生薦中書舍人、職方主事。

苗路宗，富順人。崇禎十年武進士。永曆時，官侍衛兵馬指揮使、御營總兵，躬擐甲冑，有死無貳。尋總理諸營糧餉，加柱國、右都督。滇京亡，創毒歸卒。

同時陳斗陽，富順人。父宜可，總兵。永曆元年，戰死永寧，封勇烈侯。子三后襲卒。弟斗陽襲，累官楚姚曲尋總兵，挂瀘赤永招討將軍印。

倪養寧，字裕素，富順人。武生。歷榆林參將、雲貴總兵，加兵部右侍郎銜。督撫欲屠，力救免。六子，死張獻忠難。

魯國良，永川人。思南鎮殿將軍。

李福中，江安人。楚雄總兵。國亡，隱大足楊李河。

曾文啟，字燦然，瀘州人。諸生。授把總，出師川北，歷千總、守備。成都陷，突圍至永寧，理鎮邊營務。復永寧、長寧、叙州、馬湖。清兵至，屯守山寨，以副總兵協理鎮遠營及水陸恢剿。後出師靖州、奉天、辰州、澧州、畢節、鎮雄，從扈緬甸。國亡，隱昆明卒，年九十二。

袁成章，永川人。寧番衛行伍。澂江都司。

黄眼石，邵陽人。勇力入伍，官四川千總，遷守備。從劉承胤迎駕奉天，陞錦衣指揮。從扈兩廣，至安龍。孫可望迫駕逼官，走敷勇西望山爲僧。後主奉天酆田伏牛山。清兵征吴三桂，説三大帥止殺，一方以安。

劉攀鳳，綦江人。蒙化統軍官。

吴醒閒，四川人。與眼石同師語嵩，爲僧伏牛山。

又邵陽金紫山僧知開，血書法華經，書法如鍾、王。傳嘗仕永曆朝爲大官者。

羅熙，字子元，湘潭人。力舉數百斤，以材勇稱。崇禎末，從何騰蛟湘、桂，累功自廣東遊擊陞錦衣衛副總兵，扈從十餘年，瀕危輒濟。上幸緬甸，奉命在後收集潰兵，奔赴不及，脱身歸。兄璣亦以兵敗歸，均爲僧。各居一寺，時相持痛哭林木間。上崩，熙復去僧服，大哭三日，爲詩别璣，投水死。璣亦火其詩，自焚死。

世人初不知熙，後百餘年，牧人得其銅印，歸置几上，夜夢僧入室，弄印太息，如是者數夕，懼而棄之湖。漁人復得之，知前怪，又將去之。羅氏有知者曰：「此羅熙物也，自滇懷印歸，背人輒對涕泣。及爲僧，不復爾。」因請易之，視印文曰「督標贊畫旗鼓副總兵」側署「永曆元年造」，於是世稍稍復言熙、璣事。

又曰：璣，字斗寰，隆武二年舉於鄉，講學蒙泉精舍。及爲僧，好飲，醉讀白居易詩，故又名白醉。從弟瑋，從扈雲南，襲千户云。

鄧凱，字自非，廬陵人。性剛介，膂力絶人，善用百斤長矛，刺人馬上；讀書知忠孝大節。隨楊廷麟起兵忠誠，授都督同知總兵。事敗，萬元吉、龔棻寄孤，匿攸縣，故不死。明年，父甲遇害，潛歸殯葬，復舉兵江、楚界，九過家門不入。久之，兵散入山。時兩廣全陷，昭宗幸安龍，清購之急。凱仰天嘆曰：「得一面吾君，死亦瞑目。」乃冒險西行。永曆十年十一月，入奉天，爲孫可望所阻，隱永、寶山中。十二年二月，始朝滇京，命隨扈守大明門。尋遣內臣李崇貴召入朝，諭曰：「爾忠義老成，可扈東宮。」自發滇京，晉右都督。每過澗逢險，必下馬扶掖。上在者梗，議遣使齎敕如白文選等營，各推諉，凱奮然曰：「主憂臣辱，一死何辭！」獨請行，爲馬吉翔所阻。復與沐天波、王啟隆言緬酋疑我日甚，毋深入，可走護勒撒、孟艮地，尚足自保。吉翔聞，益大怒。緬甸進新穀，吉翔宰分私其戚。凱不平曰：「老賊生死尚不知，死後厚藏，何人惠受？」吉翔命弁吳承爵仆凱，失跌幾死。及碎寶分凱，與王昇泣曰：「無勞於國，且福薄。」誓餓而死，不受。

李定國迎駕疏至，垂涕上言：「乘今兵馬尚可整頓，殺出險地，與晉、鞏軍合，庶幾猶可圖也。若日復一日，祇樂目前，緬未可恃，且有大禍。一旦變生肘腋，必至夷滅無存。」吉翔票擬「狂言惑衆可惡，本應重處，姑念扈從勞，免究。」

咒水禍作，上、后將自盡，凱言：「君殉固當，太后春秋高，將儔依？棄社稷不忠，舍母不孝。」乃止。上既蒙塵。越日，扶服帳前曰：「事至此，陛下當行一『烈』字，使老臣得其死所。」上曰：「有太后在。吴三桂世受國恩，未必毒朕母子也。」凱曰：「國君死社稷，義也。脱不幸，其如祖宗先帝何？」遂拔老營，復向阿瓦，欲討緬不果，長發歸滇。

三桂命給八旗胡國柱家，大哭不食求死。國柱曰：「子死何益？雖然，曾作大臣，理當如是！」以好言相慰，令左右守之。如是者五日，不得死。國柱乃從容問曰：「子何爲，吾當成子志。」曰：「吾不死則出家。」遂入昆陽爲僧，名弘智。

聞上殉國，遺弓委荒郊，椎心泣血，筐拾其骨。父老子弟聞泣，軍中感動，各予金錢助葬。後足不出户者數十年，佯狂以詩自娱終。

張龍，錦衣千户，勇衛營參將轉副總兵。與凱友善，從扈緬甸。吉翔大博，一日負三百金，龍面詬之，遂積忤。永曆十四年十一月，定國兵至，上命與高陞、李太建通使，吉翔密遣人告緬：「龍引晉王兵奪地。」緬人遂殺之中道。

黎維祚，字名遠，江津人。幼不肯竟學，惟卜算形家是耽。遭亂，轉徙家遵義。會昭宗狩緬，時諸爵鎮將各擁衆保守，維祚憤惋號泣，徧走告大義，皆欣幸，各密書迎鑾疏付達。維祚乃合諸疏，竅木棓三尺許，藏其中，用荷蓧鐺等物，挾術以行，時永曆十四年正月二十二日也。至十五年九月十八日，抵孟艮，説李定國。維祚破棓出諸疏相示，定國義之。十月六日，給以令諭一道轉奏。

時上在者梗，城左右夾河，烟波浩淼，相距五六日程，通聲息，而君臣不得見。隨奉敕曰：「皇帝密敕漉𣸣將軍黎維祚：據晋藩奏爾忠肝貫日，義膽渾身，穿虎豹，趨宸極，烈風勁草，殊軫朕懷。茲授爾漉𣸣將軍，督理滇黔楚蜀，偏勵諸勳將士山林隱逸等，謹慎固防，枕戈以俟，候晋、鞏兩藩舉師，四路策應，旦夕是圖。勿遲勿忽。」十五日，拜受迄，並授空敕百道、印三，造複底小舟，密藏之；木刊諸神像，繫小鉦鑼，肩唱以行。定國大喜，以旌界擁至通界，始改裝，反報諸營。十一月，復入緬復命。

比至騰越，時定國馳約白文選共攻阿瓦。阿瓦木城七里，已破其三。夷曰：「汝不過欲見皇帝耳。幾年和好，一朝背棄，何益？如止攻三日，當送出；否則，我亦有變計，一任汝爲。」不得已從之。閱二日，右河舟密如木葉，内外交攻，定國、文選軍覆没幾盡。自是二王分散，定國徙他夷所，文選謀恢復，抵騰越。馬寶素與善，詒文選，遥呼曰：「我身來説好話者，諸軍勿動。」遂入謁見，告以密謀，言吴三桂願與文選合，文選受紿。有艾將軍者，滿洲人，亦歡約附從，相與歃血。會上縣別道，亦爲緬人送出，居草殿三楹，文選兵環之，三桂兵又環之。

維祚至，艾導入見。上見維祚大哭。維祚泣曰：「事今至此，臣惟當奔告諸營，整兵於要道接駕。」上曰：「兒子，爾可致書十三家軍。若能救朕出，朕止願修行去。」哽咽不能言。上翦御袍一角，密寫敕付即行。晝夜兼程至王光興營，謀共於偏橋接駕。復入滇偵探。駕已崩於十六年三月矣。維祚呼天搶地，恨不即剚刃三桂之胸。陽狂遯去，不知所終。

贊曰：璉喑嗚跳蕩，旻如强執有節，應選行軍有紀，以及一青、永祚、甲、仰用、芳之虓闞，金湯、明節、福興、思誠之猛鋭，性，雲從、時望、晅、豹、路宗、熙、凱、維祚之間關扈蹕，無忝國之爪牙，朝之禦侮矣。然皆不竟其用，或死或隱，豈非大厦將傾有莫之爲而爲者歟？惜夫惜夫！

南明史卷六十六

無錫錢海岳撰

列傳第四十二

白嘗燦 子國輔 國佐 弟嘗輿 炯中 李明忠 劉俊 董大勝 曹光寓 王家承 李合心 王
天錫 朱家臣 黎瓊飛等 何兆寧 子玉城等 易第昌 陳鎮國 張安國 方日瓊等 陳調 鄺日
晋 吴成煃 黃用元 陳經 梁中英等 羅從天 范廷魁 吴偉新 李榮等 王興 從子茂公 郭勝
龍 陳王道 李玉 謝半枝 李積鳳 謝昌 王承恩 蕭耀 劉繩武 陳熙 謝國斌 吴雙 馮耀
梁與台 羽鳳麒 馬承祖等 張啟賢 郭瑶 羅定材 崔應龍 鍾國寶 周書 馮協颺 簡鳳興
施焜然 弟煇然等 陶壯猷 韓乃聰 馮士重 蒙倣祖 陶天球 陳懋修 陳萬齡 張國倫 黃麟
遊等 薛進 李相 子承銘等 李玉森 張佐基 黃鯤化 孔貞言 郭經才 謝安世 何吾嶷 梁無
雙 何燦然 衛新 梁振聲 鍾勳 霍延祚 何承乾 盧定遠 馮爾翰 鍾洪 雷時行 李承錫 鄭賚
蘇允适 韓鳴韶 戴鴻 李孫厚 馮參宇 李孫遂 趙龍昭 方懋官 張金元 李標 梁棟材 屈昌

武應龍　孫昌祚　郭燦齡　何爵　陳壯粵　**陳奇策**　崔良櫝　何兆池　葉英　陳首功　林伯嶽　林鬱豹　**鄧耀**　楊彥迪　王之翰等　冼彪　**蕭國龍**　劉保　呂昌雄等　馮天保等　朱應鵬　**黃鶴鳴**　上官星拱等　楊千秋　**葉標**　蔡奎　彭琛　梁子直　楊士錀　林高升　李象履　**羅成基**　李國珍　鄭龍吟　**周玉**　李嘗榮等　林傑　韓昌時等　**王祁**　李文垣　陳泰鍾　黃金印　吳長文　楊東晨　顧礽　何應祐　趙士冕　黃鍾靈　李士藻　戴應選　朱喬秀　鄭國佐　歐陽芬等　徐雲　謝南雲　吳承昊　揭祖毛明卿　李希賢　吳一星　葛登標　黃雲紀　周立發　陳德容　王弘運　黃允會　楊成洪　溫丹初　御厨某等

白嘗燦，字燦玉，清遠人。任清遠衛百户。生而機警，善毛詩、春秋，從陳邦彥遊。補諸生。性豪宕好客。爲指揮使，得士卒死力，遇警即率兵獮之，數有功。以解韶圍功，升都指揮使。聞北京危，大哭發憤，飭兵備，上書丁魁楚請勤王，靳不許。無何，南京、福京相繼陷，翊戴昭宗肇慶，命爲水陸勤王義軍都統制、殿前儀衛使，晋都督同知。時朝廷草創，内閣奏兼理兵部尚書事務，管西、北江義軍。親歷各軍宣布德意，激以忠義。

永曆元年，清遠陷，嘗燦隨扈廣西。會邦彥起兵順德，命集故部，星夜歸。與族人炯中、諸生潔、太學生永生糾故部及家丁得五千人，假邦彥名起兵清遠，率赴行在，以爲殿前儀衛。行之西江，邦彥留之，伏於新興、高明、九江、甘竹一帶。嘗爘間使廣西，疏留粤征討。

二月，與張家玉、陳子壯圍廣州不克，退保新、順。七月，再會子壯、邦彥攻廣州敗績；邦彥復高明。十六日，嘗爘斬清知縣，復清遠，旁襲連、韶，輸北江粟。八月，邦彥敗於胥江。十六日，嘗爘迎邦彥入城，分門堅守，水陸拒戰，四會、韶、連翕然響應，嶺東餉道斷，廣州中絶。清兵二萬人攻清遠，嘗爘設栅江上拒之，清不得戰。霍師連敗，清遠糧械乏，又無外援，嘗爘傾家爲餉，誓死待援。九月十九日，城陷，嘗爘聞耗，命妻子闔門殉，北拜，乘馬衝木栅出，巷戰移時，手刃一將，斬數十騎，爲敵捽下，駡不絶口，亂刃下。合族丁口二千許人，無一降者，皆駢首死。子國輔、國佐亦死。事聞，贈嘗爘太子太保、右柱國、左都督，謚忠節；國佐、國輔指揮使；立廟於鄉。

弟嘗興，崇禎三年武舉，城陷戰死。

族人烱中，官光禄正。昭宗再幸肇慶，疏請免税、表忠義。廣州再陷，入山卒。

李明忠，字藎臣，新建人。慷慨好談兵，以昌邑主簿從毛文龍軍。時從其麾下者孔有德、耿仲明，飲酣嘯歌，輒自負。文龍死，二人邀降清，不可，曰：「中原人當歸中原，異地富貴，非我願也。」單騎返京師。上書言方畧，不報。

弘光元年二月，史可法遴選奇才勇畧士，明忠應試第一，授廣東西山參將，轉潯梧副總兵。

隆武初，以狼兵協剿江西。從張家玉捷許灣。尋率兵六千赴行在，次三水，聞汀州變，留肇慶。

昭宗即位，晋總兵，封武靖伯，守南、韶，潯州推官許德生爲監軍。唐王聿鐭稱帝廣州，以陳際泰攻肇慶，明忠自韶州入衛，大破之於三水，俘斬八百，際泰遁去。已林察用火攻，林佳鼎敗殁，明忠登岸列營，泥淖三尺，人馬陷，以三十騎走免。

梧、平陷，與平樂總兵李承忠、參將易知及府縣官降於清。永曆元年六月，高翔、張守隆起兵信宜，清命率兵擊之。

二年，隨李成棟反正。八月，入高州，施尚義走。

四年，擢太子太保、中軍都督府都督，挂寧武將軍印，提督高雷廉瓊，兼理糧餉、聯絡義旅，便宜行事，改封海康伯，鎮高州。復靈山，使冷宏傑、唐天星復吴川。上御用銀，晋信宜侯，漸驕恣，嘗以私怨命宏傑殺洪天擢。

上幸南寧，時廣東盡陷，惟明忠高州獨存。耿繼茂念明忠與父仲明雅故，來書招之，怒斬其使。

五年二月，尚可喜兵向高州，明忠敗陽江屽口，檄趙應選狼兵三千爲援。清兵陷電白、高州，走博白山中，與李元胤合。副總兵王邦友等降清，再走龍門島。

六年三月，廉州陷。繼茂將攻瓊州，屯海康。先，杜永和、張月走瓊，至是明忠欲往，月誘致於清。繼茂待以父禮，勸降可侯封。明忠仰天笑曰：「嗟乎！吾與汝父别皮島時，肯降心北向，今分藩開府，豈足道哉！大明遺臣，力盡而死，夫復何言！」六月十二日遇害。

援剿大廳張鎮恩降清，歸其喪。家口八十餘人，颶風舟覆，歿龍門海中。九月，欽州靈山陷。

部將劉俊，字彦叔，南昌人。都督綎子。任南昌指揮，累官都督僉事總兵提督川湖雲貴廣西恢剿。國亡歸。

董大勝，瑞昌人。副總兵。

曹光寓，瑞昌人。廩生。遊擊。

王家承，瑞昌人。守備。

李合心，河南人。精技擊，金聲、黄淳耀重之，奔走直、楚、閩、粤義師。入衡山爲道士，後居順慶。

王天錫，字襄卿，廣州左衛人。世指揮使。兩京亡，破家募勇數千人，爲報恩營，授參將，累擢都督同知提督南直。將向忠誠，汀州變聞，與朱家臣走梧州，迎立昭宗，鎮肇慶。是冬，廣州陷，力戰花山，斬數百人，負巨創折肱，被執不降，與子死，贈都督。

家臣，字作基，西寧人。歷西山把總、東山守備，隸參將趙千駟。以擁戴功，遷副總兵。駕幸肇慶，隨千駟入扈，代領其兵，守羅定。是冬，廣州陷，以哨官羅成基扼羚羊險，戰不利，走西山。永曆元年，黎瓊飛、瓊雲、瓊日兄弟起兵東山、西山，衆萬人，攻陽春不克。二月，家臣合成基復東安，斬知縣丘隅。清兵道王芋自羅定至，家臣遇之灣洞。戰酣，馬蹶被執。敵奇其貌，欲降之，使招東、西二山。曰：「東、西二山，國家脣齒。我可亡，山不可亡也。」臨命，嚙其幼子吭殺之，曰：「生爲朱家臣，死爲朱家鬼，家臣子不作虜奴也。」與標官王大用、李楚璠、朱萬年同磔死。

瓊飛，氧春人。永曆六年，兄弟敗死東山、西山，張七亦敗走。十年，鴨仔二、鴨仔四執西山死。十八年，伍振、黄廷選執東山死。隅字止庵，上杭人。隆武二年舉天興鄉試。降清。

何兆寧，字仲軾，香山人。諸生。深沈有大畧，精韜鈐。會威宗命禁兵征河南，兆寧請從軍，所向克捷。總兵王樸拊之曰：「儒者勇乃爾乎！」叙題守備。會兩廣用兵，部咨赴軍門，請剿盤古十八峒寇，破之。尋又與參將施王政破沙子、下岡諸寇，復合楚師擣主簿峒，殲渠散脅從。功最，遷遊擊。未幾，從沈猶龍征九連山八排諸峒，設奇制勝，多出兆寧計畫。寇平，陞參將，統肇標水師，援剿海上諸寇。兆寧善用諜，往往預得寇情，寇夕聚謀，而樓船朝至矣，寇以是破膽。

隆武元年冬，靖江王亨嘉兵東下，人情疑貳，諸將持兩端。丁魁楚廉兆寧可任，特召爲計，乃悉藏其哨艦港中，而以漁艇數十泝流火攻破之，擢思恩副總兵、總兵。時溪峒土司蹶張，攻隆安諸邑，兆寧專師西徇，多斬獲。

永曆元年，清兵入廣西，從陳邦傅戰潯、梧、容、北，凡三復其地。至封川江口，監軍副使易第昌中矢，入貴縣山中，完髮死。夏，兆寧率兵守德慶楊柳沙旬日，戰不利，身負數創，躍入江中死。

兆寧起書生，雖久行陣，猶手一編不置。平生喜硯，次第品藻，各有銘識，獨一片純、白蕉葉，寶之踰玉，嘗曰：「此吾殉葬物也。」死時，硯果衷甲間。事聞，贈封川伯。

子玉城，字元樸。任錦衣百户、陽春指揮僉事。玉垣，字漢沖，任錦衣千户。

第昌，南海人。天啟七年舉於鄉。歷刑部郎中、太平知府、瀾滄參政。

陳鎮國，東莞人。忠奮感激。張家玉兵起，與張安國、方日瓊，及參謀推官陳調，監紀推官張稽休、丁文周、葉日濟，參將張瓊、張文揚、鄭弼凰、何禮、張拜仁、張桂芬，都司方龍見、張家璽、張邦文、茹蕃、張子鼎等，起兵東莞應之，授總兵。酈日晋、吴成煋等亦於南海、順德、增城響應。家玉走新安，命鎮國、馮家禄攻龍門。鎮國招同劉龍、李啟新之衆克之。會家玉敗於西鄉，遂奔龍門，率鎮國、黄用元等復博羅、連平、長寧，進攻新寧。家玉死，鎮國與家禄、龍、啟新，遊擊涂明標、朱興、謝可能，都司藍之玉、凌富、駱復興，守備吕真、劉德奉、張家珍，以餘衆數萬駐龍門，圖興復。永曆二年三月，復博羅，斬知縣路三錫。李成棟反正，乃解甲歸。部衆勇悍精技擊，利器械，故所向多捷。昭宗再幸肇慶，陞都督同知。

安國，字康之，東莞人。器宇奇偉，美鬚髯，聲如洪鐘。從軍授總兵，功多。家玉死，亦以部三萬居東、新間大嶺山，擢都督同知。國亡，爲僧曰夢回。後隱龍岡。

日瓊，字偉子，東莞人。好學多智畧。昭宗立，破産助餉。詣行在，授錦衣衛。入家玉軍，間關百戰，唱和不輟。廣州再陷，走梧州。晚歸。族人聲宏字茹實，能文，戮力行間，官守備。國亡，隱禪林。卒年八十四。

調，字枚臣，東莞人。任俠隱終。

日晋，字無傲，南海人。與總兵湛壯，參將湛迪，監紀推官林大生、李躍沆、劉嘉彥、羅應時、葉永盛、羅頤起兵，授都督同知總兵。國亡，爲僧曰函乂，字安老。晚北遊九疑。

成烇，仁化人。後軍都督同知。

用元，字天是，東莞人。慷慨好兵。北京亡，聞變痛哭。福京建，疏陳八議，吴春枝選録御營隨征爲都司。踰年，管嶺西巡道中軍，募兵應家玉，復博羅，用爲參謀。及廣、惠陷，復起扼東江，敗黄應杰赴廣之軍。陳邦傅命陳經聯絡，題總兵，以羅人儁監其軍，復令監督忠正、義正二營。廣州再陷，不出。卒年八十五。

經，沔陽人。以兵科給事中監袁宗第、劉體仁營。當家玉起兵，所部百戰相依者，則都督總兵梁中英、湛澄璧、姚萬勝、潘世襲；運籌帷幄者，則參謀推官王誥、林泰生，監紀推官王仁、張麟士、盧最良、李士琦、張繼成、朱令望，管糧通判張兆元、張兆瑞、彭應啟、張啟新、張家偉、張士龍、王士皋、張廣譽、鄧挺枝、鄧起雲、陳舉；殺敵恢城者則參將錢懿矩、張文萃、鄭元鼎、張仕信、盧秉忠、王贊廷、李翰沖、潘世隆、陳登雲、吴達賢，遊擊張光正、梁士斌、朱佐國、盧萬策、丁豹、謝日平、鄧應元、陳沖雲、張有容，都司岑憲昭、張勣、湛通、翟斌、姚彥遵、練永秀、林耀嵩、曾心元、張明恩、趙承亨、葉自成、張復、謝騰龍、張士忠、張翱鵬，守備鄧好禮、王見南、張士福、單天德、張國偉。事敗後，皆隱居終。

中英，字化長，東莞人。羅從天，龍門人。於四年六月二十三日，與沈章龍、邵靖權、陳亞桃、林正寰復龍門，斬知縣林啟呂。十二月城陷。五年九月，增城綏福、雲母、楊梅三寨兵起。六年，章龍走，從天、湯舜、張子隆屯冰清西水峒。七年五月，從天、靖權、易昌、唐龍、李培芳、羅從之、梁有祥戰死塔嶺下路溪、鼇溪。十九年四月，九屯峒陷，瑶羅獻忠、唐灣都執死。五月，瑶王裔登敗龍門路溪、茅岡，降清；陳禾死。六月，舜、子隆自西水羊矢坑攻長寧、翁源，戰死。八月，章龍、鍾日富敗死山中。

范廷魁，從化人。隆武二年，楊亞山起兵花山。永曆十三年，謝麗崑、梁挺魁降清。十五年正月，廷魁與葉長青起兵高沙執死。

吴偉新，增城人。十三年十二月，起兵綏雲，甚盛。十五年十二月，邑人吴抱新陷獄，攻城不克。十六年六月，吴猫、聶牛、郭太公被執死。黄竹兜黄興、李玉、童梓、鄒福生亦先後執死。十八年八月，袁瑞起兵新安、官富、瀝源，未幾敗歿。十二月，張佑吉起兵高灘峒，攻從化、增城。十九年四月，李榮起兵攻龍門，斬都司王福，尋敗海口死。其後，二十一年八月，宋都起兵博羅。二十二年二月，王國相起兵增城證果峒死。二十六年九月，東寧人李奇攻新安蠔涌，敗死。三十一年八月，東莞兵起，斬都司朱鴻祚。三十四年六月，榮遺衆攻南澳敗走。榮，龍門人。官總兵，挂將軍印。

王興，字電煇，本名蕭嘉音，龍溪人。方頰虎項，目閃爍有光，膂力絶人。以殺人亡命通羣盜。羣盜見其部伍嚴整，刺候精審，號曰「繡花針」，爭推爲魁，得衆數千，據恩平那乾峒十餘載。有司不敢加兵，召之亦不至。

安宗立，知縣陳兆棠給守備劄，一時武弁吴亞大、岑舜覺各以衆入城。譚于珍屯城外。隆武二年七月，李笛仔攻新興，殺鄉官蘇宇元。十二月，興破恩平，執連城璧。兆棠命薛子良、關白毛守城。

永曆元年正月，興攻新寧，諸生甄旭升、黄履嘉及王翥顔合之。笛仔、彭之彪攻新興走，帥李向陽以兵入城勒餉。二月，清兵陷恩平，子良、白毛戰死。清團練鄉民爲五團。興攻錦地岡、熱水村，屢破之，勢大振。三月，城璧説之，遂歸正，疏薦副總兵。

興目不知書，而大義根天性，去就之際，可否斷斷。唐王聿鐭建號，使人説龔肇慶，不應。佟養甲等招之，與鄉官黄春榮合兵萬人新會，斬其使。兵至敗之。及昭宗使至，即開壁受命。

陳子壯、張家玉兵起。七月，廣西參將管大勝復開建。養甲謀使雷、瓊熟黎從合浦西走南寧犯駕，興與城璧、何國佐、陳鶴子復新寧、陽江、電白、恩平、開平，攻陽春不克。以援絶，守恩平百宜寨。九月，合新寧、新興、恩平兵攻新會，斬知縣林鳳翺。十月，新興容聚正通義師，爲李如琳、張天熾與故巡簡王萬里所害。十二月，總兵楊昭再復開建。

二年二月，開建陷，昭戰死。興無日不與清兵戰，清叵苦之。四月，李成棟反正，遷左都督總兵，命城璧監其軍，守陽江、陽春、恩平、開平，將移其軍度嶺，不果。五月，新會鄭崩牙攻陽江海朗城。

三年春，蘇妙旦攻新興裏洞，鄉人岑大維、瑶盤龍力戰殲之。四月，挂虎賁將軍印，封廣寧伯。

四年，陳德貫起兵新會死，廣州被圍。九月，與李元胤、馬吉翔、郭勝龍赴援，次三水，斬百餘級，得餉數萬，上之户部。杜永和惎之，止勿前。董二、陳旭標、蘇容泰起兵新興雲河村死。十月，知府林季昌、中軍陳韜攻新興鳳翔里，不克死。廣州再陷，退陽江，永和奪其舟資器仗，遂以衆回守百宜。尚可喜、耿繼茂招之，斬使焚書。清重兵來攻，斬千餘級。

五年，肇慶再陷，興在恩平。清知縣鮑之奇涖任，命國佐、鶴子斬之。五月，恩平雙板六殺舜覺降清，尋又反正堋底。十月，梁用韜執吴川死。容受詩、受禮執陽江死。十一月，三寨陷，興走，亞大降清。新興李梃然弟孟徽，以通義師死。

六年，李定國復桂林，累晋柱國少師。四月，義師復四會。五月，甄天元起兵新寧。七月，陳中魁攻開建。八月，龐國振攻封川。十二月，八排瑶攻開建，興疏請前驅。

七年三月，舟師攻三水，復陽春、陽江、新興、恩平。五月，復廣海，斬守備張登榮。六月，李耀斗起兵新寧，羅東日自高明降清。

大隆峒抗命，八年二月，興、耀斗屠之。三月，定國兵至恩平，與耀斗禽知縣王奇，屯新寧石邊。九月，定國復高州，興引師復諸邑，從攻新會先登。十一月，執陳王道文村。十二月，于珍毁恩平城走。陳秀攻恩平。

新寧廣海有城曰文村，處萬山中，左聯戈壁，右挹大洋，惟鳥道一綫，畧可通人，而灌木叢莽，陰翳天日，雖健卒短兵不得徑入。定國敗歸，興乃屯其地，爲持久計。先，廣州陷，唐王聿鍔及鄖城、興安諸王遺臣亡將懷慕興義，來附者以千計，奉之甚謹。因以鑄山煮海，且耕且屯。間遣從子茂公等行賈海南諸國，益擅富饒。並招圍外諸寨數十爲犄角，仍用永曆正朔，以死自誓不屈。歲遠道修貢行在，輸財佐軍實，西南之通浙、閩者以爲東道主。城壁爲定儀注，具漢官威。孫可望以書幣召，不應。

九年，殺王道及其子際昇。

十年三月，廣海陷。時兩粤淪亡，獨文村不下。總兵王紹孟，副總兵蕭國龍、周仲、韋弦、李耀、徐明，參軍勞榮、容希武、李華相、鄧光龍、王國、趙升，與督陣歲貢王尚文在軍。總兵李萬榮、練復雖折入於敵，然猶不忘國。清屢攻興不克。尚可喜恐留後患，攻不勝，以書招之。興答曰：「頑民無所爲，將欲存中國於一隅，全禮義於百世，豈徒惜此數莖頂上毛而已。至海涯片地，原爲故物，本朝早置度外，何論新朝哉？如此欲致之，則雖死不來也。」可喜知不可招，遂大會水陸兵數千，塞其海道，又合兵三萬困之，巨礮壞壘，兵蝗附欲上。興掘塹而伏火器藺石，斬精騎七千餘，陰毒四山水草，密布竹筌簇篸。清士馬飲者、踐者，腹脹蹄潰。興白日不出戰，夜以百人更番出，斬將盛登科等。可喜復使招之，興盛爲款接，曰：「但恐明年春水至時，大費諸公心耳。」因出大魚重數十斤者及諸難得物，犒以相眩。相持三月，陳奇策兵至，可喜解去。水退，復悉銳進，以次墮諸寨。一寨堅守，垂破，出敢死士數百突陣，多斬獲。有七人見執，清兵剥其皮。一人皮剥經夕，橫屍於地，清兵過之，嗤曰：「也有今日。」屍忽躍起，嚙清兵幾死。已而圍中食盡，數百人焚室廬，復突陣鬭，至死不退，皆陷陣死。

十一年，開平關耀祖、林上倫降清，又反正。九月，羅祥自新興大瑯降清。

十二年，興斬都司周真。新會義師攻高明。八月，社兵敗歿開平。

十三年，興斬千總許易文。八月，文村薦飢，散米以振。清驅民夫十萬水陸至，久之食盡，升米二千，鼠五百，人無畔志。

可喜再招興。時可喜客金光有俠氣，興聞其名，使將卒嫚罵曰：「若陳兵百萬，亦奚益？光來，則我出矣」。守陴者以告，可喜置勿問。積日，嫚罵如故。光聞之，浩然請行。可喜曰：「蠻語耳，烏乎信？」光請之堅，可喜欲以兵從，曰：「兵則吾豈敢，吾無生還矣。」乃呼老兵一，跨羸馬，導至村口。守者見之，悤悤入。有頃，令易筍輿進，徑數里，甲仗積如山。興出迓，問騎幾何？曰「一。」從者幾何？曰：「一。」興笑曰：「子何信之深也？」光曰：「公先我信，我安得不信？」乃升堂，燕飲若平生歡。中酒，興起揮涕曰：「吾祖宗累世受國恩，約束外藩，於茲二百八十餘年矣。日者借兵雪故主仇，今天不祚國矣。雖然，興豈能爲降將軍者哉！」飲凡三日。十七日，興復舉酒曰：「吾之所以必乞君涖茲土者，將以明吾不背大明之誠耳。子謹厚有膽，既來，吾當踐所說。」命其五子出拜，洗盞更酌，撚鬚裂眦大呼曰：「興不能回天，命也。死而有靈，藉子以大明廣寧伯王興之墓作碑則幸矣。」乃命將士登陴嚴守，自與妻張盥櫛，服上賜蟒衣，妾袁、金、盧、馮、梁、陳、張、陳、林、譚、陳、岑、謝、余、盧，皆盛妝，共拜天地，然後夫婦對拜，又同坐，受諸妾拜畢，依次坐石床。笑謂諸妾曰：「今日之事憾乎？」皆應曰：「無憾。」乃命三爵。張起曰：「可以行矣。」即率諸妾歸房，興升中堂，陳誥敕，具衣冠，西向嵩呼謝恩，復短衣至房，則妻妾皆已畢命。房先積火藥，興下諸屍置其上，復出衣冠，右秉燭，左抱誥敕，大步而入。俄轟然聲作，烈燄薄天。將士奔救，見十七人骸骨皓然。興卒年四十五。興弟尚文及門人饒藻、蔡長祥、胡世儀、梁勣乃犒素發喪，棺殮之，葬廣州南箕村。

是役，清將死者三十餘人，喪兵數萬，馬五百九十餘，圍凡十三月。

光携興五子納田土户籍，願降者以次赴軍前聽用，然大半皆自殺，或浮海去。

從子參將茂公，總兵王懋德、鄭球，參將李玉，復以餘衆合周金湯，分屯隔水南廳上、下兩川。冬，國振、王天輔自懷集降清。十四年七月，南廳上、下川陷，茂公赴滇京，中道執死。

勝龍，字宇容，南海人。尚書尚賓從弟，禮部儒士。從軍官雷白參將，後戰死。

王道，字登三，廣州新寧人。天啟四年舉於鄉。

玉，漳浦人。興戎旗親將。有戰功，完髮不屈死。

興既敗歿，同義尚在海上。十三年，恩平錢三入老君塘，紹孟降清。新寧兵攻開平那伏大梧村，海師入高明。十六年，鍾吉生起兵新寧。六月，天元伍道真，合開平張嘉耀攻獨岡。八月，朱福敗開平馬岡死。十一月，總兵王士鼇自廣海降清。十七年，義師攻新興社墟敗死。二月，都督邵應祚敗廣海死。十八年，亞大反正，與鄭亞十執恩平死。十九年，張天乙執新寧死。六月，伍仲雲屯金溪里。十月，余富彦起兵開平。二十年三月，仲雲兵敗執死。五月，富彦兵敗圓美死。義師攻新興大塒，斬城守曹徽。余阿妹反正新寧死。二十一年，龍灣陷，伍道昌執。潘亞庚執新寧死。封川文德鄉義師敗歿。七月，余成龍執死。九月，新會遷界，諸生張驥以二百餘人攻石城油麻坡執死。二十三年，塒底兵熸，梁亞向、黄亞福執死。七月，石貴、周賢、梁華自陽江降清。二十四年二月，陽江海師謝半枝執死。五月，新會周成彩、林時贊攻樓岡，降清死。二十五年，吴祖期、吴之福謀反正恩平執死。二十六年，周德紹、謝亞長攻萌頭死。二十七年十一月，丁臣自陽江降清。二十八年，石惟富謀反正恩平被執。二十九年三月，東莞袁應龍稱都督，後爲馬雄所殺。三十年四月，林亞祐、劉嘉豪、李茂奇、甄振祐起兵新寧。五月，吉生、陳器瑜圍香山敗。三十一年五月，貴反正陽江，引海師李積鳳、謝昌復海陵。七月，吉生攻香山翠微村，斬把總鄭九琨。八月，海康兵起，斬都司魯頌。九月，貴毁北津城。三十二年，亞祐等敗走。三十三年五月，海師攻陽春。十月，積鳳、昌攻陽江石覺敗走。三十四年正月，虎門兵起，斬都司董養奇、王德勝。二月，古端周良珍反正粤海死。三月，積鳳、昌縱横廣海海上。六月，敗走鳳頭港，轉攻吴川。將軍洪元懿攻鳳頭港死。十二月，積鳳、昌復虎門，斬遊擊陳璠、守備馮俊，走硇洲外洋，合冼彪、楊彦迪。三十五年五月，昌、彪攻吴川。積鳳戰死海陵。三十六年，蘇華吉執於新寧。振祐、司徒伯長起兵開平新寧執死。三十七年，亞祐、嘉豪、茂奇執死，惟富、王尚文、何輔臣死於獄。鍾茂自經。王章、王尚廉走。康熙三十七年，劉伯龍被執鴻嘴山死。

半枝，廣州新寧人。

積鳳，陽江人。

昌，字允文，番禺人。可喜總兵厥扶子。厥扶死，昌以家入海，出没新會順德，後入安南，至高綿，授官被殺。

王承恩，字朝宣，宛平人。世襲錦衣指揮使。天啟元年，以參將破奢寇艮定鎮番麻山湖，大斬獲。崇禎中，歷副總兵、兵部標營、神機營副總兵。十七年，調福建都司。隆武初，管錦衣衛西司房印務事，疏陳「關外駐重兵，以便相機驅勦，關内聯鄉勇，以資守望應援。采用本地鄉紳，同地方官料理關内事務，使兵不擾民。」上嘉納之。已與蕭耀、劉繩武、陳熙、謝國斌扈駕汀州。昭宗即位，與吴雙擁戴，承恩以都督同知封宣忠伯。永曆二年冬，奉命齎敕召信豐王建陽山中不至，其標下彭鳴京願爲之用；田闢有衆數千，亦願隨之。李成棟聞之，忌且怒。三年正月，相遇於英德舟中，邀之歡飲。夜闌陽醉，即席殺之。

耀，字闇然，涇縣人。崇禎四年武進士。真定副總兵、都督同知廣東總兵，加柱國。廣州陷，自刎死。妾劉子培爲僧。

纓武，字明遇，東莞人。通經史。官參將，以轉運功，遷副總兵。疏陳攻守萬餘言。肇慶陷，杜門。

熙，字徽猷，東莞人。諸生。北京亡，鬻産招兵，從張家玉於閩，蘇觀生薦御營錦衣都督同知。汀州陷，歸，以參將守虎門。廣州再陷，歸，戒子孫不應試。

國斌，宣城人。武舉。陽江守備。城陷，一門死。

雙，清苑人。以錦衣指揮僉事、中府僉書，歷總兵，掌前軍都督府。

馮耀，字蒼玉，南海人。武舉。世襲廣州後衛指揮使，遷廣西掌印都司。與何兆寧會平靖江王亨嘉亂，擢富川副總兵。昭宗即位，晉總兵。永曆四年二月，廣州被圍，從扈梧州。

上封尚可喜平虜侯、耿繼茂靖虜侯，欲宣諭之而重其人，耀慷慨請行，遂賜一品服，奉敕印至廣州。杜永和止之勿往，耀曰：「吾設不往，則欺君。吾今惟知君之不可欺，不知敵之不可說也。」永和與諸將餞之於鎮海樓。耀年已七十餘矣，鬚髮皓然，意氣凌厲，引滿盡數斗，謂諸將曰：「從此出郊一里，至越王臺，即是天山朔漠。吾老矣，奮三寸之舌，宣布天威。但得丁零歸命，亦何心蘇武生還哉！」遂緋衣玉帶，導鼓吹旌旗而出。三月十一日，抵清營宣敕云：「立轉南來之甲，旋爲北伐之師。」可喜、繼茂大怒，耀厲聲呵責，諭以大義。可喜、繼茂亦叵壯之，即命奉檄還說，耀不從。以劍擬之，欣然引領。行刑者欲去其冠，曰：「吾頭可斷，冠不可去。」以手扶冠，坐而受刃。

梁與台，字彥閣，番禺人。俊偉負膽畧。歷廣督守備、蘇州都司、濟寧遊擊、閘河副總兵、應天都督同知。弘光時，糧乏，命轉餉濟之。南京亡，入閩，以太子少保督練水師。隨唐王聿鐭入粵，遷中府僉書事。昭宗即位，見國勢日促，憂傷成疾，永曆四年卒於軍。

羽鳳麒，字沖漢，廣州左衛人。始祖士夫，本回紇種，授指揮使。羽麒世襲指揮。昭宗立，以擁戴功，加都督同知。永曆四年春，與杜永和力守廣州南門，日夜不息。城陷，諸軍登舟，鳳麒一門百人不去。永和力邀同行，罵不從。清兵入，戎服自經死。

同死者，指揮馬承祖、轍三浮。承祖，黑麻之裔，守五羊門，與子宗保、宗仁死，時稱「教門三忠」云。

其同官同死者，左衛指揮張啟賢，遊擊郭瑶，都司羅定材、崔應龍，錦衣鍾國寶，太學生周書，廪生馮協颺。義士簡鳳興亦不屈死。

啟賢，字象之，廣州左衛人。與子衣冠井死。

瑶，字季文，南海人。善劍槊。以守備從袁崇煥軍。隆武二年，廣州陷，被執。佟養甲故同事識之，命仍故官，僞聽命。陳子壯攻城内應，再被執，以故人不殺。間謁行在，擢從永和死守。城陷，冠帶大罵死。

定材，字君簡，番禺人。工詩書。城守。城陷，猶執戈從容。城中人勸去甲自存。曰：「死則死耳，寧今日所能免乎？然去甲死，儕凡民，不如披甲死，爲明臣也。」巷戰斬十餘人執死。妻周從殉。

應龍，大興人。入文廟經死。

國寶，番禺人。錦衣衛。城陷，與母吴、妻黎一門經死。

書，字删父，南海人。經死。

協颺，字悦賡，順德人。辭父，疾驅妻女入井，嚙舌書絶命詞，自經樹上死。

鳳興，新興人。家貧，鬻於梁生。生以不薙髮將殺，請代，慷慨受刃死。

清兵再陷廣州，大掠三日，謂之「放賞」，薙髮令下，士民拒命而死者七十萬人，婦女自裁者不可計，居民爲空，惜姓名多失傳。

施焜然，字孺朗，番禺人。諸生。好學博文。兄弟八人，焜然居四。五弟煇然，字孺弘，世襲廣州前衛指揮。從王化澄官副總兵。永曆四年，分守廣州西城。城陷，巷戰死，男婦十餘人從之。子祚基五歲，哭父死。從子廷基被執不屈死；成基，後從李定國入黔死。六弟燦然，先於崇禎七年隨從伯兄指揮使炯然，奉檄解將軍大礮、兵餉至山東、河南，與從五弟惚然以勤事死。第三從兄諸生煒然、六從弟煥然，扈昭宗，同爲護駕將軍，已爲益陽王軍前副總兵，皆殉難。焜然於李成棟反正，爲將守石門。永曆四年正月，清兵下清遠，二月朔，舟次石門，列艦拒戰，舟火潰歸，自以家世勳衛，受國恩，思所以雪家仇國恥不得，居邑不欲生，以母在，隱龍江。子雄基，去諸生，同爲逸民終。

同時，陶壯猷，襲錦衣千户，扈從桂林死。

韓乃聰，年二十，從宗室統鉦軍廣西死。聘妻韓聞訃，縞衣紡織度日，終不再嫁。皆番禺人。

馮士重，諸生。扈雲貴死，東莞人。

蒙倣祖，御營參將，番禺人。

陶天球，字昭輯。諸生。任錦衣千户。工詩隸，新會人。皆隱終。

陳懋修，字士勳，翁源人。太保璘孫。任南鄉所指揮使。廉州陷，以狼瑶復東安、新興、岑溪，應陳子壯、陳邦傅，薦授第十五鎮總兵。永曆四年，移守清遠，戰守半年，屢敗清兵。廣州急，數請入援。杜永和刻忌，疏請禁止義旅，凡有敕無敕，皆令之禀命驗奪，以故李元胤、馬吉翔、曹燁等皆陣於三水不得進。廣州再陷，退守東安，土人執獻清兵，不屈死。

時先後起兵者：

陳萬齡，字學修，乳源人。諸生。父某，嘗州通判，爲盜所害。結士二十四人禽斬其仇祭父。隆武二年冬，韶州陷，起兵戰秭子嶺、白牛坪捷，復宜章，戰死郴口。部曲范允元保樂昌，力戰，斬數百人，相持白沙灣者踰月。一日酒酣，裸戰搏，力竭投入瀧死。

同里恩貢張國鑰，字金門，亦起兵，從郝永忠戰死。先，萬齡與永忠約攻宜章，清兵知之，潛伏山隘，阬永忠兵，而以其旗鼓軍號整而出。乳源諸生四十餘人謂永忠大軍至，衣冠往迎，悉死。

黄麟遊，字遊靈；麟昭，字昭靈，高要人。皆諸生。傾家巨萬，與杜璜糾新興驍健，圖恢復。永曆元年，與李星一合師，將復肇慶，至水坑，斬數十騎。再戰，璜死，麟遊兄弟被執磔死。

薛進，惠州海豐人。師總李成棟反正，授總兵。永曆四年正月，復海豐。班志富至，拒之。郭虎、黄應杰兵大至，十二月城陷被屠。進以千餘人屯新市死。將黄熊降清，五年十月反正，與柯彪屯崎山羅峯寨。十二月被執皆死。

李相，字九州，從化人。雄武多膂力，通兵法。以武生襲百户，累遷瓊崖參將。陳長脚反，集峒兵平之；又平增城、龍門、南、韶、羅定山寇，陞副總兵。張獻忠兵至，相自連州朱岡、星子統峒兵身先士卒，大破之，復藍山、嘉禾、新田、臨武，晋都督同知總兵。再平山海流寇，擢右都督，挂將軍印，加太子少保，管理楚粤軍務。廣東陷後，卒於家。

子承銘，指揮僉事，陞總兵；承鍒，以平楚功，歷新會遊擊、會寧水陸總兵。從子雄鎮，隨征山海諸寇，官都司僉書。

同時，李玉森，字木公，高要人。歲貢。嘉定縣丞，慈惠得民。後以兵畧挂將軍印，鎮廣東。

張佐基，廣濟人。潮州副總兵，死難。

黄鯤化，順德人。崇禎十五年武舉。副總兵。

孔貞言，番禺人。廣西副總兵。

郭經才，番禺人。雷廉副總兵。

謝安世，番禺人。梧州副總兵。

何吾嶷，香山人。諸生。請纓，官守備，征劉香，遷遊擊，督造大銃送京師，擢東山、陽江參將。

梁無雙，新會人。崇禎九年武舉。前山參將。入東寧不返。

何燦然，番禺人。崇禎十二年武舉。香山參將。

衛新，番禺人。兩廣參將。

梁振聲，番禺人。參將。

鍾勳，番禺人。錦衣參將。

霍延祚，番禺人。參將。清兵至，母崔與乳母楊抱孫水死。

何承乾，香山人。諸生。白鴿、横山守備、遊擊。

盧定遠，字萃璽，新會人。擅大刀。遊擊。國亡隱。

馮爾翰，新會人。廣西都司。

鍾洪，廣州三水人。崇禎十三年武進士。恩平守備、兩廣部院旗鼓都司。

雷時行，番禺人。諸生。都司。

李承錫，新會人。撫蕉園盜，授裹海把總。禽劉香黨及番寇安多爾，遷下中總。調剿雷、廉海寇，陞廣寧守備。

鄭賷，字摘千，南海人。精武射，製機器。湯來賀薦守備。

蘇允适，字景南，順德人。黄岡守備，戰岑溪死。

韓鳴韶，番禺人。盧徽安守備。

戴鴻，新會人。武生。廣海守備。

李孫厚，香山人。考選廣海水師守備。

馮參宇，新會人。廣海守備。

李孫遂，香山人，義勇。廣海水師守備。

趙龍昭，新會人。守備。

方懋官，番禺人。張槎守備。

張金元，香山人。廣海守備。

李標，字鳴霄，香山人。廉州守備。

梁棟材，番禺人。崇禎九年武舉。潮陽守備。

屈昌，番禺人。香山守備。

武應龍，番禺人。武舉。守備。

孫昌祚，番禺人。武舉。廉州守備。

郭燦齡，番禺人。武舉。指揮僉事。

何爵，番禺人。錦衣鎮撫。

陳壯粵，字耀虬，東莞人。武生。家饒於資。清兵至，亡命廉州，約總兵馬伯虎起兵，誤期執死。伯虎斬仇人首以祭。

時張家玉兵亦起。

陳奇策，字鴻石，南海人。本縣掾，黎遂球薦爲羅明受書記。從援忠誠，授守備。廣州陷，張家玉兵起，與崔良櫝奉江夏王蘊鈇、益陽王儼錦應於新會，斬招撫沙遠勉、撤奇聖。未幾，佟養甲招領肇慶水師。李成棟反正，遷總兵，仍守羚羊峽口，與王興相犄角。

永曆二年冬，定計誅養甲，密命於楊柳沙掩殺。

四年，廣州被圍，舟師會三水，杜永和阻之不前。廣州陷，退下川，數往來虎門、洋峙間，出奇邀擊，有首功，晋都督，挂淩海將軍印。

七年春，李定國攻肇慶，分下四會、廣寧，奇策以二百舟援之，自新會、順德直入南海九江口至三水，濟軍趨廣。清以戈船扼大路峽口，奇策攻之，斬千級，還下川。十月，清陷吳川，將黄奇策、陳彝典戰死。

八年五月，定國再至，復高、雷、廉，圍新會。八月，奇策舟師先大軍襲之，復江門，斬總兵蓋一鯤，火大舟數十，又禽副將梁大力，定國命爲水師都統。屯江門兩岸，下列巨舟，設水栅數重，内用大舟，實土沈江中，上立礮臺，遏水道，清兵窘甚。會滿兵救至，定國敗，奇策仍還下川。先，高州之戰，總兵郭虎敗走高明，以三千人乞降。定國分置奇策舟，虎潛逸。奇策命諸軍殲其衆。遊擊劉良卿來攻，設伏禽之，一軍盡殁。

九年，定國退南寧，與總兵馮士驄以三百舟出没陽、電、雷、廉海上。

十年，清兵攻王興文村，奇策救之，轉攻下川，大戰七日，以西洋礮殺數百人，清兵走。聞鄧耀在龍門，思與之合，西附定國，東通鄭成功，張聲勢，乃之龍門。

十一年，與耀攻雷州。奇策初至，耀喜甚，爲治營壘，且資儲，約爲婚姻。已以尚可喜反間，久之成隙，乃舟送上思。道出南寧，賀九儀使鎮永淳。將聯絡土司，出復欽州。會九儀入滇，仍回上思，入十萬山中。

十三年，與威海將軍羅全斌、前營副總兵羅傳述、左營副總朱應忠、中軍副總兵林茂育、戎旗副總兵羅振傳，奉藴鋏、儼錦出入上思、太平、江州，屯上思灘寧寨，衆猶數千，欲走安南。閏三月，清兵大至，奇策士卒飢疲，力戰半月，部將錦衣僉事葉英、欽州知州陳首功、總兵閻永德數十人同死，兵無一降者。全斌及聯絡户部主事黄殿卿走忠州，奇策、何兆池爲土人執之肇慶。總兵董甲見禮恭，耿繼茂、可喜亦優待之，不顧。在獄一年，衣冠危坐，臨命欣然，方巾白袍，雍容步履，索胡床踞坐，笑而受刃。市人爲之墮淚，咸私焚紙錢奠之。十四年五月也。

良櫃，電白人。永曆元年四月，與王起隆起兵電白平水。五月，陂底山寇張十、王遵度、司徒相、林鐵腰、柯尚裁、黄雲從起兵，梁能、鄧强應之，爲副總兵周朝所攻。六月，能執死。七月，白頭鵶、卓化行攻電白敗。十二月，良櫃連廣西兵屯紅花。五年閏二月，電白陷。三月，良櫃、尚裁戰死。八月，起隆、雲從執死。七年六月，參將閩人許衍蕃與張大魁攻電白牛頭横王自新不下，八月，衍蕃走。三十三年，鐵腰敗歿，頭横、自新亦死。

兆池，字改顛，順德人。好言兵。干石城王。永曆時，官監軍僉事，從揭重熙援江西。成棟死，入山。

英，字千元，南昌人。

首功，字起生，建寧人。武進士。

時從奇策起兵者，林伯嶽、林鬱豹。

伯嶽，順德人。本奴僕。廣州亡，不薙髮，從官參將，以舟爲遊兵海上數年。一日，遇畔將周珍香山海口戰敗，餘中哨一舟、壯士四十餘人皆死，伯嶽與子被執死。

鬱豹，字振光，新會人。諸生。家貧乞酒。奇策兵起，治舟崖門應之。事敗，死於水。

鄧耀，吴川人。李明忠部將。永曆元年，清兵陷雷、廉。四月，黄學明與廣西劉轉泰、王應秀、王日登起兵復靈山。五月陷。七月，徐彪王惟權復攻靈山。

四年正月，耀與黄占山、楊彦迪復欽州龍門，將軍高中正屯靈山，宗室統埜、海北道周騰鳳先後入廉州相應，授都督同知總兵，挂靖夷將軍印。

五年，高州陷，明忠走龍門。張孝起未至，四府已陷，亦入廉州山中。一時依耀者二郡王、一巡撫、六部監司守令以下數十人。

七年二月，清兵至廉，騰鳳等俱不屈死。方朝鑾攻靈山，李定國攻肇慶，耀將舟師繇新會、順德入九江口，副總兵鄧世雄降清。十二月，上御用銀千五百兩。

八年二月，仍歸龍門，裝船鑄礮，煮海屯田，爲恢復計。定國敗兵多歸之，設快馬船於州江之石灘東西二江之長墩，斷行旅，山海之利盡入於耀，聲勢日振。有赴行在者，厚資津送，與海陵李嘗榮皆爲詔使東道主。會屈士煝欲赴定國軍，聞新會敗，轉入化州，耀聞，迎至島中。周金湯在石城，與耀有違言，尋相結合，復約嘗榮等同復粤西。十年正月，趙連城攻靈山，彭兆龍、曹玉、陳選戰死廉州天官閘，高、雷、廉全陷。十月，王之翰降清。耀聞上幸滇京，命士熼間謁。

十一年正月，攻欽州不克。攻雷州，斬遊擊傅進忠。

十二年，復雷州。再攻欽州不利。

十三年四月，攻徐聞海𣅳港，郭忠先、鄧升、柯木、黄長等戰死。

十四年，攻文昌，合嘗榮、占山、岳之鼎再復雷州，斬守備王臣清。攻海陵，嘗榮降清，金湯、孝起被執死。四月二十七日，清兵五道攻龍門，耀拒戰大敗。六月，梁信、陸國相、黄贊中、陸見魁降清，耀走安南。清與安南兵躡之，被殺無算。復入廣西土司，爲僧千隆山寺。十五年，清名捕急，土人執致廣州。九月，不屈死。

彦迪，茂名人。行二，一名楊二。九年二月，入陵水。耀敗歿，與弟三以數十舟歸鄭成功，屯海上。十五年正月，再復龍門。十六年，至瓊州，攻雷州白鴿寨，斬守備房星；邀擊巡海使於瓊南，力戰免。授禮武鎮。十七年二月，攻雷州敗，三入瓊州。黄國琳屯那嵒，攻欽州，總兵禓有通被執死，國琳入十萬大山。十二月，彦迪攻高州。十九年二月，陳老起兵雷州死。國琳、黄文起被執死，其他諸將負險不下。鼓嘴牙山有符德義，大峴山有陸順明，或殺或執，與衆數十人或數百人，完髮死。二十年七月，彦迪戰雷、瓊北墩洋，斬副將江起龍、都司王萬國。二十二年六月，陳大旗起兵雷州死。二十五年正月，夏雲高降清。二十八年九月，周肇良、黃四、雷頭目攻欽州死。三十年正月，施學楹起兵欽州死。三十一年，彦迪、洗彪以八十舟自龍門攻欽州。三十二年，韓有獻復海口，茅向榮入黎峒。四月，向榮、劉定國降清。六月，總兵謝琅、杜起龍、張方攻廉州敗績。八月，三攻雷州，彦迪攻欽州不克。九月，彪與那良土豪陳懿、那囉李大頭、黃坡李天揹等攻吴川，斬千總袁其忠，從者十餘萬人，設立五營。十一月，親標營副總兵陳奇、都司黃光翰至徐聞，以蔡國興爲知縣。徐聞尋陷，海安副總兵葉可昌、守備王樟昌執死。十二月，彦迪攻瓊州。三十三年，彪等攻三江營，斬趙把總，入屯洗村、水潭、那鄧、那良、大岸爲營，未幾敗績。彦迪兄弟入澄邁，十月攻感恩。三十四年，葉紅旗攻大石屯村。十二月，彦迪、謝昌入鋪前港，合有獻攻瓊州、澄邁、文昌。三十五年，積鳳、彪皆戰死。五月，守備黃世賢以海口反正，復澄邁、定安，與昌、楊羽鶴應之，尋陷，總督周勝、總兵陳曾執死。彦迪兵敗入海，有獻入峒。三十七年正月，有獻總兵曾英相等降清。信宜張如龍攻梧州，斬都司陳龍啟。明年，有獻誘執死。東寧亡，彦迪、黃進猶屯廣南、柬埔寨，有舟百。康熙二十五年，彦迪爲進所殺。二十九年，方雲龍、朱權執死龍門海上。

之翰，海康人。永曆六年，屯雷州西海。與弟之鑑、表弟占山，陳傑、王禮士、梁州牧、黄寬等各起兵，屯廉州。十年，與將李青自西海降清。十一年，鄭昌畔，執之鑑降。水口峒義師故花山忠義林赤鬚數千人，於廣州陷，復屯其地，清兵攻不克，至是簡文内應敗歿。十二年，占山降清，未幾反正。十五年，昌反正死。十七年，占山執於雷州死。

彪，字傑成，吴川人。

蕭國龍，字沛卿，陽江人。王興副總兵，從復諸邑。郭之奇上其功，授都督僉事。李定國至，請爲前鋒，力攻新會。既退，興命分屯肇慶永豐寨，與文村犄角。文村陷，永豐寨被圍，衆寡不敵，國龍陽降，清兵退。

永曆十四年，合水陸忠義亨峒陳期新，白頭莇洪彪，舊海莇周祥、古城方泰、勞奏，雷崗鄧雄，雙水鍾良等，同起兵武定屯，復開平、恩平、陽春、陽江，圍廣州、肇慶。尚可喜大發水陸師以拒，陷武定十三處，總兵周瓊飛、張權璽、張易能、林志昂戰死。永豐寨相持二月，國龍奮鬬二晝夜，斬守備陳昇，自火其寨，妻子皆死。九月，以餘兵保西礮臺。或勸之降。曰：「虎賁不得有文村，國龍豈得有永豐哉？天亡文村，所以亡永豐也。今以永豐並文村，以國龍並虎賁，天之所亡我者不亡矣。吾妻子已焚，亦以並虎賁之妻妾十有五人也。虎賁其望我矣。」其弟國驎中矢死，國龍投水死，中軍余達子被執不屈剥皮死。期新、彪、祥、泰、奏，與雷岡之黃忠、三瀧，黃涌之夏應昌，雙水之梁逢泰、梁國柄，武定屯之王尚忠，雙龍之鄧胤元，錢崗謝邊寨之何亞武，及上、下官田之壯健團練者，皆戰歿無遺。兵死者前後千四百餘人，被執者二百餘人。

廣東自北京陷後，新會、順德、恩平、香山、開平、高明、三水、清遠、連州、四會奴僕脅主結社，世稱「社兵」。新會崇禎十七年五月，知縣李光熙剿那伏，斬關逢三。張鳳翩屯陽江百峯山，爲遊擊郝時登所平。

劉保，開平人。糾衆屯高明官田黑坑山，黃元沛、黃元述、劉萬啟屯古兜，與李山、官七、梁經玉相應。弘光元年四月，諸生張鵬騫城守，而四鄉兵起日多。隆武元年七月，知縣姚生文撫滘頭周德義，潘村潘歪髻，鄺於康，那伏關逢四，沙岡張述璽、張允初、張産旺，張村黃宗炯，程村梁華韶、談雅、關肥三，麥村麥長公，斗洞伍仲幾，錢岡簡番、王那有、許甲三，新村許亞保、李玉林，龍塘何榮勇，沙岡林崇勒等。永曆元年，清兵陷廣東，保等出入新寧、南海、順德、新興、高明、開平、恩平、高要、陽春、陽江。二月，土兵呂昌雄害李兼貴一門。三年，兼貴殺昌雄。七年，譚雅執死。十年，保、山、七、經玉、元沛、元述、萬啟、劉裔進、林時象仍保官田黑坑。十七年，雷四起兵。二十三年七月，清兵會攻官田，山、七，經玉、時象敗走。八月，清兵入長沙、鐵爬沙，劉萬多執死。二十四年五月，周成彩降又反正，攻樓岡村死。余富潤數千人起兵開平余村。二十六年春，周德紹、林時贊、謝亞長攻萌頭死。二十八年秋，山、七、經玉攻南海、順德鼎安都。清屠禄洞、河村、馬涌。二十九年，山、七、經玉、張斌合馬雄攻新會。三月，攻高明塱沺村。三十二年，富潤敗余村死。三十三年，清兵大舉圍官田、古兜，保窘迫乃降，元沛等執死。保起兵先後三十餘年。

昌雄，字雲龍。兼貴，字伯鸞，諸生。清官不受，出家，不知所終。又有黄景元者，永曆初起兵，降清反正，再議降，爲人所殺。皆新會人。

順德、恩平：崇禎十七年，以吴亞九、潘廷贊、詩堯志爲首，永曆元年敗死。十月，何泰據潘村。二年正月，潘自顯、何榮貴據波羅。十一月，黄老朱據獨岡。陳日靄據莭畔，大殺掠。三年五月，梁奇猷、吴倉欲入恩平被殺。四年三月，鄧日輪屯樓岡。四月，日靄屯扶峒。十年十一月，吴瑞寬屯開平新塘村。十二年九月，皆敗歿。

香山：隆武二年，古鎮以馮春隆、馮大倫爲首，海洲以劉綦廉爲首。永曆元年，攻外洋。六年二月，攻海洲。九年七月。綦廉死海洲。十七年，大倫黨應周玉復順德。

高明：永曆七年正月，羅東日、黄太始、吴從先起兵敗績，降清。十六年七月，曾乃貽、乃燕、乃廣起兵大企岡塘，屯澤河，曾成裔、梁位高、梁亞祐被執，乃貽等降清死。

三水：永曆元年，花山練復寧、吴萬雄屯盤古峒，合龔紫金、張斌友、楊太公、伍巫青。

六年，斬巡簡柳之桂。九年，陳學進起兵。十七年夏，劉寶出新會，攻三水周村、莘村。三十五年冬，清兵大攻學進不下。三十六年冬，乃降。

清遠：永曆元年，湛江佃僕攻城，殺原任僉事朱應鵬，貢生譚所藴、朱祚陟，諸生譚大紳、譚經邦、譚天仁、譚觀光、徐奇昌、朱近宗、朱籙昌、朱人鳳、朱人英、徐必昌、朱世鐸，清守道劉嗣寬、知縣陳璲走。五年，佃僕降清。十一年，龔昌斌開爐秦王山。

連州：永曆元年五月，王廷弼起兵，殺趙大勳。八月，彭威、羅申、鍾貞内應，斬知州魏人鏡。廷弼尋爲所殺，彭元標、李日英火州城。二十八年八月，李漢英攻州城。三十年，廣西孫延基攻州城。

四會：馮天保會人永曆四年假無爲教起兵十峒，馮天俊、李毓之、劉智剛、馮天宇、羅眷廷、李自嘗、鄧萬貫受劄。懷集、陽山、廣寧、四會、清遠民蓄髮者數千人。九月，擁陽山鄉人稱「天啟太子」，自爲國公，爲弋陽王議澳所敗。十五年三月，天保走陽山池水峒，與天俊、毓之、智剛皆執死。十月，曲江、英德莫崛城王化中、譚三鳳攻陽山死。廖雲龍屯老屋場。十六年，周楚貴起兵乳源梅花畲死。十八年，黎國祚死。八月，黎應科、蔡砥中等執於沙逕大圍。朱挺元、馮時泰於三十四年屯大秦王山，後降清死。

又，新興奴李裕英、裕慶於永曆元年二月畔主，被執死。

應鵬，字圖南，清遠人。歲貢。漳浦知縣擢。

黄鶴鳴，南海人。販馬廣西土司。永曆元年四月，與上官星拱糾義師復横州靈山，授總兵，挂將軍印。八年秋，從李定國戰新會死。

星拱，字北樞，靈山人。歲貢。先，永曆元年二月，廉州陷，指揮張烈死，尋復靈山。又從石城鎮國將軍統堥，於十月十五日復廉州，授監軍副使。經年防博白、鬱林，與太僕卿黄燦中、總兵謝應奇、鬱林副使謝天英合守。又與程源扈梧州。五年，清兵攻廉，與李明忠拒之，兩戰克捷。耿繼茂招，不應，屯武利内寨，相持一月，援絶寨陷，與標官四人血戰死，麾下數百人無一生者。星拱妻沈及女婦黄、家人大小飲藥死。子參將捷科，執死。

又，楊千秋，吴川人。永曆元年六月，與鄭哨、牙六起兵龍泉，攻吴川，哨、六死。次日，斬同知戴文衡、知縣陳培亨、守備王忠，復城。未幾走。

葉標，東莞人。以檳榔賈鬱林，負膂力，走及奔馬。永曆元年二月，清陷高州、雷州。六月，高翔、張九龍、古道元復信宜。七月，標與施尚義及監軍古鼒、都督孫時顯受陳邦傅命，與姚春登、陶本堯、陳于緘以狼兵至石城，斬知縣郭祚新，復化州，道元、郭勇亦自信宜至，村社均立白旗應之。圍高州不克，命楊世貞屯梅箓。八月，屯大坡營，命參將林平説黄海如反正。九月，鼒、時顯、孫守道攻雷州。十二月，標復高州，方國泰、趙國威、周朝反正。標、歐光宸與閩人洪維新、梁執中保柳高塘之師相爭殺。鼒晋參議。海如、蔡奎反正雷州，雷人陳仕陞、張彪附之。

二年，標與葉萼枝合師。九月，彪屯徐聞諸邑。三年七月，標約姚起巖襲李明忠。事洩，明忠將冷雄傑執起巖。四年，九龍葉朝棟復信宜交鬨。六月，劉國昌攻四會，標力守不下。許衍蕃、張大魁攻電白。八月，復城，大掠。冬，雄傑、唐天星攻吴川。

五年二月，高州陷，九龍降清。三月反正。六月，道元在安鵝寨爲下所殺。標以鬱林義師與鍾芳復博白、陸川，而已復北流、容縣，大小數十戰，斬獲多，明忠愛其勇，累擢太子太師、都督總兵，掛翦虜將軍印，封東莞伯。六七年間，彪與徐聞駱氏相殺，雷民爲空。

七年四月，李定國入粤，標合兵入九江口。六月，與尚義攻化州吴川。七月，土人引標、尚義復高州、化州。標將戴國輝、黄子知、蔡雄復吴川，斬知縣黄應乾。又復信宜石城。八月，化州陷，清屠吴川。標還博白。先，熊兆佐、周金湯同屯博白，與標爭地。兆佐一日爲土人所執，金湯意標殺之，定國還軍迎之，爲金湯誣陷死。彪七年與海南義師陳斌夫婦皆死。

彭兆龍於九年四月起兵信宜，斬把總潘露。十年正月，兆龍、朱運漢戰死白石圍。

奎，龍溪人。參將。永曆元年二月降清。反正授總兵。

當定國入粤，與標先後響應者，彭琛、梁子直、楊士鑰、林高升、李象履。

琛，字述之，德慶人。爲僧香山寺。聞定國復湖南，以數百人從復東安。兵敗被執，不屈死。

子直，香山人。初爲賀縣掾。永曆六年，起兵海島，伏壯士香山城内。十一月九日，以舟數十復香山，斬知縣張令憲。清招降之。曰：「我得一城，即堅守一城。我不以一城存，而一城則以我存矣。」清使其典史陳忠計誘執之，與妻子不屈死。

士鑰，字師健，新會人。諸生。六年，上書言兵事，授參將。起兵將襲新會，道開平，陳世傑請清兵攻之，倉卒應戰被執。世傑曰：「汝儒生也，明豈少汝一儒生？」士鑰亢聲曰：「明正少我一儒生耳。汝今殺一儒生，我朝有一儒生矣。」剥皮而死，年二十五。士鑰所居陳涌，多衣冠右族。士鑰兵起，富者以財，貧者以力，咸來相助。事敗，受屠死者數千人。僮亞連，當士鑰被執，自首曰：「我士鑰也。」旁有識者以爲妄，並殺之。

高升，番禺人。都司。定國命起兵新興，次章曲被執死。

象履，字素生，南海人。隆武元年恩貢。以佛山練總授兵部司務。廣州陷，爲僧。永曆七年，定國攻肇慶，破家治西洋大礮火器佐之，又選鐵工六十人送軍，而具舟三水以待，遷監軍副使。明年，定國復高州，圍新會，將中應之。事洩拷掠，不引一人，咏梅花詩，晏然死。

又，十五年遂溪鄭昌從王鑑起兵樂民所，昌執鑑降清，又反正死。十八年三月，黄明標起兵雷州，攻西山死。四月，陳老子，七月陳大旗死。

羅成基，字登爵，南海人。羅定道標哨官。廣州陷，與朱家臣自肇慶回，稱都督，集衆向兵道葉天陛、知州鄒德淇取餉，不應，力田陽春山中。凡薙髮者，罰出交槍十函，人不敢違。

永曆元年三月，南韶翁英民入羅定，以白蓮教號召，土官查之有、鍾惟聘起兵死。六月，皇親李國珍起兵西寧。成基合千人攻羅定不克，再與林志昂、駱天高、盤敬山、孔二牛及總兵李漆妻參將詹氏數萬人攻州。七月，莫黎成攻西寧。八月，成基復羅定，參將商之盤、陳曜、范士奇守之。九月，兵道李文芳、知州葛日章、同知鄭龍吟反正。十一月，清兵大至，國珍不守，共入西山，西寧亦陷。頃之，國珍死，成基降清，以副將守羅定。二年冬反正。

三年六月，董方策至，迎之連灘江口，仍守羅定。九月，二牛執於牛逕大竈。四年十二月，州陷，成基收兵入西山。清招之降，不應。六年，李定國將至，受吴子聖命守羅定。定國攻肇慶不下，子聖退西寧，斬清官數十人去，成基再入西山。七年，定國再至，迎之高州，晋都督同知，與敬山攻州，立十三大營。三月，敬山戰死，成基入三都。六月，子聖再復羅定，學正詹光飈内應，斬知州鄔甲。張世新戰死，子聖還師，成基勢孤，乃入雲際山力田，民多依之全髮，城外十餘里，清令不行。

八年三月，靳統武復州，成基入守。

九年五月，復羅定，斬同知金芳。清兵至，不能守，以衆入山。性猜多殺戮，中軍賴洪恩執殺蕭鼎、李仲倫，引敵大至。十二月，成基接戰木欄山口，手刃妻妾，吞金死。

十八年，陽春蕭靖忠以衆入西山，劉柏載降清，潘龍殺羅仕熙、仕周降清。二十四年六月，清執羅定人受明劄者皆死。二十六年五月，陽春嚴鎮威攻羅定死。

國珍，西寧人。歲貢。陳邦傅疏薦職方主事。

龍吟，福建人。太學生。

周玉，番禺人。蜑户。兄珍，與李嘗榮，皆以武勇雄長海上，初糾衆勤王，爲水師副總兵，玉爲總兵，沿海遊兵護運。廣州再陷，珍、嘗榮降清爲遊擊，從陷高、雷、廉、瓊。珍死，玉代之，捕魚自給。

永曆七年，李定國入粤，嘗榮亦起兵海陵，授總兵，復新寧。

十五年，清遷界命下。十六年十二月，嘗榮攻新寧沿海。

十七年十月朔，玉、嘗榮以繒舟數百入海，號召諸蜑，玉稱恢粤將軍，林輔邦爲軍師，鄭亞十起兵恩平應之，傳檄下番、新、順、香諸汛營，復江門，斬遊擊張可久，火諸路哨舟及勘邊大臣馬船，而夜以大舟直入珠江，攀城將上，清大驚。翌日，殲提督楊明遇兵千、舟數百於石龍。翌日，又火舟數十，東西路斷，敵惶恐不知所爲。玉、嘗榮起兵以復國救鄉爲名號正，一時知義者爭出金佐軍，軍日大。二十二日，再抵廣州西關，攻礮臺不克。陽走，清追之濫尾，回帆大戰，火舟二十四，斬千人，帥張國勳僅以身免。翌日，復順德，禽知縣王胤，斬守備司馬興龍，封庫放囚，存卹鰥寡，民悉解辮從之。三十日，清水陸兵突攻市橋，舟駐大石口。玉、嘗榮列舟還救，乘潮西上，鋭甚。清以鐵鎖聯巨舟中流。兵始交，斬清兵數百，清兵死鬭。一日清兵敗，玉恃勝棄其大軍，獨以中營七舟入，嘗榮不得已從之。後軍不繼，乃敗。十二月，玉爲土人執獻死。母梁及邦輔，將周信德、黄吾聞皆死。嘗榮突圍走市橋，戰又敗，出大洋死。

十八年，增城綏福、清湖、雲母、楊梅、崇賢諸都，及番禺龍門、慕德、師嶺等司，以及增城、從化、三水、清遠峒民起兵，羅七、葉鳳翔、汪德鼇、易以章、葉富文戰死。四月，沙灣茭塘張寅申、李于東、陳宜傑戰死，李倫參、謝尊榮降清。其五島之衆互爲犄角者，清分三道攻之，義兵死者二千人，舟亡失百三十一。大奚山、大嶼口、上川、下川相次敗没。有趙劈石、趙麟生以香山黄粱都、赤坎、三竈千人出救，亦戰死，皆玉、嘗榮之將也。嘗榮將黄明初、譚琳高初從清攻上、下二川，逸去來歸。

十九年，明初、黄啟榮、周信華聚大小舟百屯馬流門。會清將施雲虎、李海龍舟師至，戰不利，明初走那扶死。清將佟養謨遇琳高急水門，逆戰不利，入大奚山，琳高執死，餘衆始盡。

嘗榮，徐聞人。王興將。立赤心營，總兵，挂將軍印。自玉、嘗榮舉義，人無分盜賊，事無分大小，在在發憤響應，至數年乃定云。

瓊州孤懸海外，永曆時，義師先後可紀者：

元年四月朔，清兵陷瓊州。五月，瓊州千户洪廷棟、鎮撫胡永清起兵。兵敗，自崖州降清。彭信古起兵崖州，千户曹君輔與黎人陳曾鑣斬知州戴綸，復萬州。六月，走黎峒。七月，周京起兵文昌，攻樂會死。

二年，信古斬崖州知州于有文。四月，君輔敗於萬州，李振聲爲貢生平可觀執死。冬，總兵陳武復崖州、昌化、感恩。

三年，復萬州。定安黎馬蹬根、李花臉亂。六月，王昌言起兵討之，敗死。八月，定安程九娘入定安，蹬根走。

四年，振聲子鼎裕，斬可觀、林傑、林眇目、赤鬚、周奇振等，起兵文昌古城，衆千人，後皆死。

五年，王吉入萬州，執學道宗室由楨，子弘錫、弘九夜攀城出。由楨權晋君輔父子官，弘錫爲監紀推官。杜永和藉助餉虐民，蔡芳攻澄邁，執知縣。吉入萬州，逐君輔。八月，閩人林禄登清瀾港造舟，募兵數千人，州人拒之。禄、吉合屯州，十一月，禄殺吉，禄尋爲郡兵所殺。

六年二月，閩人張士俊入萬州，至樂會。八月，永和以瓊州降清。清兵至，士俊敗歿。

七年，君輔與子弘九降清死。

八年正月二十七日，守備楊殿臣、韓昌時合吳榮、周龍、符世耀、潘宗連，以文昌反正，斬知縣張奇。林貴起兵澄邁死。信古、邢聖經復崖州。聖經死，定國復瓊州，後陷。

九年殿臣等執死，宋德清、陳本泰起兵死。六月，臨高黎譚枕亞起兵。

會。

十年，文昌孫賢反正，尋降。張騰鳳反正死。定安李得勝、黎遷賡自八年至十年攻樂會。

十一年，蕭三、蒙大、蒙四、蘇民仰、符兆麟被執臨高死。萬州黃仕昌、梁一心，自十年至十二年攻樂會，降清。

十三年三月，王亞錦起兵崖州，降清。十一月，信古、黃士諤死崖州。

十五年，崖州托都黎人陳仔起兵降，又反正死。六月，臨高王忠、吴卿起兵死。

二十年十月，王廷魁起兵昌化大、小幄諸鄰峒死。

二十三年，定安土舍王之詵謀起兵死。

二十八年，韓超起兵文昌死。

三十年，許佑延、復攻文昌，降清。

三十一年，那又、那嗄起兵瓊州。

三十二年，鄭梁戰死。周奇進自會同降清。又嗄，亦降清。

三十三年四月，儋州兵起，斬都司高有功。

三十五年七月，總兵程可任、監軍副使馬文驪攻瓊州死。

三十六年，臨高酋長符乾定降清。

康熙二十五年，瓊山黎王乾雄攻定安、樂會，降清。楊王貴起兵定安死。

二十八年三月，陵水黎王國臣、梁聖奇起兵大潛、多艾諸村，敗死。乾雄反正，與王文成起兵喃嘮峒死。八月，毋葵、毋贊起兵敗，降清。

三十八年十二月，指馬峒首王振邦起兵瓊山，臨高黎首王平東、王恩義應之。阿老太入陵水降清。

三十九年，振邦等敗死。陳章烈起兵感恩死。

四十三年，石起孫等攻陵水被執。

五十三年，吳十八起兵萬州死。

傑字士貞，瓊山人。

昌時，文昌人。諸生。中書舍人。

仕昌，臨高人。

王祁，本姓祁，故合姓爲名，字介生，金壇人。長身黑面。初爲太倉王氏奴，補諸生。魯王監國，從軍江上，累功授總兵，挂建安將軍印，從扈海上，封建安伯。王至中左所，中道相失，祁不薙髮，爲僧壽寧鬼足洞。永曆元年，鄖西王常潮亦爲僧，祁奇其貌，依之。

時建寧知府高簡嚴刻民怨，鎮兵不及千。江西呂夢彪約泰寧上高、永興二保民起兵。二月，常富、鄭秀攻浦城死。梁欽、灝兄弟，陳泰，及林土，僧朱逢年、羅甲起兵沙縣，縣丞黎甲内應，復其城，斬知縣董潾，攻永安林田。三月，永興保丁朋、江瑚攻依口村戰死。寧文龍起兵寧化，斬黄通。常潮以大義激厲諸僧，得壯士三百人，奉隆武正朔，起兵古田山中，李君榮應之，以祁爲左國師，李文垣爲右國師，莒州洞人李長蛟軍師，王國用、陳泰鍾爲將，方國安故部在山中者歸之，有衆萬人。五月，黄金印、熊國弼、廖永勳導詹兆恒部將程文興攻建寧縣不克。六月，泰鍾斬遊擊衷赤。曾唯復大田，斬知縣胡天湛。七月，祁取民間几案數百，懸大綫香，黑夜乘流，環建寧而過，守者謂祁兵攻城，礮石齊下，天明方知僞，自是習之不疑，後祁突至，鄉官陳甲爲内應，乃復建寧，斬簡及總兵李應宗、副將曹允吉、知縣王紹基。通判唐通反正，用爲知府。樂升、賴逢吉復建陽，禽知縣吴鼎，進復崇安。昭宗擢祁左都督。官威揚、湯克纘、丁伯韜、施子章起兵攻邵武不克。典史王之輔謀内應泰寧死，吴長文、謝七寶復建寧縣，攻延平不克。祁大破副將池鳳鳴兵，國用圍順昌失利。八月，祁敗績三公橋。九日，永興保人攻泰寧；國用復攻順昌；兵部右侍郎楊東晨，總兵謝君聘、王印海、李賓，文臣李光禄、陳子化、劉英、謝時攻浦城死。二十三日，僧海月爲夢彪造雲梯攻泰寧，敗走永興，夢彪爲郭天才所害。祁復政和，斬知縣沈孚建，南攻古田。雷時鳴復慶元，斬知縣李肇勳。繆昇斬知縣吴允焞，以壽寧應。復嵩溪，斬知縣張朝國。聲復浙江。然兵皆烏合，帥領科道草履，所至蜂屯求餉，士民逃匿。馬得功、李榮以清兵三萬自浦城攻建寧敗去，建寧道顧礽反正，建寧知縣顧明彪授首，屬縣仍爲祁守。九月，祁攻延平，斬遊擊王鳳岐，陳洪戰死。時德化王慈煃入閩，延、建、汀、邵義師大起。國用爲下所害。十月，欽、土攻永安，欽戰死。十一月，羅南生、張仲問復沙縣。何永祐復永安，斬知縣高咸臨。十九日，楊日煦復順昌，斬知縣錢嘉倫。長文、七寶合瀘溪人復將樂，斬知縣錢楞。趙士冕、黄鍾靈起兵二千人連城、順昌、將樂山中。十二月，李士藻復連城。鍾靈、任順寰及總兵陳君愛攻拏口。清兵自邵武至謝坊，鍾靈與副總兵黄起鳳戰死。慈煃敗萬全橋入山。十四日，應祐應慈煃召，至小桃源遇害，順昌陷，君愛戰死。長文、七寶再復將樂，斬知縣褚唐俊。嵩溪陷，知縣戴應選、鄉官真煦時戰死。得功夜以騎五千步萬人二道窺建寧，祁戰不利，死者數千人。

二年正月，遊擊陳甲、守備楊長貴、把總孫興敗建寧縣楊溪死。連城陷，士藻與貢生童賜瑚等同執死。二十六日，天才將羅廷順合盧天章再復順昌，斬知縣徐懋威。曾明遠、葉和、陳士良數萬人繇甌寧、政和攻嵩溪。得功馳陣，祁兵死千餘人，明遠棄甲走，總兵楊允槐兵萬人敗上洋死，餘衆趨將樂戰莒崎鋪，宗室翰林議霥中矢走。二月，祁封鄖國公。攻雁塘，徐應卿執死。九日攻浦城，監軍丁祖奇，都督徐甲，副總兵李尚爵、王泰執死。賴子明起兵寧化烏村死。丘民滋自泉下里以千人謀復寧化死。楊齊雲攻連城，李調元內應死。葛甲攻延平梅南。將樂陷，士晃與總兵陳簡、羅甲等自焚死。

總督陳錦、張存仁，侍郎李率泰以六萬人圍建寧，自正月至三月，清掘黃華山，置紅夷礮攻城。前此揚州、江陰、金華皆堅守，用此礮攻之立摧。至是，叠轟城，堅如故，惟女牆頹十餘丈，隨頹隨築，築不及守者，以身蔽之。清見咋舌曰：「此城破曷有期也？」城上鳥銃、撓鉤、滚石、灰瓶守具均精備，清兵骸如山積。會祁試火藥，誤坐下風，爇面目焦爛，臥不能起。清礮攻，城裂，梯屍上，閏四月四日城乃破。祁巷戰，斬數十人，投井被救，再投火死。紳士兵民知城潰，各頂心經於首曰：「努力殺虜，戰勝則已，否則死轉生爲男子，必酬此志。」闔城閉門自焚，火三日不滅，死者四十萬人，屍氣聞數百里。鄉官朱喬秀、徐必昌、鄭國佐、江士英、任可受、陳大經、陳達德、彭蘧、徐士傑、林紹誺、黃繼登、葉銑等皆死。清兵死者四萬人，滿兵三千人。嘗曰：「我師打徧天下，無有如建寧之難下者！」祁在軍，與士卒同甘苦，人呼爲「國師爺」云。

先四月，武生江政攻泰寧不克，鄒華、丘選合宗室大和尚攻寧化龍上里、大坑口，衆數千，選戰死。天才將熊再法、秦登虎三千人攻邵武敗死。李鳳毛敗光澤死。歐陽芬以宜黃反正，攻建寧不克。徐雲、惲日初及子楨，合長蛟謝南雲，副總兵岑本高、王思春、江中英、江中元、張文耀、朱國貞、劉國球等攻浦城，吴承昊、徐元、毛文傑、張裔元約内應。雲楨等敗死。國貞降清，盡洩承昊等謀，遂皆遇害。揭祖數千人自建寧至寧化，諭降不克，敗走，監軍韓甲執死。五月，義師十萬攻汀州敗，六月，芬攻寧化走。八月，張、黄自延祥合攻歸化、永安敗。十一月，華、廖心明至禾尚石，攻寧化，千總夏有才、張易内應死。十二月四日，瀘溪人數千攻將樂敗。鄭勳庸、陳志宇千餘人復尤溪。

三年正月，天才餘兵自江西攻寧化敗。九月，威揚再起兵邵武七台山走。十二月，張簡戰死寧化竹篙嶺。蘇榮、李天成自苦竹坑攻永定。

四年正月，榮、天成、朱以泰、華國温再攻永定死。五月，毛明卿起兵，大破清兵巖關，威震浙閩。李希賢、范恩郎起兵甌、浦、建、嵩界上，大敗清兵，東源民應者數萬。六月，華自寧化降清，歸淮上，爲鄉人所誅。十月，文龍攻寧化，斬副將魯雲龍。閏十一月，吴一星起兵將樂，分攻各邑及延平、汀、邵。

五年，文龍、一星、林珍、黄徽允合戰清兵敗走，文龍不知所終。八月，楊雙起兵浦城周村，祝春屯漆樹坑，戰清兵周潭，斬守備劉德源。九月，江西耿虎自建昌反正，攻邵武降清。十月，一星、珍、徽允攻寧化死。楊寶起兵建陽、順昌、光澤。黄華起兵嵩溪，敗於仙茶、竹畬。葛登標兵二千人、都督王九萬兵千人、總兵何新登兵千人、賴雍兵七百人、參將鄧永兵五百人至寧化禾口、新田、巫家湖，戰小長坊敗。登標、新登及都督曾正修、監軍僉事吴吉、參將余應宗、標官江萬啟戰嵩溪死。

六年四月，黄雲紀、陳天鐸起兵延平，屯大挂、漳湖坂。張天禄至，雲紀執死。九月，陳德容以萬人攻建陽不克，入分水關山中。十一月，周立發、總兵霍武，及熊應池、章八、謝構攻廣信死。德容攻建寧，斬副將高虎。楊文浴起兵浦城。

七年七月，希賢、葉輔攻慶元竹口走。八月，姜聚導宜黄兵攻建寧馬尾寨、開山堡。伍秀攻清流。十月，希賢再攻慶元河源敗。周文璋、陳維綱、林新起起兵延平，吴進、周昌被執，維綱、新起降清，李京、張有第兵潰走。黄允會攻寧化。十二月，楊成洪斬知縣，起兵將樂，屯石床。清延、建、邵兵會攻，成洪敗走富屯，與楊君贊、廖仲珍、吴揚皆執死。

八年，桓夢龍起兵崇安、甌寧，斬江梅一、梅三、梅四、梅五，敗死。三月，陸德攻慶元二都九漈，斬千總李尚才。九月，一星戰將樂死。十月，邵武民以麻布爲旗，攻建寧南鄉敗，總兵丘倚東、蕭正、酈仁、張子龍降清，邑人余國祚、余雅老内應被執。白眉朱壘、朱能等，安吉寧諸、寧胡，澤源姜聚、姜超、姜雅、姜班，羅源寧繼超、寧繼登，黄坑黄壘、黄皓，上黎甘儒、甘資，各保險守。陳忠、高曆、鄒應元降清。十二月，僧善度攻寧化，降清，下獄死。

九年，朱家臣攻上杭。日炯再起兵延平。雷省、林良再復大田，與鄭虎皮、劉舉七、郭進戰死。十二月，黄墨自稱江閩都督，與皓執黄坑死，王湊、連充死府獄。張建起兵建安南雅口。允會戰死寧化，弟素禾封定閩伯，仍保留豬坑，有衆萬人。

十年正月，清兵雪夜至，沙禾、黄赤戰死。張文龍起兵建安死。七月，義兵攻寧化、歸化千總董世滿反正建寧死。八月，素禾及兄冬生，總兵黄老、黄赫及黄須、黄書、伊萬、朱良、夏舉、危賓入忠誠降清。十月，子明妻張起兵百人攻寧化死。林霞、魏賜自浦城降清。

十一年正月，立發與總兵張興、董元自封禁靛坑降清。三月，都督鄭飛熊攻建安、建甌，以二百七人降清。十月，成洪弟三泰再起兵將樂死。德容、廖明奇、張耀華、蔡赤、潘桂戰敗，自建陽降清。蔡昌隆自崇安、甌寧降清。建戰建安死。

十二年正月，温丹初、羅朗中起兵永定金豐里萬山中，號召閩、粤，連鄭成功兵。清迭招不應，受圍半年。六月，丹初出見死。陳招子以丹初餘衆固守金豐。丹初從子啟元寨礮兵屢敗清兵。八月陷，先鋒温明、盧蔭死，餘盡火死。郎中温保養、李龍、楊勝、吕石保陣執死。九月，馮捷、李茂、黄龍起兵永安死。李唐宗、劉龍降清。順昌吴大禄屯延、邵界走。南平魏六執死。都督僉事廖明旗降清。

十三年十月，劉鴻、九爪龍、劉阿己起兵上杭仙水隘死。

十四年四月，把總劉得功起兵復建寧，斬知縣温光涵。十月，曾長等執汀州石城塘下死。

十五年，蕭瑚棠起兵甌寧。禾義死。

十七年十月，王鐵佛起兵建寧、延平、邵武山中，扼險以守。率泰以延、建、邵兵三道入，鐵佛兵死者百十七人，餘六十八人被執死。十二月，李桂孫起兵邵武死。

十八年二月，錢禾攻寧化死。十月，江西義師入建寧蟠湖隘。

二十三年正月，顏顯、譚胡起兵永定死。

二十七年，光澤董子亮引江西周正所、徐仲嘗謀起兵死。

文垣，古田人。

泰鍾，建安人。從祁戰死。

金印，南昌人。武進士。

長文，將樂人。吏員。後與七寶爲下所害。

東晨，甌寧人。副貢。

礽，字南金，台州寧海人。從成功定臺灣，授承天丞，議郊祀之禮。

應祐，字明祉，丹徒人。諸生。負奇氣。隆武時監紀，遷中書舍人。福京亡，奉宜春王議衍至上杭福員山，欲依李魯，而魯已歿，招蓮子峒兵復永安、永春、德化，衆至二十萬。議衍承制拜兵部尚書、東閣大學士，封恢明侯。何通武、張倜、徐永周、趙士元至，令拜階下，諸人乃歸常潮。慈燁惎應祐，召與盟。應祐率五百人赴之，酒半伏發，被執死。子金驤歸其喪。

士冕，連城人。兵部左侍郎。

鍾靈，順昌人。總兵。

士藻，彭澤人。崇禎三年舉於鄉。連城知縣遷工部主事。

應選，瑞金人。

喬秀，建安人。崇禎十六年進士。自太倉知州遷文選主事。

國佐，字振華，建安人。城陷，曰：「生平砥節，詎可爲寇刀污耶？」刺血書穴牆藏之，投火死。妻徐從殉。

芬，字子芳，宜春人。增生。起兵保鄉里，累功官都督同知總兵，加柱國。兵敗，隱玉山寺。七年，爲清攻義師，執宜黄曾九龍等。起官不應。弟芊，益王由本授守備，降清。

雲，字漢侯，武進人。弘光元年恩貢。楊廷鑑爲宗灝勸輸二千金，雲率百人誅其諸父，與盧象觀起兵。敗謁福京，言陳謙携貳狀，授職方主事，遷監軍副使。福京亡，從益陽王軍，官兵部尚書。與日初夜攻浦城，風雨昏黑，行淖中，天明至西門，據橋斬十餘騎，力戰歿於陣。初，雲亡溧陽山中，妻莊被繫，令保全之，生子命曰獄生，年十六七，尋父不返。

南雲，江山人。副總兵。

承昊，浦城人。監軍副使。

昶，臨川人。重熙從子。崇禎十五年舉於鄉。清河知縣。清兵至，歸。明卿，忠誠興國人。隆武中，以守備募獵徒山氓拳捷擅毒弩者千人，從彭期生守吉安。城陷，守興國白羊嶨。及戰巖關，以狼筅獨當一隊，身先士卒。永曆八年七月，與希賢、恩郎皆戰死。

希賢，建陽人。挂將軍印。

一星，一名日星，又名細娘，順昌人。寓將樂。以白蓮教集衆，吴大娘、楊孝郎爲羽翼，結大營仙人塘，立七十二寨，有紅旗、鐵門、酒埕等名，而紅旗爲諸寨門户，衆至萬人。授順沙總兵。兵上下石壁如猿猱，據高臨下，清攻數年不下。治兵嚴，不擾民，迭以少敵衆，清畏之如虎。後入山招之，大娘僞降逃歸。七年，大娘戰死。八年，一星爲其部下林冀陽執致清兵，與李車腦、鄢南皆死，衆乃散。

登標，上杭人。鄉勇。累功官參將，加都督。劫工部主事黄昌祺、推官李淑。

雲紀，南平人。與陳統、陳三、周章仔、丁三、丁五同死。

立發，崇安人。仙霞關總兵封威胡伯。

德容，建陽人。恩貢。從黄道周軍，累遷漳南僉事、副使、參議，兼受魯命。永曆中，以崇安關總兵，挂將軍印，屯建陽、順昌、光澤。十一年，與王弘運同降。

弘運，崇安人。隆武選貢。道周薦監紀，累陞督糧參議；魯王授監軍副使。

允會，寧化人。通弟。

成洪，將樂人。諸生。好劍俠，團練鄉兵。將葉鍾玉、吴璋、張鵬九、廖仲珍、楊勝廣等降清。

丹初，永定人。稱總督提調水陸兵馬都督大元帥，封鎮閩侯。

紹宗御厨某，福州人，爲上主膳。汀州敗後，依德容爲火兵，兵敗被執。清將問曰：「何人？」曰：「大明御厨。」清將曰：「爾善庖，何不降？」曰：「我御厨，豈若輩可用，惟有死耳。」清將怒，令左右引繩塞其口，發聲不得，起而觸柱死。

贊曰：嘗燦、明忠、天錫、兆寧、鎮國、承恩、鳳麒、焜然、懋修，抗一旅師，厲必死氣，崎嶇險阻，躑躅維谷，功雖無成，聲卒垂後。興、相、奇策、耀、國龍、鶴鳴、標、成基、玉之於粵海，祁之於閩中，蕩虜恢疆，建樹尤偉。馮耀仗節不屈，有古人之風烈焉。

南明史卷六十七

列傳第四十三

無錫錢海岳撰

馬進忠 夏可陞 馬維興 馬士秀 程景頤 田既庭 高啟龍 湯道立 牟文綬 子國璽等 陳黃道 周鑑 余應登 楊進喜 馬際盛 弟際昌 李馭芳等 盧鼎 子子和 白良輔 武自強 王允成 馬鳴鸞 唐文耀 趙華等 董英 劉用楚等 王進才 陳明弼 劉之良 曹應元等 劉揚安 余化龍 楊時進 唐仕傑 周仕鳳 周爾敬 宋紀 曹志建 鍾昌明 汪大捷 歐正福 黃金牓 周漸 黃飛鸞 汪自任 白其心 黎元宣 王良祿 瞿共美等 劉伯通等 惠延年 何圖復 楊國棟 李毓奇 譚龍翔等 劉芳節 雷時先等 李拱辰 莫文 金之鐸 葉世芳 馬養麟 莫宗文 張登貴 顧存志等 郭淩雲 印象鼎等 劉迴瀾等 張先璧 李錦春 龍之洙等 李貴 黃朝宣 黃惟鍛 熊兆佐 周一烈等 吳大鼎 夏國鍵 李茂功 羅經禮 鍾天寵 曾大斗 謝正昂 姚啟虞等 胡成 曹曇先 何其榮 楊孔登等 李世榮 雷仁 劉明岳 向良友 季正烈 趙名世等 向登位

向明時　向朝霖　周室鼎　許大元　許一參　鄧宇開　張祖尊　呂望　車以庸　曾鳳詔等　林朝憲　何鴻飛　伍璋　粟受富　徐玠可　趙友賓　夏化謨　黃永泗等　舒國祚　杜朝用　謝瑞南　陳受堯　李世第　周美緣　陸遠蔭　伍岱　梁國豹　黎士球　何大衜　鄧良祿　唐仕元　滿啟泰　甄玉琯　向朝義　楊惟正　蔣華　顏悦　劉叨岳　廖光儒　譚鏡心　陳廷瑞　楊明遠　楊安文　蔣宗　熊定延　夏祖輔　朱特　姜中浛　黃禎　丘式耒　秦應龍　張麟圖　劉文錫　楊宗袞　卿世爵　陳級　戴士仲　許國柱　王維超等

劉世玉　謝復榮 乃鎮國等　蔣虎　王景熙　蕭曠 党哲

馬進忠，字葵宇，膚施人。本李自成將，號「混十萬」。崇禎八年，自陝西至靈寶，破陝州，欲渡河趨平陸不克。九年，出商雒，下鄖城，攻南陽，營郟縣神垕山。兵多精騎，稱最强。尋入商雒山中。十年，出霍丘、固始。十一年，敗走靈寶朱陽山，命白雲昇至汝州，請降於巡撫常道立，不果。復走唐縣，合賀一龍。已大敗，屯信陽。

十二年來歸，隸左良玉，授遊擊。十三年，敗張獻忠枸坪關。十四年，獻忠攻麻城。與吳學禮、杜應金追至南陽。獻忠走鄖西，突信陽，大敗入山，進忠窮搜之。十六年，督前鋒營副總兵徐國棟、常國安、應金，參將黑雲祥，趨袁州；王允成、李國英繼進。國安斬將袁畢等；雲祥禽尹蘇印等，斬三千級，奪馬五百，遂復袁州、萍鄉、吉安、分宜。歷遷副總兵，與金聲桓、惠登相、允成、李成名爲外五營。已敗於蒲圻。十七年二月，復長沙。八月，復武昌。九月，命屯荆州。

弘光元年二月，復荆州、雲夢。隨良玉東下。良玉卒，其子夢庚令同降清，不從，結允成、盧鼎退屯江楚。

隆武元年，依何騰蛟駐岳州。會自成部新合營，掠巴、湘。進忠食盡，移洞庭南，岳州空，遂陷。副總兵陶允宰降清，進忠、允成攻復之，進武昌白鷺洲，斬都統巴查爾，副都統巴雅思胡、朗碩塔。冬，順承王勒克德渾兵大至，騰蛟退湘陰，進忠孤立，乃屯洞庭西。良玉將楊文富降清，以舟師攻常德，陽與通好，突擊之，降其衆。

二年正月，敗於臨湘。轉總兵，挂蕩寇將軍印。九月，谿江向嘉魚，禽清閣部丁甲，並斬總兵。守候三日，聞湘陰敗，乃還。

永曆元年二月，長沙陷，焚掠湘鄉、新化，退常德，走沅州，入黔陽。清兵踵至，夏可陞時奉命備禦沅、黔，戰死。夏，進忠封武昌伯。秋，尚可喜攻常德，從堵胤錫走澧州、永順山中。

二年八月，入蜀，會平宗室容藩之亂。已復常德，斬知縣袁夢吉，沅州、桃源、澧州、石門亦定，撫民儲糧，治城郭，爲固守計。

無何，金礪以援兵萬餘自荆、澧至，別以舟師繇洞庭西上，剋會嘗德麻河。進忠偵知之，拔營率馬維興、馬士秀、王朝俊、楊進喜、劉之良急進。敵騎漫山，甲光炫日，進忠下令騎兵下馬，斷長矛之半爲前鋒，巨斧繼之，進忠步持矛，與之良先登，大呼奮擊，以短矛從下理甲葉刺之，皆洞中仆死，萬斧繼進，斬副都統金維城，降將黄廷柏、宗尚勇、馬汝弼、高捷等七千級，清披靡走，騎兩翼旁擊之，獲甲仗無計。已而清舟師不知騎兵之衄，溯流抵德山。進忠禁城中烟炊，斂兵隍守，楊國棟伏抄其下流葦岸中。敵舟覘城空亟進，進忠兵四起奮擊，衆驚，盡俘獲之。自南方興師來，推麻河功第一。事聞，晋侯，加左都督。

馬蛟麟守辰氣懾，折簡召之，將下。會胤錫以忠貞營至，進忠疑見併，乘胤錫與李赤心盟。縱兵民數萬人拔營焚城，不遺一椽。至湘潭，斬副將馬成功。騰蛟命攻長沙。十一月三日，至湘鄉。已走衡州大掠，王進才、張光萃因之恣焚殺，屍横五百里。

騰蛟於永州，聞進忠棄湖北，大驚。三年正月，單舸下湘潭。進忠進湘鄉，命自益陽間出，下截清兵上下舟，斷水道，會師長沙。

鄭王濟爾哈朗重兵畧湘潭，騰蛟殁，進忠退寶慶。四月，戰和尚橋失利，總兵馬有志、胡進玉扼南山，與兵三千人皆死。寶慶陷，進忠走新寧，殺林春試等。

已與胤錫有隙，廷議遣督師不決，進止無據，徘徊寶慶、奉天間。萬年策請理其軍，命總督之，懦不敢入楚。進忠屯全州西原、新寧盆溪，尋復奉天。八月，兵敗寶慶，奉天陷，退屯古泥。

追紀麻河功，晉鄂國公，提督川楚秦豫水陸援剿官兵，加太子太傅，予金章鐵券。

進復城步，斬知縣王雲貴。詔吳李芳、鄭古愛督其軍出楚，皆不赴。十月，與程景頤、田既庭復奉天，鄭太和内應，斬都統楊應元等。峒苗易漢宇復新寧，斬知縣徐治，未幾敗死。十二月，屯瓜里，爲奉、寶右路，與胡一青榕江、楊國棟全州、曹志建鎮峽關之師相犄角，桂林恃以無恐。

四年正月，攻寶慶，敗。十五日，敗於奉天，胡光榮等執死。二月十五日，奉天陷，劉禄等戰死，進忠走靖州。七月，屯盆溪、瓜里西延防。八月，再復城步，斬知縣嚴學宮，屯土橋坪。復新寧，命高啟龍屯洞口。攻奉、寶，斬總兵閻芳譽。奉、寶民不薙髮者爲清屠殺，死者十五六。九月十八日，進忠敗績瓜里，走奉天山中，桂林震動。

金堡下獄，與焦璉、志建、一青、國棟、進才、馬寶交疏上言：「臣等於堡從無閫外之交。但緣皇上今日具官濟濟，而中外輿論，謂可心膂寄者，惟一堡，乃忽舉此。崇禎、弘光取敗之敝政而加諸直臣，軍民之心無不驚駭，乞速宥堡，置諸言路，以回天意，收人心。」

冬，孔有德、蛟麟來角，大戰西延三晝夜，斬殺相當。食盡，出靖州，取道入貴州。

桂、梧陷，上幸南、太，無所禀承。孫可望矯制召進忠，進忠、維興不審真贋，就之。

五年六月，李戴自寶慶復益陽入山。將潘汝貴、曹養禎、張應才、師雲望、姚國禎、吴桐、郭賓、張光斗于撫陽至寶慶降清。進忠治軍紀律嚴明，所至民皆愛戴，雄材大畧，百戰不撓，忠摯爲諸將冠。

六年，李定國出楚，以進忠夙將，加意厚結之，命自鎮遠出沅州，偕復黎、靖，大破總兵張國柱、許天寵靖州，進忠爲左翼，功最。七月朔，復奉、寶各屬，斬天寵，進攻桂林。有德城守不下，進忠約允成開門延入。進忠故不欲受可望命，至是與定國密謀尊天子，將北取長沙。前鋒及岳州、嘉魚、咸寧，所至皆定。馮雙鯉忌之，轉告可望。已與宋、戴二營攻益陽不利。尼堪大兵壓湘潭，定國令退伏白杲市誘敵；可望遽飛檄旋寶慶。定國獨戰衡州，遂不支。

七年二月，會定國永州，奉天再陷，中書舍人陳士本降清。奉天自元年後，城得失者凡六，清惡其頑梗，下令搜鄉，墟其地爲牧馬之場，千里間炊烟幾絶。其後可望再復奉天、新寧、城步。

八年正月，命雙鯉、維興併進忠軍，疏請封嘉定王，丁國祚、蕭鳴祚、袁一相降清。

九年，進忠將劉大鏞守紫陽河，遊擊武元高守樟木嶺。二人不協，元高畔襲大鏞，大鏞走。

可望犯滇京，進忠病留安順。定國討可望，頓兵曲靖，進忠間使報曰：「可望已令張勝將鋭卒三千襲京，公可坐而待斃乎？」及戰，回普定。可望敗歸，閉門不納，發礮拒之。或曰：「此國主也。」進忠曰：「國主誓師出兵十六萬，今止數十人，此賊也。」可望大窘，奔貴陽。

可望平。十二年正月，晋漢陽王，鎮貴州。二月，命出黔興。三月朔，請增兵出楚。四月，雒託陷沅興、黔興，進忠棄偏橋，走鎮遠、安順。鐸尼入黔至興隆，進忠、維興以萬人退貴陽。冷孟銋請守，不應去。六月朔，駐新城。中軍單泰徵移老營陸涼，所過焚劫，上命陳起相稽察。十月，定國援安龍，命代守關嶺。尋卒於軍。子都督僉事自德降清。

可陞，沅陵人。殁後，副使范甲以禮葬之。

維興，米脂人。永曆二年八月，封昭武伯，晋宣城侯。與將軍馬雙駟以勁騎五百日夜馳二百里，從進忠復奉天。交水之役，夜率親信詣定國營，請速戰。翌日，兩陣甫交，維興内應迎師，可望遂大敗，晋敘國公。滇京陷，與劉鎮國、高啟隆降清，官興化總兵。耿精忠起兵，命出仙霞關。兵敗，不知所終。

士秀，字蘭谷，綏德人。自成將。崇禎十年，與應金歸良玉。十一年，大破進忠、一龍唐縣，授都司。十三年，襲王光恩熊坪，斬四百級，累遷副總兵。十六年，從復武昌，破寇蘄州。與文富、郎啟貴、王世泰、秦天禄敗混江龍，復臨湘、岳州，斬四千級。獻忠再破岳州，出嘉魚，士秀逆戰新隄不利，退武昌。安宗監國，良玉部有異議，憤曰：「有不奉令東下者擊之。」巨舟置礮斷江，衆乃定。弘光元年二月，復應城。良玉歿，依騰蛟，擢總兵，爲十三鎮之一。火益陽、寧鄉，害湯道立。封華陰伯，陞湖北副使。後以僉都御史巡撫奉寶，卒於寶慶苗峒。

既庭，字仰高，南召人。歲貢。新城知縣累遷監軍僉事。

啟龍，榆林人。官都督同知總兵。十一年，敗清兵寶慶隆回。十二年，奉天、新寧、城步陷，戰洞口死。

道立，字漢男，長沙寧鄉人。萬曆四十六年舉於鄉。知縣致仕。

牟文綬，字章甫，施州人。沖和如儒生。萬曆末從軍，官千總。天啟初，奢崇明陷重慶，隨援復城，禽樊龍，遷貴州守備。安邦彥反，禽酋羅妙國，圍解，歷都司、遊擊、參將。追禽酋王大頭，與兄副總兵文禄破寇陸廣河。文禄歿，調守徉㹮，立城池。

崇禎三年，清兵入塞，扼古北口。五年，孔有德反登州，圍萊州。總督劉宇烈命率密雲兵赴援，以布政使楊作楫監其軍，兵集昌邑。賊犯平度，敗之，斬其魁陳有時。移屯新河，合保、津、昌三鎮及祖大弼、吴襄復登州，擢江北副總兵。七年，陞都督同知，鎮臨清，協勦河南寇。八年，扼齊、豫之交，相機應接，敗張獻忠於磨盤山。

九年，張一川破鳳陽。盧象昇大集文綬兵，與楊御蕃復鳳、泗。命把總田奎、莊信以五千人戰龍泉，二將死，失兵二千。轉總兵，鎮泗州。

十年，獻忠、羅汝才破和州，與劉良佐卻之。從朱大典屯舒城，寇走霍山。旋赴六安、壽州，調護祖陵皇陵。摇天動、汝才、獻忠等二十餘萬人分畧桐城、練潭、石井、陶沖，將窺南京，大典命監軍同知楊正芯召援舒城。巡按張瑄説救桐城，乃與良佐步馬九千人大破寇石井鋪、挂車河。文綬留兵二千守桐城，出破舒城寇。尋命專轄鳳、廬、淮、揚、徐。

十一年，屯鳳、泗，與陳黄道領京營，護祖陵皇陵。傾財募勇數千，皆武健可用。

十四年，賀一龍、賀錦再畔，以四千人專護皇陵。十六年，獻忠破武昌，逼長沙。間援之，仍還鳳陽。

安宗立，命鎮荆州。時郡城未復，命總漢土兵自施州出夔州，會王應熊合勦，未行。改後軍都府僉書、提督神機巡捕營，加太子太保、左都督，以周鑑爲監紀同知。左夢庚東下，命禦之江上，兵譁掠，建德、東流不守。

南京亡，與守備余應登依何騰蛟湖南。紹宗以其夙將，封鳳衛伯，提督川湖。昭宗即位，晋侯。永曆七年卒。

子國璽，從征登州死；國棟，遊擊；國卿，錦衣指揮僉事、都督同知；國俊，錦衣指揮僉事。族人登巍，明威將軍；大元，驍騎將軍。

黄道，字震芝，崑山人。精弓槊火攻，少從軍南京。遼東警，入海偵候，至旅順。會總兵黄龍戰歿，救護敕印歸。登舟，颶風作，同舟者無人色，黄道曰：「馬革魚腹，惟天所使。」僅而免。達南京，上敕印爲信。後隸范景文麾下，管水標營事，駐水西門，防剿安、廬、潛、六。史可法薦勇衛右營遊擊，扈從安宗有功。南京亡，隱福山終。

鑑，字冰臣，丹徒人。諸生。上策可法，薦真才，授兵部司務。兵敗爲僧。

應登，施州人。

楊進喜，膚施人。馬進忠部副總兵。與馬際盛，皆爲何騰蛟所重。進喜破楊文富，與麻河之戰，皆先登陷陣，驍勇爲三軍最，封宣威伯。已隨至湘潭。

永曆三年正月，騰蛟將親詣忠貞營，邀李赤心入衡州。部下將士慮爲赤心所襲，不護行。騰蛟孑身往，進忠方奉檄進發，聞騰蛟輕出，大駭，遣進喜先以一營追護之。至湘潭，而全師未至。聞騰蛟已爲徐勇擁去，進喜方櫛髮，大叫起曰：「朝廷不惜高爵養我輩何爲，況吾營迎何公至而忍棄之乎？」約髮不及戴兜牟，揮刀馳馬，急入城救騰蛟。凡七出七入，與清兵巷遇，相格鬭，手刃數人，露額中流矢貫顱死。李駇芳、周載緯皆守禦不屈死。

際盛，蒲圻人。與弟際昌皆壯武。騰蛟辟贊畫，代爲中軍參將。有殊功，擢總兵。隨騰蛟入湘潭。援絶，或勸降，大罵死。

際昌，崇禎三年武舉。巡按軍前贊畫。盧象昇薦中軍參將，遷副總兵。左夢庚脅降清，不從死。

駇芳、載緯，皆湘潭人。駇芳尚書騰芳弟，萬曆四十年舉於鄉。

盧鼎，字公調，雒南人。諸生。通經史天文。關中亂，一斗穀執至雒陽，得脱。從左良玉軍，累功授楊嗣昌督師中軍、參將，爲行營正紀。儆飭軍政，諸軍咸憚之，以整肅稱。嗣昌死，良玉仍用爲正紀，遷副總兵。良玉所部四十八營，皆心折焉。

時鼎未有部曲，良玉乃以降將白良輔、武自强、崔汝蒼各千餘人配之。自强者，於兵中號混世王，尤駤戾者也。鼎遂自成一軍。

安宗詔至，良玉部下有異議。鼎言於良玉，得開讀如禮。良玉病，使副其子夢庚主軍政，轉都督僉事。夢庚降清，鼎與馬進忠依何騰蛟湖南，守湘陰。

鼎初隸楊、左，監護諸軍，未嘗特將，無戰功，性又朴愿，爲良輔、自强所積輕，名爲部曲，無能率也，進止惟二將意，遂退長沙。總兵任宣烈入荆州降清。招安鄉文田各寨將鄭一龍、李春輝，敗洞庭湖口。鼎守茶陵。江西兵至，不能禦。清兵迫，林碧嵩守衡山、鳳凰山戰死，鼎退衡州。二將益桀驁，虔劉士民爲虐。鼎深惡之，往往以詞色相誚詰，二將皆怨恚。會騰蛟命通判李大奎、承差田璽送餉二萬長沙，出衡山，爲二將所劫，並殺璽；騰蛟怒。鼎與黄朝宣閧，騰蛟命李膺品、鄧承券及總兵高進、范開世和解之。永州陷，走道州。湖南全陷，走桂林。命復全州，不前。

郝永忠與相厚善，鼎以二將不用命語永忠。永忠曰：「吾當爲子處此。」因大會諸將。永忠至，鼎怒責二將，叱收斬之。永忠故從旁勸沮，各杖五十。二將畏永忠，忍受杖，鼎乃率軍出嚴關，冒雨衣蓑笠，入敵壘間哨探，乘栅晝夜守，二將不敢卻避。瞿式耜倚重之，擢左都督總兵，封宜章伯，旋晋侯。

已而永忠走柳州，鼎亦走義寧。永忠日益西，二將深怨鼎，謀欲殺之。鼎子子和自監其軍，稍依式耜。二將莫能逞，然坐食柳、桂間，邑邑無生氣，鼎亦憂憤成疾。永曆四年冬，桂林陷，良輔、自强挾鼎走。

明年春，清兵迫。上命出師，親酌酒，命相控馬以送。鼎泣曰：「是行也，上賚酒，相控馬，臣不知死所矣。」及出師，爲背城借一。孔有德廉其能，招來講和。至則諭降，不屈，乃手劍向有德。有德笑曰：「爾行刺耶？」鼎南向哭，再拜斷鬚，以絹韜之。歸泣曰：「臣力已竭，與上生死決矣。持此報上。」遂自刎死。

子和，以歲貢授職方主事，屢加僉都御史，亦被執不拜，大哭不食死，闔門俱殉。

良輔，邠州人。總兵，挂致遠將軍印。

自强，大荔人。衡州標總兵，大掠走永州。挂威遠將軍印。從章曠守祁陽。清將招之，斬其使。後依李來亨西山。良輔十七年三月戰死，自强降清。

王允成，字樂安，遼東人。鄧玘標將。崇禎八年，玘死，隸左良玉爲副總兵，號鐵騎王。十二年，大破羅汝才當陽豐邑坪，斬二千三百級，生禽五百餘人，武自强、白貴降，稱荆楚第一功。

十三年，劉希原降於大寧。張獻忠入川，命自夔東禦馬守應、賀一龍，移守蘄水。十四年，與監軍孔貞會破獻忠望雲寨，斬初來虎。李自成破德安，棄城走黄州。

十六年春，與副總兵王世泰，參將李國泰、楊文富復興國、大冶、通山，柯、陳二姓從之。

以遊擊余世忠守興國。獻忠迫，以部破建德，掠池州，泊舟三山、荻港，聲言將寄孥南京。留都文武陳師江上，爲守禦，士民一夕數徙，商旅不行。上命誅之，良玉留軍中。十七年九月，遷右都督總兵，屯岳州，加太子太保。

弘光元年二月，從馬進忠復荆州。左夢庚降清，允成就何騰蛟守岳州。騰蛟出師失利，允成遂退湘陰，守長沙。時騰蛟糧餉不給，徵義餉，復開告訐罰餉，允成效之，劄弁四出召募，奸民旦裹抹額，夕掠鄰右，湖南千里，炊烟斷絶。

永曆元年春，大封諸將，允成封岳陽伯。未幾，清兵陷湘陰，副總兵黑運昌降清，允成走掠湘鄉、新化而西，趨溆、沅間，復南入永州，害朱垣薇及妻高氏。清兵迫全州，全永參議馬鳴鸞、總兵唐文耀部千人、副總兵王有成部八百人降於孔有德，趙華、月痕走，允成至嘗德降於清。十二月十七日，允成引清兵入全州，隨至桂林。

李定國圍桂林亟，進忠呼允成憑堞語，令勸有德降，乃啟西門納定國兵，從戰衡州。十三年定國入木邦，命賫奏上，入緬關，爲緬人所害。

鳴鸞，字殿聞，太倉人。全州知州擢。

文耀，馬平人。崇禎六年舉於鄉。盂縣知縣累擢。

華，聊城人。總兵。爲僧衡山，名大林。月痕字牧顛，故將，爲僧承天，能詩。

同時，董英，字翠宇，汲縣人。騰蛟中軍總兵。與總兵董原皆有戰功，屯瀏陽，封瀏陽伯，兵不戢。長沙陷，殺瀏民降清。後以三千人引耿仲明攻全州，爲騰蛟所敗，僅以身免。騰蛟被執湘潭，英勸之降，騰蛟裂眦罵曰：「汝是我七省督師大廳耶，今日何面目敢來見我？」英垂首不敢一言出。後引清兵陷桂林。定國復桂林，執之伏誅。

劉用楚，字三湘，嘗寧人。少爲掾吏，官主簿，平峒瑶，歷都司、副總兵。從騰蛟軍，遷左都督總兵，封嘗寧伯。降於有德。定國兵至，反正。子選勝，字文伯。有文武才，少從父軍，官副總兵。定國兵敗，用楚、選勝再降於清。

王進才，淅川人。李自成别部偏將。别部主帥死，部衆無所統附，以進才長大多髯，推爲長。

降隸左良玉，授副總兵。崇禎十四年九月，大破張獻忠英山望雲寨，衆盡散。左夢庚降清，進才遊掠武、岳，焚殺尤暴，屍横百里。已而歸何騰蛟，遷都督同知總兵，聞清兵渡湘，走弋陽。尋屯湘陰，挂平虜將軍印，封襄陽伯。奉騰蛟謹，騰蛟深信愛之。兵不下二三萬人，多獷悍善戰，顧進才肥重不耐騎射，所部亦不聽其約束。

勒克德渾兵南牧，永曆元年二月，陷湘陰。進才奮勵，請召馬進忠、王允成水陸齊下。未幾，與姚友興爭營，焚掠長沙、湘鄉，自寧鄉走新化洋溪，殺新化鄒繼名、新寧武生李得善及妻陳。至寶慶，殺陳明弼。南走溆、沅，復辰州、辰溪，八月走。允成降清，進才奔黔陽西。進忠復嘗德，進才亦復臨武、藍山、靖州，攻辰州。

二年十月，進忠棄嘗德，進才與總兵方世勇自桃源南大掠寶慶。十一月，復道州。

三年四月，清兵迫寶慶，進才斬侍衛諸門達賴，驍騎較珠轍走。寶慶陷，入黎、靖、九、永山中，轉掠沅、黔間。晉侯，十月，楊王名、雷學賢以萬人自澧州降清。進才從進忠復奉天。十一月四日，督劉之良、曹應元、方大勇及副總兵張文標復沅州、靖州，斬通道知縣。劉揚安復綏寧。翌日，復黎平。

四年正月，別部渡洞庭，將魏進禄戰死石門五里坪。總兵朱尚志、余化龍、李通，副總兵王錫命、羅得士、張守禮、李自榮、曹大名，參將董四知，遊擊梅應登，都司陳一禮、王成、杜林河、王應高、申景耀相繼入嘗德降於清。六月，進才標將七人封伯。八月，進才與張光萃攻辰溪。進才出黄溪，欲下辰州，戰米家潭，副總兵李成戰死。進才走溆浦，出没辰、沅、奉、寶間，大掠黔陽，爲楊時進、唐仕傑所拒。同時袁宗第、劉體仁自安化攻辰州，牽制清兵，亦敗。進才已介詹事唐諴入請，晉襄國公。後谿黎、靖入黔，爲孫可望所脅，奪其軍。

未幾殺之。

明弼，字文見，邵陽人。廩生，出劉孔暉門。

之良，膚施人。以副總兵從進忠捷麻河，累官錦衣都指揮使、左都督總兵，挂剌奸將軍印。

應元，字騰宇，平樂懷遠人。廩生。官都督同知懷融、古泥總兵，拒李來亨兵。後戰寶慶死。弟應魁，亦以武略著。

揚安，武岡人。永曆元年十一月起兵西鄉，官都督僉事總兵，後戰死。

化龍，富順人。

時進，字申吾。負膂力。洪承疇招不赴。仕傑，廩貢。好義，以鄉民立堡。皆黔陽人。

周仕鳳，福建人。崇禎六年官守備，從陳奇瑜軍，禽高迎祥、翻山虎。七年，以遊擊從盧象昇戰上津、山陽。八年，守豐陽關後罩川口。九年，力守鄖陽全城，擢都督僉事總兵，鎮廣東。十七年春，高傑兵南下，命與周爾敬分守泗州、清口，尋回廣東。弘光元年，閻羅宋掠南雄，仕鳳命參將吴甲，林甲拒之。紹宗立，晋都督。隆武二年，募兵五千及狼兵七千。仙居民變，命援浙西。林甲兵譁南雄，調總兵胡甲撫之。已命仕鳳督兵同御營隨征恢剿，從李永茂屯南雄。忠誠急，以副總兵吴之蕃、遊擊張國祚入援，捷李家山九牛。之蕃、吴玉簡、龍倫倡逃，仕鳳亦退。永曆元年二月，封閩侯伯。五月，嘗德陷，降於清。

爾敬，懷安人。世襲百户。復遵化，援寧、錦，剿四川，自都司陞畧陽參將。崇禎六年，移河北，破寇林縣。七年，與中軍喬國柱從巡撫玄默大破寇雒南。張一川、惠登相大衆入靈寶，兵寡不能戰，陞永寧參將。破寇長水西川袁家嵒。八年，捷盧氏、伊陽，斬四百五十級。寇攻伊陽、嵩縣，敗之於灤川，調守倒馬關。十四年，定大名寇，先登，擢副總兵。

同時，宋紀，不知何許人。從黄得功大破寇商城，賀一龍五大部乞撫。崇禎十年，與得功從盧九德追寇光山，兵潰。十六年，官廣東總兵。張獻忠破永州，沈猶龍命率師赴援復城。十七年，從得功軍，晋後軍都督。得功死，爲殯葬立碑。終事不詳。

曹志建，字光宇，鄞縣人。世襲滄州衛千户。清兵至，闔門死事者九十三人。志建爲楚撫方孔炤材官，授參將。崇禎十四年，承撫宋一鶴命擊馬守應、賀一龍、賀錦、劉希堯之出英、霍、商城者，破之白嶺澗，斬二千級。

劉熙祚巡按湖南，用爲中軍，遷副總兵，與守長沙。長沙陷，走永明鎮峽關。已而張獻忠入蜀，志建與遊擊陳繼先禽永明、道州、江華所置吏，復其城，屯衡州。命胡豹練兵臨武。

弘光元年，寧遠、新田錫礦首蔣魁楚反，陷恭城、賀縣，江華知縣劉廷祚力戰平之。何騰蛟開府長沙，調志建總督中軍。與黄朝宣交惡，騰蛟方寵用朝宣，乃檄志建援江西，守南贛，志建怨恚，攻弑遠安王儼𨨗於郴州。

自興寧至吉安，鍾昌明來迎師。時永新佃客奴子稱「鏟平王」，以平主僕貴賤貧富爲號，巨室左元珠爲奴秀援、秀挺、秀植所劫，兵至入山。元珠子諸生啟保詣縣告變，仍爲三人所殺，勢日盛。志建會諸軍平之，陞都督同知總兵。凡佃奴所掠金帛盡有之，以是富甲諸將。居桂陽界，無鬭志。

吉安、忠誠陷，至郴州，就餉騰蛟。

永曆元年六月，羅士璧、范一龍復乳源，斬知縣施宏猷，權授邑人余可選僉事銜，不受，殺之。七月，士璧、簡信、胡清、馮高明萬餘人攻翁源不克，瑶黄萬勝至乳源。英德東鄉黄哨滿、黄思覺以萬人攻象岡，復陽山，斬教諭洪承胄。八月，章曠駐永州，郝永忠走，江華、永明不守。清陷寶慶，趨奉天。志建扼斗溪鋪，設木城，力戰大敗，奉天遂陷。沈希先起兵寧遠死。豹入富川。志建習鎮峽關險僻，乃據之，益募兵凡數萬人，設五營。前營周貴，後營熊應麟，左營惠延年，右營汪大捷，中營歐正福。上在桂林，倚扼平樂，封保昌伯。十二月，萬勝合連陽何王攻乳源不克。

二年，騰蛟復全州，黄金牓復臨武，斬知縣高溥，道州鄭順反正。志建與副總兵湯執中及周漸、易百朋復永明、江華、道州、寧遠、嘗寧，斬江華知縣李必逾，命副總兵葉龍守江華，練總唐茂春、錢忠爲都司、守備。茂春督江華民每糧一石半出兵一人，共六百人。忠更募月糧衣甲，後爲清所殺。彭嵩年、向文明、陸士毅、龔龍、程文遇復鄜縣，大捷、正福復桂陽，斬參將賈世威，又復郴州，合盧鼎圍永州。副總兵黄飛鸞獲諜者，知城内糧絶，人相食盡，以火器五千人助之，攻愈急，乃克永州，命總兵譚國棟、延年、張一楚追余世忠冷水灘，標將盛茂斬世忠，禽守道林國棟。晋侯，敕便宜行事。何建魏糾瑶人拒之，豹逼殺汪自任、白其心。志建屠富川，騰蛟彈之。志建怨，上疏自去其銜，自署「戴罪立功身願爲民臣曹志建」。

三年，騰蛟將進復長沙，志建遽斂兵退寧、道、郴、桂間。騰蛟師頓，因之敗殁。湖南再陷，進屯衡州。汪一焕及佟、秦二氏起兵衡山，興寧知縣吴之玉率瑶攻城，黎元宣、王良禄自耒陽攻興寧。堵胤錫以忠貞營敗衡州走郴，志建劫之路，殺其部將王一賓。瞿式耜遣吴其靁、張尚諭解。會何圖復迎胤錫，志建怒，圍之。復詔吴繼嗣諭罷兵。志建誅繼嗣，誘圖復至，殺之。馬進忠封公，志建援請。晋永國公，加太子太師；弟惟建縉雲伯。自是諸將無不公者。瑶兵復新田，斬知縣文運亨。十月，孔有德至衡州，馬蛟麟攻道州，志建出白金二十萬置營，令斬一級者賞金一錠，兵爭赴敵，遂大破之。十一月，有德復陷燕子窩，至白虎關，曹禎走道州，志建與總兵王三才、郴州知州藍天麟復永興、耒陽。正福、三才，總兵任大勝，副總兵李希師、劉用楚、羅洪，合陶、朱各鎮復嘗寧。十二月，志建復郴、桂，禽清官李亨。會稅官劉成玉與廣西撫標趙玉劫魯可藻舟，焦璉將討之，兩鎮備戰，瞿共美説之，乃斬成玉。

四年三月，至連州。有德陷鐵柱關，希先將周軍在寧遠戰敗。十九日，永州陷。有德谿間道徑趨鎮峽關下。志建方督軍力拒，羣瑶導有德自寨後絶壁下，遂驚潰，總兵向明高、姚得仁戰死，士卒死者萬人，降者數萬人。志建僅以身免，遂收餘衆二萬人走灌陽。有德掠其金百萬。夏，志建攻永明，斬知縣汪理智，西走。九月，將軍林大勝、總兵林永忠戰死，更奔恭城。恭城灌陽陷，催糧通判陸啟英降清，志建與大捷、正福、雷朝聖據山作寨，益怏怏不逞，鞭殺中書舍人劉大樸，械監軍朱嗣敏。

五年七月，馬寶圍陽山不克，白頭蔡良、紅頭黄顯起兵翁源死。十月，復樂昌，斬知縣孫藉滋。李定國復湖南，志建以師附之。六年八月，與寶、高必正、王之邦馬步萬人復連山、連州，斬遊擊竇明遇。陽山王剛龍復廣寧。千户趙安内應，後執死。九月，復臨武，斬知縣宫廷珍；復陽山，斬知縣屠洪基，副將茅生蕙、馬泗汗，守備白守富。吴接琮屯英德鯉魚塘，劉國昌、大王飛等各萬人屯浛光應之，前鋒及清遠、增城。志建進復永州，尋卒。

八年，妻以其餘衆攻臨武、藍山，斬參將殷壯猷。

十四年，挂守義將軍印黄繼忠與周文標起兵桂陽九嶺諸峒，降清。

十五年，吴賓寰起兵執死。三月，陽山池水峒馮天保敗歿。十月，曲江、英德參將王化中、譚三鳳攻陽山敗死，肇文從等走英德，廖雲龍敗歿。

十七年十一月，將劉伯通、蕭朝貴與黄金寺僧攻桂陽死。

二十九年，楊正邦、余何起兵始興。

三十年，黄璧山以數千人自連平攻翁源不克。

三十六年四月，周楚貴、劉王官起兵乳源梅花池天寶寺死。

昌明，南康建昌人。諸生。起社兵。隆武二年八月，戰建昌死。

大捷，宣府人。總兵。後隨定國攻粤，入滇死。

正福，桂陽人。總兵。從定國復廣西。永曆九年九月，自梧州降清。十年，誘執總兵張萬福、謝璉致清兵死。尋反正，與龔德仁皆戰死，曾明九、謝文龍走。十月，上湖南道孫應賡，總兵唐國華、姜和生、王瑞泰、王仁靖、謝成龍、謝才尚自沅興降於清。

金牓，字登天，臨武人。武生。

漸字思杏，永明人。萬曆四十三年舉於鄉。蕭縣知縣，盜二千人越城劫大賈，躬捕斬之，無一人冤者。調新城、彭澤致仕，傾財佐志建軍。卒。

飛鸞，字翔御，黎平人。與吴承忠同爲劉承胤部將。累功官後營守備、副總兵。承胤降，不從，與陳友龍復寶慶，遷總兵，守奉天。友龍死，歸騰蛟，屢命督糧。騰蛟死，走楚、粵界地平，忠義歸之。清招不出，卒完髮終，年七十一。

自任，富川人。崇禎九年舉於鄉。

其心，富川人。萬曆四十六年舉於鄉。石埭知縣。

元宣，耒陽人。提督五鎮總兵。永曆三年，以數千人屯酃、安、桂、東、寧間。九月走。

良禄，璧山人。郴州總兵。

共美，字叔獻，嘗熟人。官行人，督桂林錢局，後命聯絡閩、浙。弟宣美，字季仲，去諸生。

伯通、朝貴，桂陽人。武生。

惠延年，長安人。有拳勇，習騎射，應募爲曹志建裨將。率兵復道州寧遠、江華、郴、桂、永州，屢擢都督同知副總兵。

堵胤錫南走，與忠貞營相失，將入志建軍。延年時屯永州西，知志建陰賊，必害胤錫，以書投之，使詣行在。比達，胤錫已至道州，志建坑其衆，劫入關。延年密遣人導胤錫達何圖復寨。志建怒圖復，命延年攻之。延年緩兵攻不力，志建劫敕使，誘殺圖復，微得延年縱狀，含忿欲殺之。延年嘆曰：「吾逸堵公，正以全曹公，而顧欲殺我？匹夫終不足與共事，吾行吾志耳」。

會勒克德渾大舉攻鎮峽關，延年死戰，自辰至未，斬首數千。勒克德渾已退走，延年曰：「吾不及今日死，爲忠鬼以報國，而死於匹夫手乎？」單騎追敵深入，遂遇害。始志建欲殺延年，或説延年當降清以免禍。延年曰：「吾以名義故，開衅曹公，而以衅終之，顧令彼罵我爲反虜乎？有死而已。」延年死，志建遂不能成軍，以底於亡。

圖復，富川人。入資爲太學生。粵、楚亂，結寨自保。聞志建劫胤錫，密遣人迎胤錫入寨，齎送行在。志建舉兵圍之不克，上授監軍僉事，令志建釋兵。志建陽奉詔與圖復和，誘與相見，執而磔之。

楊國棟，字瑞宇，成都人。應募征奢崇明，爲熊文燦材官，積功以援剿遊擊，從王永祚守襄陽。城破南走，王聚奎檄守長沙，爲張獻忠所敗，因與參將湯有光走郴州，護吉王慈某入粵。旋收郴州、耒陽，北屯長沙。國棟有衆三千，馬數百，武勇不足，而於諸將中獨自簡束，馭兵嚴，不令侵苦百姓。王揚基命復岳州，歷參將、副總兵。進復安鄉，禽令吴之錫斬之。

時獻忠新退，諸軍畏左良玉相併，皆屯湖南。李乾德無遠計，奏請盡蠲民税，而不慮軍食之無資，故諸軍寄食於民；不厭，則掠民以食。國棟獨嚴禁其軍，樵采不許出郭，部伍以是大怨之，諠譁而逃。國棟失軍，閒居長沙，堵胤錫雅重之。

無何，南京陷，胤錫起勤王，以國棟爲總統，授都督同知總兵，命募麻陽、鎮筸兵五千人，以楊新垣爲前鎮，梁殷爲中鎮，張四維爲後鎮，徐科爲前哨頭，李毓奇爲左哨頭，劉進德爲中哨頭，劉德貴爲右哨頭，汪存忠爲後哨頭。與周師文及副總兵甄芳從復荆州不克，屯常、澧回子河，以固湖南。王嘉、郭甲起兵瀘溪應之。

昭宗即位，國棟挂征虜將軍印，鎮常德。永曆元年三月，命芳守安鄉。五月，龍陽陷，國棟闔門殉難。常德陷，國棟從胤錫、馬進忠退永定衛，又與牛萬才據山而守，屢敗清兵。

二年進忠出師，國棟、萬才隨復常德。麻河之戰，清舟師來犯，國棟伏兵下流要擊，大斬獲，封武陵伯。胤錫攻長沙，國棟與毛壽登留守常德。九月，敗於滙口。澧州陷，退屯寶慶山中。十月，總兵謝如香自安仁、耒陽出戰，敗死攸縣。時胤錫别用王一賓、彭嵩年、向文明爲親軍。國棟自爲軍，不隨進止，與譚隆翔轉依瞿式耜桂林，晋侯。

三年冬，張同敞聞永州敗績，檄駐全州，與曹志建龍虎關之師爲衡、永左路，連營四百里，日與敵戰，清兵解去。國棟和諧，喜交文士，恂恂自下。部卒貧枵，菜食不給，約束如故，所至不爲民患，然以是亦不能得士心。

四年，兵備道岑炳，監軍道陳達，總兵譚起勝、楊祥、王應星、夏國宣，副總兵席世賢，先後死寶慶，部將劉芳節死靖州，雷時先、李拱辰、莫文、金之鐸，或死或隱。孔有德攻桂林，國棟與馬養麟守海陽山。已與盧鼎、郝永忠屯羅城分水隘永樂墟、和睦墟殺掠。扈上入南寧。孫可望劫駕幸安龍，依土司結寨自保。

六年九月，命總兵王忠攻辰州不克。

七年三月，與莫宗文合復嘗德不克死，總兵葉世芳降清。

八年正月清攻桃源，總兵李陽春戰死。十年，辰嘗龍峒魯公寨兵起，斬都司劉應科。七月，辰州副總兵陳寶良以衆赴澧州降清。

毓奇，鄖縣人。副總兵。十一年至溆浦降清。

隆翔，字商霖，寶慶新化人。累功，官太子少保、黎靖總兵，封定遠侯，永曆八年卒。從兄隆定，都督僉事。從弟隆蛟，功貢，監軍副使；隆際，總兵。從父昌玉，參將。族人德澤，雲南思義總兵；騰霄，監軍副使。

芳節，綏寧人。總兵。

時先，江安人。行伍。嘗德遊擊。族人時祥字中吉，岳州守備。華陽王經岳老病，調護周至。降清。

拱辰，字凌嶽，石門人。諸生。豐財，傾家結團保。國亡，不肯偷生，卒以身殉。

文，本名廷軸，武陵人。服賈直、浙。天啟末從軍，官副總兵。崇禎末，同温如珍守嘗德，民以安堵。

之鐸，字以振，澧州人。爲人俠烈，胤錫手諭褒之。

世芳，字初春，慈利人。牟文綬薦副總兵，保守鄉里。胤錫再薦都督僉事總兵，駐茶陵、攸縣。

馬養麟，固原人。從何騰蛟，歷副總兵、總兵。永曆元年四月，棄祁陽走。後與吳興朝、李一魁守桂林，督署鎮顏如玠、姜文選、韓起鍾馳突追孔有德全州。清益兵拒，同黃尚賢裹創疾戰不退。林三鼎亦勝黃沙、六塘，絶敵東南餉道。連復東安、祁陽，轉戰衡州有功，授都督同知，封寧武伯，晉侯。國棟敗，收兵萬餘，自柳州走永寧。有德説降，不從。命黑、岳二將攻之，養麟斬二將，有德引兵圍之，力拒自刎死。

莫宗文，麻陽人。天啟中，繇巴香守備累遷都司都督同知鎮守川黔楚沅靖，提督漢土官兵總兵。崇禎七年，與賈聯登救劍州失利，尋大捷瑪瑙山柯家坪，轉戰川、楚、雒、秦，復之楚、黔、川、湘、楚。十五年，加左都督、上柱國、太子少保。十六年二月，偏沅將周晉火嘗德，與監軍道熊飛、總兵温如珍撲火防守。永曆初清兵至，從陽平入川，保貴州。平藍二亂，復龍泉、湄潭。與王祥拒清兵遵義、綏陽。二年，與張登貴，監軍道劉濟寬、饒崇品復定番。三四年間，出銅仁圖復楚。已與熊俫、顧仁壽、譚得勝、登貴、顧存志、郭凌雲、印象鼎、魏名望保甕安中坪，建關廟，交通孫可望。六年十二月，封安仁伯。七年冬，苗吳老文亂鎮篁、乾州，參將魏禎、遊擊向友良、乾州守備唐良臣力戰死。上命宗文合徐、祁、馮四鎮斬苗萬餘人平之。可望敗，十二年宗文朝行在，以內應免議，晉侯。與牟勝屯彭武，出没川、貴，清迭詔不下，進攻不克。十四年三月，總兵凌魁力屈戰死。與勝，總兵李品高、張倫、何成富、王朝諫，欽差明朝，副總兵趙宣，監軍僉事劉迴瀾降於清。子衡，從軍有功。

登貴，都勻人。總兵，封餘慶伯。

存志，什邡人。起兵綏陽，累官太子太師、左都督總兵，挂靖虜將軍印，封仁壽伯。國亡，不屈，死桐梓。妻賈、媳張經死。子金印、從子金純，皆都督同知總兵。

凌雲，麻陽人。總兵。永曆十二年降清。

象鼎，字仲調，常德桃源人。可望大出師，宗文檄團練兵馬，遂招楊秀等二千人屯安陽山、香山、川過峒，授副總兵。七年二月，與蹇玉環斬桃源知縣鄭朝肅。兩攻常德不克。八年，盧名臣命參將譚星道調進辰州，未行。二月，攻桃源、燕家坪，戰太平寨敗，與兄參將象垣、從子參將國錫及星道、姚光祚、范惟，皆見執死。象垣，諸生。

迴瀾，新貴人。歲貢。會同知縣累擢。星道，巫山人；祚惟，常德桃源人，皆諸生。官參將。

張先璧，字盟玉，建水人。應募，入尚書傅宗龍軍，爲援剿參將。隨楚撫宋一鶴守顯陵，遷副總兵。承天陷，走岳州。王聚奎集援剿兵十三營守長沙，先璧其一也。先璧部張四海、王璽等三千人，號滇奇營，頗習戰事。與張獻忠戰羅塘河，先璧陷陣，獻忠大敗，驚稱「黑神」。會蜀兵潰，乃自寶慶入武岡，依劉承胤。已李乾德檄同承胤復寶慶，先璧先登，承胤甚之。乾德右承胤，抑先璧。先璧自募兵就食茶陵，屯漵浦，大爲民擾。

隆武元年八月，掠新化，往藍田焚殺。何騰蛟開府長沙，章曠單騎至，檄歸長沙。騰蛟議出師武、漢，承胤亦至。先璧懼其圖己，益召募兵踰五六萬以抗之，然大要皆窳農畔僕，固不習戰。

紹宗欲出楚，騰蛟分遣先璧、郝永忠爲左右部迎駕，自攸縣、永新會忠誠，遷太子太保、左都督總兵，總督四川廣西雲南貴州湖廣河南江西、提督土漢官兵，挂援剿七省右將軍印。尋加太子太師，封南寧伯。至郴州不進。

永曆元年，耿仲明繇湘潭以舟師還攻，長沙陷，自茶陵間趨益陽。騰蛟調守衡山，將併趙應選、胡一青諸軍，備嚴不敢動。四月，以十萬人自祁陽西走寶慶、新寧，殺李錦春等，至城步焚殺，血流百里。疏請入朝，承胤疑其圖己，矯制勿許。先璧繇新化、漵浦入沅，遣使上疏，言：「臣無仇於承胤，且不敢犯輦轂。方思與承胤洗心洒血，扈陛下於艱危，而承胤猜忮狠毒，迫臣於險。臣心無以自白，請與承胤面質。」承胤執殺其使。已先璧趨奉天，承胤禦之不勝。先璧以劫駕責承胤，相持月餘，朝廷命兵部主事龍之洙解之。馬吉翔阿承胤，矯旨切責先璧。先璧益恚，仍屯沅州，不通奏謁。十一月，聞靖州陷，走平溪，入思州，沅州遂陷，米壽圖死。

二年正月，欲上黄平，阻於楊光謙。聞楊桂杏復銅仁，爭之。桂杏敗走烏羅，先璧屯銅仁。三月晋侯。四月，出麻陽，復靖、沅。五月，總兵林得勝戰清兵三塘驛，副總兵李甲死。八月，會陳友龍、唐姚復寶慶。

三年，騰蛟敗歿，朝廷無以收之，先璧益無所望。二月，與得勝數萬人攻辰州不克，退辰溪，擁衆據鎮沅，奪民田以耕，日與苗夷相仇殺。潘閔然畔，引清兵陷黔陽。五月，先璧棄沅州走偏橋，殺衛人葉孝，攻光謙於黃平。知州陳大猷乞師遵義，錢邦芑命王祥救之，前鋒至袁家渡，先璧氣懾，盟而去。十二月，屯鎮遠。

四年，馮雙鯉攻之，走烏羅降，爲孫可望誘執皮熊、郭承汾。再攻辰州不下。

六年六月朔，晋沅國公。會可望出黔，命先璧及其弟總兵先軫隨劉文秀出蜀攻保寧，結筏濟師，先璧以長矛軍西南陣尾。吴三桂悉鋭突陣，先軫慮兵恇怯，軍濟斷其橋，先軫死。文秀軍退，多溺死。先璧歸，可望杖之死。

錦春，寶慶新寧人。歲貢。弋陽主簿致仕。

之洙，武陵人。選貢。遷御史。後監曹昌祚、趙友鄢軍成都。清兵至，走。

閔然，字孝哉，黔陽人。副總兵。説止先璧掠。

李貴，不知何許人。累功官都督同知總兵，先璧標將。終事不詳。

黄朝宣，字璠璵，上高人。魁岸有膂力。父沐天波贅壻。以薦與張先璧俱爲傅宗龍牙較。宗龍歿，以援剿參將隨宋一鶴守顯陵，號滇廣營。承天陷，楚王華奎留守武昌。與牟文綬戰張獻忠，殺傷相當，遷副總兵。城破，從王聚奎守長沙。長沙又破，兵降散各半。與先璧走武岡，復寶慶。爲劉承胤所忌，譖之李乾德，令屯衡州，不爲恤理。朝宣不知所適，聞攸縣燕子窩險固，遂居其中，益召募結寨自保，漁食湘東諸邑。

何騰蛟至長沙，朝宣以軍來。騰蛟喜，行拜將禮，命總統諸軍，守茶陵。朝宣遂驕恣，劄牌四出徵募，收菜傭厓僕皆爲兵，殆將十萬，田野爲空。久而騰蛟意移，待朝宣出諸將下，朝宣乃自請出袁、吉。

弘光元年六月，屯袁州鳳凰寨，月輒驅疲卒萬人掠萍鄉、永新、萬載，遇敵則殲，又招罷民補之。隆武元年九月，復萍鄉，禽知縣陳其謨。

二年九月，再攻萍鄉，斬知縣蘇于令。攻袁州，於城西築城浚濠，爲持久計，圍城三月。金聲桓將白之裔至，乃退衡州。

昭宗即位，王允成、馬進忠、盧鼎、先璧、郝永忠皆用騰蛟薦充總兵，朝宣不與列，上特授都督同知總兵，挂後將軍印，封萍鄉伯，守湖南。朝宣怒，遷怨於民，謂民之訟己，以致騰蛟之輕也。民少觸其怒，即礫剥之。

永曆元年正月，與鼎鬨衡州，劫殺居民，城空。二月，長沙陷，清兵攻燕子窩，養子四請朝宣降清，不許。與總兵徐嵩節走衡州。力竭知不可爲，於花萼寺設闕焚香，將自盡。清兵猝至被執。一夕思逸去，孔有德磔殺之。將劉芳保、鄭斯愛以兵保湘潭鳳凰山，旋敗死。黃惟鍛降清。

朝宣初以勇健聞，歷數十戰，視諸將爲最。乾德、騰蛟先後操縱失所，因遂驕廝，民受其毒者，倍於先璧。

惟鍛，羅田人。選貢。以參將累陞都督僉事。爲朝宣籌募兵袁、吉策。入清，官貴州僉事。

熊兆佐，祁陽人。與祁陽總兵馬兆麟、前鎮總兵周尚禮隨何騰蛟轉戰湖、湘間，累功至都督總兵。永曆元年五月，與周金湯復永州。全州降清，騰蛟在興安，命募柳州狼兵銃手三千人，以益親標。已守桂林。二年三月，與監紀范炳元以狼兵至興安，復全、永。材武稱楚將第一，封東安伯。後與周金湯屯博白。七年六月，同復遂溪。一日輕出護獲，爲土人執死。

妻劉，在博白，聞信痛哭，召金湯及左江道林甲、潯州知府萬甲、知縣魯甲，慷慨曰：「臣死國，妻死夫，義也。妾將從夫於地下，謹以二子爲託。」因三分資產，一與子，一與兵，一供祭祀。有止之者，不應。衆感泣，求留數日受生祭。明日，升帳上坐，祭畢，投繯死，三軍爲縞素。

時楚將之可紀者：

周一烈，桂陽人。總兵，挂武衛將軍印，鎮梧州，後戰死博白。子光節，任指揮同知總兵，挂武衛將軍印。永曆十年，降清。

吴大鼎，字肇周，休寧人。崇禎四年武進士。騰蛟薦自守備累陞總兵，鎮荆州。調岳州，隆武二年，清兵至，被執不屈死。

夏國鍵，貴池人。萬曆四十六年武舉。鎮篁參將，累功擢總兵。湖南再陷，不知所終。

李茂功，孝感人。以參將率千人隸章曠守平江，累遷總兵，與總兵黄晋、吴興以馬步萬人守寶慶。永曆元年八月十六日，合宗室繼鼎世子乾生拒戰皆死，一軍熸。清兵遂向奉天。

羅經禮，字羽儀，邵陽人。魁梧有力，任俠，鄉里憚之，不敢肆。爲騰蛟前鋒，以功授遊擊，隸劉承胤，累擢都督同知總兵，大招兵爲恢復計。承胤命降，不應。騰蛟殁，曰：「天下事不可爲矣。」乃散兵悲憤卒。

鍾天寵，溆浦人。總兵。

曾大斗，邵陽人。以軍功累官鶴慶總兵。國亡，被執至安順。昭宗凶問，不食死。

謝正昂，江陵人。鎮守京山𡻕陽總兵，剛正嚴肅。國亡，隱安順。

姚啟虞，辰溪人。官副總兵。永曆二年三月，遷都督同知辰嘗總兵。與兄啟唐合峒兵起浦市，復盧溪，斬知縣李之秀。閏三月，清辰、嘗兵悉鋭攻，啟虞中礮死。啟唐於元年斬守備瞿應頡，至是援之，破清兵，乃以副總兵領其衆。大小二十戰，斬獲多。六月朔，攻盧溪，力戰楠木峒受傷。翌日，以苗兵千餘再戰，大敗。同日，辰陽總兵惠文秀攻辰州，戰白溶死。六年，啟唐再起兵盧溪，斬知縣周晋英。後事不詳。

胡成，靖州人。挂義勇將軍印。

曹雲先，靖州人。南澳總兵。

何其榮，靖州人。古州總兵。

楊孔登，字聖修，金谿人。從騰蛟，累功官副總兵。湖南陷，戰死。弟美奂，字允修，澧州參將。湖南陷，戎服北拜，與童僕自焚死。

李世榮，寶慶新化人。副總兵。湖南陷，戰死。

雷仁，貴池人。崇禎十三年武進士。鎮篁參將。

劉明岳，寶慶新化人。以功官參將，屯橫陽山，招鄉人用永曆年號。三年四月，牛萬才紿合營，襲殺之。明岳死，萬才益恣横不可制。

向良友，五寨司人。鎮筸都司。

李正烈，寶慶新化人。官監紀守備，堵胤錫薦都司。湖南陷，死難。

趙名世，武岡人。有材畧。袁有志亂，與從弟名嵩率三百人平之。承胤薦名世黎平千户，名嵩柳州千户。承胤又以名世弟名甲知兵，薦職方主事。名世上時政五不可疏，忤承胤，將矯旨殺之。上聞得免。承胤遂並其弟逐之。承胤降，名世憤卒，名嵩從焦璉官桂林守備，名甲爲農。

向登位，溆浦人。與向明時、向文明同以副總兵，各領兵三千，爲何騰蛟督標。從章曠屯長樂街，接應新牆，陞總兵。永曆元年，湘陰陷，走長沙、湘鄉，大掠寶慶。與吴學攻安化，知縣俞鴻儀内應，復其城。未幾陷，學走，鴻儀執死。登位入鳳凰鴨浪營。冬，奉貴溪王常滮起兵永寧山寨，攻沅州，封安化伯，加太子太保，晋威武侯。二年二月，與向朝霖率苗兵萬人戰死。

明時，麻陽人。總兵，紹宗封虔威伯。

朝霖，字乾勝，溆浦人。副總兵。

同時，周室鼎，羅田人。從扈滇京，封楚國公。後降於清，終大同總兵。

許大元，字文明，靖州人。趙應選前營。永曆十年，官左都督、曲靖總兵，加太子太保，挂寧胡將軍印。

許一參，武岡人。耀武營總兵，挂定胡將軍印。

鄧宇開，長沙寧鄉人。武舉。總兵，挂襄海將軍印。

張祖尊，麻陽人。天啟三年，以守備鎮山海關。崇禎末，擢總兵，挂義勝將軍印。

呂望，武昌人。崇禎十二年武舉。自荊州參將擢長沙總兵。

車以庸，字登庸，邵陽人。負膽畧，能於百步外石中飛鳥走獸無脱者。從戎楚、粵、滇、黔，累功官太子少保、左都督總兵。國亡歸隱。

曾鳳詔，字聖簡，耒陽人。張獻忠破衡、湘，與弟鳳紀以鄉兵數百奉檄拒之，累授都督同知總兵。鳳紀以勇敢爲中軍，戰死。鳳詔亦兵潰家居。清屢薦隱逸，不赴。

林朝憲，字耀宇，長沙人。散財起兵，累功授遊擊，清招不屈。以固守勞，騰蛟薦擢總兵。

何鴻飛，東莞人。諸生。通武畧。崇禎中，薦衛千户。以征湖、湘功，官都督僉事總兵，守衡州。兵敗歸，杜門十餘年卒。

伍璋，字玉明，耒陽人。以敢戰稱，累官廣東總兵。

粟受富，會同人。行伍。官柳州總兵。皆卒官。

徐玠可，字介子，吴縣人。天啟七年武舉。有文武才。官滇、黔、楚、粤總兵，歿於楚。

趙友賓，武岡人。西山總兵。

夏化謨，武岡人。虎渡口總兵。

黄永泗，武岡人。總兵。子應紹，總兵。弟永兆，遊擊。

舒國祚，麻陽人。以剿水西功，自把總累遷守備。崇禎末，擢石阡總兵。

杜朝用，臨武人。兩廣總兵。

謝瑞南，字貞夫，耒陽人。偏沅總兵。永曆八年，降清。

陳受堯，字君德，湘鄉人。平天王寺寇，授麻陽守備。騰蛟薦遷副總兵。隱居卒。

李世第，字三捷，平江人。精騎射，膂力過人，散財招兵，平許定凡亂復城，騰蛟薦副總兵。

清起力拒，卒年九十四。

周美緣，耒陽人。副總兵，尚荆王郡主，偕隱。

陸遠蔭，江陵人。兵部雲龍子。雲龍歿，代領其衆，轉戰楚、粤，官副總兵，凡九年歸。

伍岱，字任吾，耒陽人。副總兵。洪承疇招，不應。

梁國豹，字騰雲，耒陽人。副總兵。永曆二年，降清。

黎士球，耒陽人。十年，官貴州副總兵。

何大衙，武岡人。副總兵。

鄧良禄，武岡人。雲南開化副總兵。

唐仕元，黔陽人。武生。銅仁副總兵。

滿啟泰，沅州人。辰州副總兵。行軍整飭，有名將風。

甄玉瑄，會同人。中軍副總兵。

向朝義，溆浦人。副總兵。

楊惟正，字景亭，茶陵人。從堵胤錫軍，官參將。

蔣華，會同人。麻陽參將。

顏悦，字非助，巴陵人。參將。隱平江。

劉叨岳，寶慶新化人。横陽山參將。

廖光儒，邵陽人。雲南參將。

譚鏡心，寶慶新化人。崇禎九年武舉。黎平參將。

陳廷瑞，寶慶新化人。武舉王命子。雲南參將。

楊明遠，武岡人。偉幹負奇力，爲譚文佑千夫長，身先士卒。平袁有志亂，授守備。隨承胤征城步，轉戰牛石、横嶺間，陷陣斬七十餘級，陞遊擊。屯城步，有威惠。承胤降，歸隱。

楊安文，武岡人。永昌右營遊擊。

蔣宗，會同人。全州遊擊。

熊定延、夏祖輔，皆武岡人。遊擊。

朱特，慈利人。諸生。從軍廣西，官梧州遊擊，卒官。

姜中洽，字心我，長沙寧鄉人。諸生。起兵保鄉里，平安化寇。胤錫薦雲南都司。

黄禎，黔陽人。長沙管理衛所軍務錢糧都司。

丘式耒，黔陽人。武生。黎平都司。

秦應龍，河南人。奉天守備。兵後城郭爲墟，招集流亡，軫恤軍伍，去日民哭送之。

張麟圖，寶慶新化人。桂林守備。

劉文錫，邵陽人。四川守備。

楊宗袞，武岡人。雲南大定守備。

卿世爵，寶慶新化人。思恩守備。

陳級，澧州人。天啟武舉。世襲指揮使。坐卧小樓，吴三桂誘致之，不出。

戴士仲，澧州人。巡撫君恩子。任九溪指揮同知。

許國柱，靖州人。永曆四年，襲千户。

王維超，武岡人。武生。貴州武陽寨千總。

又邵陽孟心孔、鄧宗鶴、劉復高，崇禎九年武舉；施雲鵬、李如金、徐椿、田胄，十五年武舉，皆從軍。

劉世玉，一名大幹，字振之，武岡人。貌奇偉，膂力絶倫。以國家多故，棄舉子業，學兵法，爲岷府審理。崇禎十六年，奉使永州。未幾，袁有志亂作。聞變，星夜走長沙，詣巡按劉熙祚痛哭乞師。熙祚與千人，隨劉承胤禽有志斬之，授永州遊擊。永曆元年，桂林急，率五千人隨承胤援桂。上喜，擢總兵，挂神勇將軍印，賜名中砥，爲承胤中軍。上在奉天，守東河。清兵迫，屢上疏請戰。時人心已散，衆議走靖州，世玉疏請與城存亡，不聽。清兵至城下，承胤已陰使人通款，誘世玉降。世玉忿，不從，策馬歸，呼酒狂飲，痛哭語妻王曰：「事勢至此，心死已極，我惟刎此頭以報國耳，汝等各自爲計。」王曰：「君死，妾義不獨生，請先死。」遂自經。世玉手刃幼子、二女，自殺。并家衆自經者十四人。中軍鄒山亦死。裨將王縉葬之。

謝復榮，鹿邑人。俟性部參將。劉承胤劫駕幸奉天，性命復榮以五百人入衛。永曆元年八月十六日，清兵陷寶慶，指揮僉事乃鎮國，指揮楊登明、劉壯猷戰死。繼陷祁陽，承胤部總兵郭肇基，副總兵蔣虎、孫華、聶鳴鶴、張大勝力戰斗溪四十日，援絶均死；副總兵張承明力拒夕陽橋死。清兵趨奉天，承胤畔，復榮、王景熙、馬吉翔奉駕及三宮斬關出。承胤引清兵追襲，相距才三里，復榮請駕疾馳，而身自斷後力戰，與五百人俱歿於王家堡。上聞痛哭，厚卹其家。

鎮國、登明、壯猷，寶慶衛人。

虎，武昌人。武舉。應募剿寇。

景熙，字世伯，攸縣人。崇禎九年武舉。武岡守備，平臨藍寇及八排諸瑶。永曆時，擢總兵。與復榮同死。

蕭曠，字逸然，漢陽人。讀書知大義。以武舉爲劉承胤坐營參將。何騰蛟題爲都督同知總兵，管黎靖參將事，守黎平。奉天陷，承胤降清。上南幸靖，命扈從入粤。曠言：「臣職在守土，自當以死謝國恩，護蹕非臣職也。臣以死捍靖，清兵至，當殺臣而後進，則大駕達柳州矣。」上既行，曠與党哲督兵備守。十月，承胤馳書招降，大駡焚其書。俄而清兵大至，侍郎蓋光英以土司兵來援，敗走。曠與總兵姚友興以短兵接，巷戰力竭，自刎死。哲亦不屈，死靖州。清兵遂屠黎、靖。

哲，字弗庵，廣元人。選貢。授安化知縣，嚴兵備，遊騎掠，治以軍法，寇不敢犯。調寧鄉，躬入龍王潭寇穴撫定之。潰卒掠民女，以計出之，各歸其家。歷長沙同知，靖州知州、副使，贈太僕少卿。

贊曰：西晉之亂，麴允喜以爵位悅人，新平太守竺恢等皆領征鎮仗節，加侍中、常侍，村隖主帥，亦假銀青將軍之號。明至昭宗，國勢日蹙。允成、進才、仕鳳、志建、先璧、朝宣，無尺寸功，類皆搢玉戴綏，永盟帶礪。夫爵祿所以鼓舞豪傑者也，無功而封，爵不足勸，政令不行，魚麗輕譁，牙璋弗肅，同袍水火，民心離怨，其敗宜已。進忠、文綬、進喜、延年、登位，猛氣飈矗；鼎、國棟、兆佐，雍容儒雅，養麟、世玉、復榮、曠，慷慨捐軀，爲最優乎？昔揚雄有言：「御得其道，則天下狙詐咸作使；御失其道，則天下狙詐咸作敵。」獨仁不足以濟事，又必以義斷之，使威行而法立。一時諸將，倘重臣有如宗澤其人者，出而紀綱之，其悍桀固亦可用哉！

南明史卷六十八

列傳第四十四

無錫錢海岳撰

曾英　李定等　王子美　胡明道　姚玉麟　牟漢鼎　陳簡　李孝義　敖惟鼎　楊熙錦　王之鑾等　車于
乘　余青雲　熊夢瑞　鄧文炳等　傅爾學　李占春　于大海　陳計長　徐啟祚　王在極　黃國美　陳
三台　魏國珍　符秩　向朝陽　朱化龍　萬文相　蔣興周　焦英　石可達　趙榮貴　羅奇才　陸金
陽　孟思堯　郭獻麟　了然　李廷明　謝光祖　甘良臣　子一爵等　從子明聽等　譙應瑞　馮有慶
王廷海　陳心杰　徐應舉　劉匪康　魯大奇　吳一品　熊周旦　徐見奇　朱方亨　毌如軒　閻維學　王
台　朱德洪等　楊展　子璟新　齊聯芳　李虹龍　余朝宗　余奎　向成功　楊國聘　徐宗道　楊遇春
虞文海　余自新等　但應嘗等　彭萬崑　葛佑明　馬龍章　曹勳　子昌祚　丁如龍　程翔鳳等　原
騰芳　郝孟旋　劉宇舟　胡啟仁　李西成等　劉煥山　文胤元　李甲　賀奇　楊彪等　侯天錫　從弟
采　屠龍　馬應試　李正開等　呂朝綱等　馬忠　喻紹昇　羅國鼎　賈聯登　周茹荼　朱泗林　詹天裕

等　龍名揚　王應泰等　武大定　尚其志　白龍　高如礪等　石國璽　王可臣　張林秀　袁韜　張顯　劉惟明　王高　靳可擎　扈九思　白蛟龍　馬朝興　張象升　楊先志等　林時泰　馬受　王祥　子璭瓊等　石琳　刁爾昌　龔勇　牟奇　周希賢　雷遵周　劉興榮　聶文啟　雷開登等　楊長春　楊宗枝等　戴聖俞　李茂柏　鄭益顯　任曜　皮熊　李章玉　王達觀　陳起鳳　黃虞龍　張問德等　馮洸駱武　武邦賢　蕭耀虎　丘懋德　蘇承軾　傅一鶱等　趙默等　許世皥　父善所　兄世穆　弟世康等　羅于莘　羅文宿　陶洪謨　司民學　司瑜　武思齊　武人龍　李祥　文子愛　羅文謨　羅文熙　李敦愨　方維翰　楊得勝　鄭逢莊　張天熊　許允達等　趙舜　龔應龍　宋民倚　李騰龍　惺念　李友桂

曾三省　李剛玉　何應科　丘懋宏　劉鎮藩　胡同寅　李時芳　李文龍　涂朝爵　張斗　金海玉

譚文　弟弘詣等　王士品　羅宗貴　謝應蛟　陳祚昌　牟勝　程正性　譚大憲　陳世凱　王文錦

曾英，字彥侯，莆田人。從父宦成都，因家焉。爲人俶儻有材武，喜赴人緩急，士多歸之，號曰曾公子。崇禎十七年春，張獻忠自楚將入蜀，英請於巡撫陳士奇，獨將千人當之，不許，而以全蜀兵使羌漢總兵趙光遠率之與獻忠戰，大敗走漢中。英復痛哭請兵，士奇不得已，署英守備，以土兵數百試之。英盡散家資，市牛酒，教練旬日，部將李定、余沖、胡鳴鳳果敢善戰，士皆踴躍願效死。

會獻忠至瞿塘峽口，氣驕弗備，英設伏巫山擊之。獻忠阻險不得入，與英對壘，日夜挑戰。英堅壁不出，而多張疑兵於山谷，每夜出擊。獻忠驚擾，自相斬殺，爭走上山，觸飛礮，死者無算。凡守四閱月，救援不至，退屯忠州。

四月，獻忠攻忠州，英督水師逆戰，火其舟百餘，斬級千計。及英還涪州，獻忠遂悉衆據忠州葫蘆壩，攻長壽，爲王子美、王質行所敗。士奇在重慶，加英參將，命與守道劉鱗長守涪厄江。六月戰敗，退五里望江關。獻忠追及，斫傷其頰。英手斬數人，跳而免，偕鱗長走江津、綦江、南川。獻忠遂破涪州，趨重慶，長驅成都。當是時，蜀人皆思英曰：「曾公子而在，吾不至此。」

獻忠大索英，有僧高其義，匿之，以千金資英召募。旬日得萬餘人，裹創出戰，敗獻忠於魚腹浦，將殷承祚以順慶歸附，命熊應瑞、馮有慶守之。弘光元年三月，督師王應熊、巡撫馬乾傳檄攻獻忠，而苦兵少。聞鄉官刁化神以鬼道募兵甚衆，使英併之，遂督定、沖、二和尚、爬山虎等敗獻忠將劉廷舉，復重慶。命總兵李孝立治軍營，有舟千艘，遠取遂寧鹽贍軍，糧足兵盛。於是王祥起遵義；楊展起犍爲；曹勳起黎州；樊一蘅、范文光、劉道貞，或奉詔，或承旨出師；袁韜、武大定各以兵響應；夔州譚弘、譚詣，巫山劉體仁，酆都胡明道，梁山姚玉麟，施州王光興、王友進、扈九思各起兵，所謂夔門十三家也。獻忠所據者，僅成都、保寧數府而已。

初，廷舉棄重慶走，求救於獻忠。獻忠顧劉文秀曰：「重慶要害地，不可失。」命以三萬人自合州，精甲出佛圖關，大軍繇合州水道夾攻。英與鱗長自遵義赴援，使部將于大海、李占春當水，張天相當陸，戒勿浪戰。自與定、沖以輕騎五百，逆之於多功城，取獻忠旗幟，遶其後，大破之亭溪，斬都督張廣才，文秀潰，脱走者不能十一。其别將攻嘉定者，亦大挫衄。祥復移兵綦江，與英犄角，威震川東。

祥才武亞於英，而英之復重慶，樵採不禁，應熊怒之，故委任不及祥，英不能無觖望，日併不同心者，不稟應熊命，且疏詆之，氣益張。

英屢戰有功，隆武二年春，應熊奏擢都督同知總兵，封平寇伯；定、沖、鳴鳳等遊擊，與祥連兵進討。牟漢鼎、陳簡、李孝義、敖惟鼎、楊熙錦、王之鑾、車千乘以衆歸之。獻忠益懼，遂棄成都走川北。英駐軍江上，商民避地依以自固者二十餘萬，因之成市。昭宗即位晋平虜侯。

是年十二月，獻忠敗歿，其將孫可望等自順慶、定遠突至佛圖關，衆皆殘悴，弓矢脱落。英意輕之，命定、沖、陶可法盡移江中戰船南岸。或勸以輕騎從下流襲大營，而正兵渡擊可望。英欲待其疲覆之，不許。文秀首進，徐湖等從之，可望後至。定沖、鳴鳳、占春逆戰一椀水不利，而沖即入營縱火，衆大亂，英駕巨舟數十，繞圍可望江心，忽中矢顛江而歿，年二十六。

妻董瓊英，富家女，美，嫻武事。盜攻其村，集家人拒守，號令嚴明，寇不能勝，從者日衆，乃立堡儲糧，自爲一軍，有蠻婢數百，尤善戰，登山如猿猱。英入山復起，兵捷魚腹浦，瓊英以衆從之，乃復重慶。英死，率餘衆走巫、夔。數年，歸射洪諸生崔甲。後瓊英卒，甲以衆降清。

部將余青雲、熊夢瑞從英死，鄧文炳不知所終，遊擊熊兆乾、都司袁柱降，部將傅爾學、王廷獻入山，於明年迎清兵入重慶。

英戰輒先登，所向辟易，面赬，美髯鬢，寇望見驚以爲神，衆至十萬，威名爲遠近所憚，至是瓦解，論者惜之。可望破重慶，留三日，盡劫所有，燒夷城屋而去。

定、沖、鳴鳳，涪州人。定後從祥，掛將軍印。

子美，豐城人。戰姚、黄有功。

明道，不知何許人。累官總兵。永曆十三年二月，與總兵袁桂自忠州降清。

玉麟，梁山人。從譚文軍，累官總兵，屯金城寨。十四年三月二十五日，與副總兵楊應芳、孟繼孔，鄉官陳其品降清。

漢鼎，忠州人。總兵。

簡，忠州人。鎮國將軍。

孝義，忠州人。總兵。

惟鼎，榮昌人。總兵。

熙錦，江津人。歲貢。參將。

之鑾，合州人。自指揮累遷總兵。弟之佐，指揮。偕隱。

千乘，長壽人。崇禎九年武舉。寇起，知縣洪垣星被圍，以義兵救之。邵捷春授廣元守備，遷參將，調援忠州。寇大至，劈舟水死。

青雲，武陵人。負奇力武術。以僧從軍，官總兵。重慶告急，率師自漢中至。

夢瑞，字明春，忠州人。後軍副總兵。一門死。

文炳，巴縣人。總兵玘子。任重慶指揮，累擢總兵。弟文魁，任指揮，官副總兵；文斗，任寧州指揮同知。

爾學，字睿初，萬縣人。副總兵。

李占春，字梅先，涇陽人。于大海，字崑山，項城人。占春號鷂子，大海號老虎，爲曾英左右翼騎將。成都破後，潼川西路陳麻子，下縣藍召、周重慶各起兵，與占春、大海相應。占春尤勇，英以爲子。英之成功，二人之力爲多。英死重慶，占春、大海率餘衆走涪州。

永曆元年，清兵敗袁韜，繇順慶南下涪州。六月，占春等東避夔州。適宗室容藩自施州溯江西上，遇占春、大海，説之復回。七月，盧光祖以水陸兵攻忠州湖灘，占春、大海督董子金以輕舟直薄清營，踏浪如飛。清兵不習水，風雨作，山泥滑，馬不逞，以步蹙之，大潰，火舟千餘，得輜重無算。清兵自達州走保寧，占春乘勝至涪州，結營平西壩，號萬姓營。大海屯忠州花淩河，爲脣齒。論功，占春挂蕩寇將軍印，大海遷總兵。

已而奉天之變，訛言上已蒙塵，容藩遂僭稱監國。二人不知其僞，皆聽命，然仍睥睨之不少挫。一日，大海見容藩，張京以天子登極，諸侯不可無貢，密諭率先貢者即爲元勳。大海入見，高呼曰：「靖海侯進寶。」靖海侯者，容藩封也。鴻臚問何寶？曰：「奇貨駱駝。」容藩面瘦背曲，故大海以此嘲焉。九月，李乾德以韜、武大定兵復重慶，容藩使占春、大海、楊秉胤、譚文、譚弘、譚詣、扈九思、景果勒、陳林襲之不克，於是諸鎮日治兵相攻矣。二年正月，占春封綦江伯，大海封靖南伯。

八月，大海移屯雲陽。吕大器至涪州，占春入謁，始知容藩僭逆狀，請討賊自贖。會容藩攻石砫，乃帥舟師救秦良玉，執白蛟龍，容藩因敗死。晋占春定川侯，大海靖南侯。四年秋，大海再晉鄭國公。

是年秋，劉文秀入蜀，取遵義。明年七月，遣王自奇、盧名臣及都督崔甲從石砫、南川向涪州。孫可望命張虎持書招占春。占春以可望殺英，獨不下，且斬其使曰：「彼殺我父，陵我天子，而我降之，是不忠不孝禽獸矣。」逆戰於羣豬寺。水戰初捷，可望步騎四面躉之，占春兵少，歷七日而敗。

大海在雲陽，衆猶數萬。聞之，遽與總兵唐承忠、孫振、楊之潔、周天胤、石成燦、夏應祖、于繼成、張貞醇、李自讀、楊應勝、王學禮、陳啟棟、徐雄、冉倖林，副總兵于繼全、于繼先、李忠、胡呈祥、楊龍、陳啟進、李成海、傅登瀛、熊敬、張騰蛟、余廷獻、劉士俊、陳君恩、陳君昌、熊兆乾、程鳳、黃齡、劉光耀、張國新、冉希堯，參將劉逵、張可新、徐瀛、杜金貴、王明等，放舟出夔門入楚降清。川東副使陳計長、韓震，重慶知府余昌裔、盛國皋，總兵徐啟祚、李兆捷、王在極、楊先志、黃國美、李廷明、陳三台、崔文元、秦應雄、李乾玉、余洪芳、劉敬先、魏國珍，副總兵王啟、杜君恩、趙應貴、劉應登、徐尚朝、鄧茂官，參將黃贊，遊擊張玉吉、陳祚昌，都司邢嗣鼎，守備崔孝先、謝登魁等，皆降。

九月，可望差官冷時卿至鄰水，爲三台所執，占春呼酒痛飲，夜半去妻子，單騎入華山爲道士。後三年，清招之，不得已至武昌，終不受官。後被執死。

計長，字三石，涪州人。天啟四年舉於鄉。歷嵩江同知、長沙知府。啟祚，夷陵人。上全蜀地圖，楊嗣昌薦守備。

在極，忠州人。終金滄道。

國美，字玉軒，巴縣人。

三台，鄰水人。鎮川北。寇起，教民戰守。與包玉鉉、游得陶、鄧之峨、查龍泉等分屯宕渠，官都督僉事，後移鄰水。永曆三年十月降清。

國珍，萬縣人。從英起兵，官參將。

同時，符秩，字百禄，夔州東鄉人。以鄉兵破寇，官副總兵。南京亡，入山自保，寇不敢犯。

邑人向朝陽，武進士。隆武元年，率鄉兵守巫山，戰死。

朱化龍，字慶雲，辰溪人。天啟中，水西安邦彥反，應募，隸偏撫王三善，署隊長，累功官沅州守備。戡五寨苗，遷都司。從秦良玉戰馬守應、一斗粟先登，歷黄嶺參將、海防中協副總兵。平長山島海寇，得舟數十，擢都督僉事。念母老，屢疏歸養，調偏撫中軍。土寇陳朝明圍衡州，復剿定之，獻俘於桂王常瀛。楊嗣昌督師楚、蜀，疏調中軍。及圍房縣，上言寇乏糧，宜乘時進滅，不聽，乃乞歸。陳新甲疏晋左都督總兵，鎮嵩潘。

弘光元年三月，與通判萬文相復茂州，詹天顔復龍安，以蔣興周爲威州知州。時樊一蘅敗退古藺，楊展退江津，張獻忠命孫可望截化龍羊子嶺。化龍命焦英發三寨番兵衝擊，可望驚潰遁去。獻忠遣王運行説降，化龍斬之。獻忠破蜀，嵩潘獨倚化龍爲安。肅王豪格入蜀，書招不答。

昭宗即位，封寧西侯。

趙榮貴圍茂州，固守三月，男肉斤七錢，女八錢，冢中枯骨掘屑食之。未幾城破。榮貴欽其忠義，復與連和。永曆六年，榮貴卒，化龍攻龍安，爲李國英所敗，走茂州，合天顔，留將陳龍、徐兆、文岐鳳、周鳳守正西橋。十二月吴三桂攻城，化龍力屈，爲其義子陳佳盛所賣。城陷，與嵩潘總兵石可達、都督僉事總兵李一進解赴嘉定，皆不屈死。化龍乘馬見主人逝，亦悲嘶跳躍死。龍兆戰死，岐鳳、鳳走石碑溝，堅壁不出，久之被執，降於清。佳盛旋病疽，洞胸死。

文相，南昌人。光禄少卿應奎子。從嗣昌軍，自成都通判累擢嵩潘副使。嵩潘陷，駡寇死。

興周，茂州人。歲貢。倡義。

英，保縣人。獻忠至，英以樵夫慷慨陳大義，糾百許人，拒戰汶川子平堡捷。善設伏，所向有功，衆咸歸之。後至嘉定，宿古廟中，爲寇刺死。

可達，沅陵人。

趙榮貴，三原人。崇禎末，官參將。姚天動、黄龍聚衆劫掠四川，巡撫陳士奇命榮貴破之，禽渠馬朝興、一斗蔴、代天王等二十餘人，天動、龍走脱。李自成攻川北，與安國忠屯營山，軍容整肅。及戰大捷，斬千級。張獻忠悉衆向忠州，榮貴扼之雲陽，敗走梁山陸道。又與孫可望戰白兔亭，斬獲多，矢盡走龍安。隆武元年十二月，降清。

永曆元年，破朱化龍茂州，盟。入成都，見無人烟，還屯龍安，取階州。榮貴故樊一蘅陝西道標將，有舊恩，在蜀又與楊展、曹勳約爲兄弟，至是一蘅命展招之，乃以龍安、階州反正。羅奇才、陸金陽、孟思堯、孟思禹、郭獻麟、了然各以衆應之。

十二月，權演自廣元降清。榮貴會武大定廣元，奉秦王四子誓恢復，已與將士左襟各書「扶明」字，創造長刃短柄刀，盤上亦刻「扶明」字，旋大破清兵，復保寧、文縣，吴三桂逃漢中，全川俱定。

榮貴驍武善戰，性殘虐，所過多屠戮。時兵旱累年，民存百不及一，虎狼横噬。榮昌知縣張懋賞赴任，入城即爲虎食，川北尤甚。

二年正月，封定遠侯。四月，敗於法仁寺，參將董甲戰死。戰鹽亭乾江壩，副總兵李紀先死。榮貴進屯白水、署陽。五月，清攻陷潼川，知州鄭辰勳、吏目董世琦、參謀石君球、遊擊羅登龍戰死。攻綿州，監紀通判呂濟民、參將王元勝戰死，遊擊王凱、游麒麟降清。七月，榮貴屯劍州、梓潼。已命李廷明、遊擊唐運會守梓潼，而自與孫一鳳、遊擊龔人龍屯龍安、白水。

清招榮貴，不應。榮貴約詹天顏、化龍、展攻保寧。五月，率一鳳、邢雲澤、李成美攻龍安，副總兵李榮恩、張啟賀戰死，人龍及副總兵何永澄、馮之應、王尚芳降清。榮貴攻潼川、綿州，大敗於鐵蛇關，走文縣。又大敗，遂棄文縣，奉宗室存榏稱秦王，走階州，堅壁不出。一日，突圍走界牌溝，一鳳等降清。十二月十日，總兵余上傑、王應選，副總兵蒲春芳，參將趙應安，遊擊李連芳戰劍州毛蛇溝，皆死。三年正月二十八日，榮貴走龍安平落驛，以親丁力戰死。

二月二十五日，安縣陷，總兵徐甲、楊甲，副總兵解應甲，參將楊飛熊戰死。三月五日，總兵杜甲、陳甲、李習，副總兵陳啟龍，參將曹童棄漩坪走。十五日，石泉陷，參謀戴桂力拒死。運會二年七月自梓潼，總兵嚴希賜三年四月自江油降清。四年十月，江油、彰明、大巖、房山陷，總兵史垂謨，四川按察使謝光祖，副總兵唐田玉、任加升執死。

奇才，字鳳羽，江油人。廩生。多智勇，拒險自守。清授知府，不赴。

金陽，羅江人。爲金山屯長。

思堯，羅江人。與弟思禹後戰死。妻史，負膂力，與子釁、舉入山。

獻麟，汶川人。武舉。援勦副總兵。

了然，陝西人。中軍總兵。爲僧綿州。

廷明，江油人。負武畧，立營梓潼明日峒，連合李一進、張正印自保。官總兵。三年三月，與弟敬登以明日峒降清。

光祖，不知何許人。石泉知縣，從武大定軍擢。

甘良臣，鄰水人。一名五黑子。以武舉累官新平路參將。崇禎初，遷宣府副總兵。雄武有將才。宣府修城期四年功竣，良臣半年成之。擢山海總兵，罷歸。移家廣安。

四川亂，六年，與陳三台起兵石船鄉，合副總兵丁顯爵參將王祥及内江王九相兒、劉羅破姚、黄，解儀隴、金城圍，禽黎虎、板來虎、麻山鷂、三上天等。命遊擊呂年玉守巴州，捷上木園。顯爵守通江，僦殺殺盡王。

十六年，以五百人守營山。兵暴於寇，民有「武臣怕死又愛錢，不願遇兵願遇賊」之謡。已命通江典史張環諭寇恩信，羣寇聚古寧寨，剋期迎良臣，羅拜願撫。良臣乃命武弁張國藩送黑虎、一條龍於成都求撫。巡撫廖大亨下二人於獄，良臣亦爲寇羈巴州營城。後二人歸，始免。

寇攻儀隴，良臣自土門攻海祈寺，解其圍。

十七年七月，李自成將馬科破保寧，蓬州太學生唐日俞以數千人拒之。八月，自順慶至綿州。九月，敗走漢中。十月，張獻忠命李定國破保寧，攻漢中，自成制將軍韓文走西鄉。定國歸保寧，劉文秀守廣元，孫可望破龍安。時樊一蘅起兵叙州，永川刁、古二族，順慶譙應瑞、馮有慶，潼川楊先志、林時泰，眉州陳登皡，岳池劉武舉應之。以良臣夙將，推爲總統，與副總兵屠龍，參將王啟、馮朝宣屯大邑。

弘光元年春，與顯爵復叙州，陞顯爵總兵。可望再至，以毛裕鎮兵數百，合副總兵余奎千人，自江津會楊展城守。

隆武元年八月，敗於蔡壩，王進孝執死，奎走江津，良臣入永寧。晋都督同知總兵，守川北西，封靖遠伯。可望破樂用寨，羅從文以衆降被阬，良臣走仁懷又敗，與祥從箐中走遵義。九月，李龍、黄德起兵西充，張定邦降清。

自良臣總師命下，川西、川北王廷海、陳心杰、徐應舉、劉匪康、魯大奇、吴一品、熊周旦、陳見奇、朱方亨、毋如軒紛起響應。弘光元年夏，姚、黄陷廣安。隆武元年十一月，艾能奇屠保寧，川北益糜爛。二年，遂寧廣德寺遊僧日教僧技擊，寇不敢犯。劉光世至，遊僧命寺僧盡散，獨鬭良久，不知所之。應瑞、有慶以順德來歸，號中興營。能奇攻之，堅守不下。閻維學欲合營，不納去。良臣將數千人回鄰水，督余朝宗、安邦才進順慶，爲姚、黄所敗歸。故將鮮于大洪趨南部，爲程廷道拒於印星山下，大洪戰死。二月，可望再屠保寧。九月，獻忠屠順慶，死者十餘萬人。劉進忠引清兵至保寧，諸生羅長胤、楊芳名、鄭大倫、張思房、李春選降清，清以漢中降臣楊道純爲四川按察使，劉通爲川北副使，柯臣爲保寧知府，湯鼐爲閬中知縣，長胤、芳名、大倫爲同知、通判、推官。良臣退廣安、岳池。時已老病，猶日練兵保鄉里，清兵不敢犯。

永曆二年，譚文獻攻蓬溪死。郭大長起兵射洪，自號無主大將軍，執死。王台屯鄰水大竹，自渠縣降清。十月，總兵朱德洪劫掠，良臣欲斬之。德洪請以金贖，不許。一夕，賄客刺良臣死。德洪肆掠，里人惡之，將助良臣子一爵討德洪。清兵攻德洪，寨險固，阻木石不得近，後敗走萬縣。

一爵，字闢用。任指揮使，累官總兵。

從子明聽，隆武二年七月屯營山翠屏山，大掠，民怨之。寇至兵散，走順慶，復大掠，爲義師所殺。明允，崇禎九年武舉，歷通江守備、建武都司、遊擊，歸保鄉里，國亡後卒。明甲，以神童稱，年十四，多方捍禦，一方以安，卒年八十一。德洪，官總兵，永曆三年十月三台降清，不從。與一爵回屯鄰水、大竹張口寨，斬將任魁、知縣王文彩。十二月，清兵逼。王祥命總兵甘明德救之。未至，德洪、一爵與副總兵張明嵩戰七日死。總兵李登甲屯來蘇寨，斬知州苟有用，與副總兵陳嘉業、川北僉事張蜀奇至金花寨，執諸生張天麟，得金釋之。二年五月十九日，寨陷，登甲、蜀奇、嘉業與副總兵張能奇，將梁士義、毌相乾，參將王志祥、楊得潤、黄加敬、裴啟成，都司鄭士英，守備陳應龍、羅朝二、張朝旺死。李希先、楊胤起兵蓬州死。張洪閣、趙大光於十二月起兵通江，清招不應。五年，洪閣執東林壩，大光執萬山，皆死。沈黑山於七年起兵資陽死。總兵趙應貴、副總兵劉應登，於六月執川北副使、總理全川糧餉孔胤乾與總兵胥榮明、遊擊呂英傑，自資陽東林寺、保寧降清。朱泗林救之不得。營渠副總兵彭時亨，於十二月降清。總兵胥登榮、副總兵張鳳翼，於十年三月至漢中降清。

應瑞，字翔宇；有慶，字開餘，南充人。故殷承祚將。承祚欲反正，密通王應熊。自成將馬元利與承祚至潼川，承祚密使二人歸順慶。承祚遇害，二人斬元利來附。

廷海，廣安人。畢節總兵。心杰，廣安人。思南總兵。皆歸隱。

應舉，崇慶人。屯田總兵。

匪康，威遠人。武舉。北路總兵。

大奇，澧州人。總兵。

一品，廣安人。雲南中軍副總兵。

周旦，澧州人。順慶遊擊陞左都督。

見奇，大竹人。諸生。守石泉寨，讀書不輟。

方亨，字如天，大竹人。諸生。起兵全邑。

如軒，蓬州人。參將。四救營山，撫卹難民。

維學，岳池人。自稱大將軍。

台，渠縣人。歲貢。與張、李、劉、徐四姓立慈菰山寨。

德洪，鄰水人。

又，總兵譚憲勤、向應先、徐之韶，及副總兵李逵、李學明、何治明、郭起柱、王君愛、汪化龍、王國欽，守備馬士逵，遊擊冉之屏，兵道萬象文先後降清。

楊展，字玉梁，嘉定州人。崇禎十年武進士第三。英姿慷慨，身長七尺餘。與賈登聯、莫宗文、況益從楊嗣昌軍。已隸曾英，授廣元守備。撫畔衆百丈關，遷川鎮中軍參將。十七年，張獻忠入蜀，與曹勳將勁兵三千同守成都，出斬二十餘級。城破，被縛將殺，奪刀斷索，斫死二人，躍入江，泅至新津。劉鎮藩餘兵三千方屯寶子山漁波橋，推爲帥。歸嘉定，而城已降，改爲府，峨眉主簿蕭玉韶亦降。羅徽堡千總廖佐、峨眉人楊世泰數千人守峨眉不下，舉人曹明德保榮縣榮德山，虞銘芳保榮縣、犍爲間。展部署之，合王祥、齊聯芳，斬降寇永寧衛官宋瑤；潛入犍爲，斬令，起兵襲嘉定，州人開門納之。勳亦起兵黎州，與展聲勢相應和。十月，峨邊平夷三堡聯歸化八里及萬年寺僧，招土兵二萬起兵。戰峨眉紙錢街，敗走萬年寺。一日，義兵破寇了寶樓，追至峨眉。十一月，夾江知縣王日益來歸。與萬年寺僧協力破寇，嘉、眉得全。十二月，敘州諸生張文燦、江安諸生羅文燦得展檄，亦起兵斬令。

弘光元年正月，以王日孟爲洪雅知縣，復城斬令。三月，與副總兵李虹龍、余朝宗、余奎，守備馬應試自永寧入敘州，上書王應熊，請與屠龍、宗文、登聯恢復川南。未幾，馮雙鯉攻城，展過江攻白塔山，令侯天錫所遣蘇寶倮兵攻雙鯉。兵既渡，告曰：「今日須死戰破寇。」乃盡火其舟，以張勝、朝宗攻山左，曹章、郭崇烈攻山右，姚之楨、李朝貴攻山後，展自當前。章先登，之楨敗而復勝，雙鯉大潰。四月十三日，孫可望再至。甘良臣以兵來會，奎亦引兵千人、舟千，自江津至，展以二千人敗績蔡壩。後五日，再敗於乾溪。展兵多從奎舟下江津，展與牙兵數百奔瀘州、永寧。又再敗，退仁懷土城小關，入山峽中。謁應熊遵義。章、向成功、黃國美請曰：「我舍大隊入遵義，如大隊爲人有，則進退失據矣，盍間往江津兑溪。」展從之，會皮熊、天錫復永寧，合兵八萬屯魚腹關，潛渡合江。五月，復還嘉定。

隆武元年十月，大破獻忠將梁一訓納溪。二年三月，劉文秀、狄三品來攻，爲展所敗。展遂督朝貴、之楨、成功、葉向高、雷可復合應試，盡復嘉、邛、眉、雅諸州縣，楊國聘、徐宗道、楊遇春、虞文海、余自新、但應嘗、彭萬崑等應之。獻忠聞展兵勢日盛，大懼，率兵十數萬，裝金寶二百巨舟，沈青神江口，順流將下楚。展與陳登皞、王才逆於彭山江口，大戰，斬獻忠弟，縱火焚其舟。獻忠大敗，士卒輜重喪亡殆盡，走還成都。七月，獻忠走川北。展聞其遁，引兵追至漢州，獻忠已遠颺，乃盡收暴骨叢葬焉。九月，與勳入成都，設四鎮，分葺甕城。有民之地，設官，大興屯田。出江中所沈金寶，軍儲充足，士氣益張。十二月，攻保寧，敗歸成都。清兵踵至，仍退嘉定。時蜀地殘破，橫屍腐骼載道，金帛委野，無人拾取。

清兵既殺獻忠，永曆元年春，李國英入成都，一訓降清，留張得勝守之，性暴。成都都司白聯芳招其將張士聰、王材官反正，斬得勝。聯芳欲回方山寨，至羅江，遇一訓，與士聰、材官皆戰死。清兵再入成都，驅殘民數千至綿州屠之，成都民無孑遺矣。未幾，清攻嘉定五日去，總兵章戰死。展子璟新追戰井研，參將楊望、楊雄死。十一月，展將全勝、楊萬熀大破清兵資陽、簡州，國美、楊榮芳、李一進、陳應宗復成都，諸舊將亦多出收復保聚。

嘉定近省而險，展復善於撫綏，川西南什邡以西，叙州以南，遺民潰衆，相率歸之。展乃遣使赴黔、楚告糴，前後得米數十萬石，自鄉先生以及弟子員，俱贍資送其家，農民給牛種口食，使擇田而耕，壯而願從戎者補伍，月與銀米，使操兵戰，百工雜流，各以其藝就食，孤貧無告者廩之，蜀民賴以全活者數百萬，愛展如父母。走四方者，述展慈愛，莫不流涕。展以是富强甲諸將。

時齎送蜀中士大夫赴闕求綏理，而蜀人猥陋，至則自爲騄遷計，無能爲蜀事畫者，趙昱、程源、辜延泰、劉堯珍皆蠟九卿臺省，留粤不歸。

二年春，上以錢邦芑言，封展廣元伯，擢都督同知總兵，提督秦、蜀兵馬，加太子少傅。已晋華陽侯。

三年七月，總兵趙友鄢自樂至間入遂寧，一夕回嘉定，遊擊涂甲戰死。

陳邦傅假敕封可望秦王，可望飛檄召展，以兵屬己。展得檄，上言：「臣茹荼齕草，爲陛下收蜀固黔，方日望朝廷指授方畧，進取關南。乃可望忽以檄至，舉陛下所有之土地甲兵，盡授之可望，臣誓不與賊俱生久矣。無難焚檄斬使，出兵東川烏蒙，與可望爭一旦之命。顧以可望抄謄敕稿，若果出上命者然，是以不敢鹵莽，爲先發後聞之事。今特馳奏請命，將無可望之僞乎？抑豈皇上果舉六御以授賊乎？如皇上果有此敕，則臣等從此皆可望之臣，而非皇上之臣，在廷就爲此謀者；若命不出自朝廷，而爲可望所僞傳，則臣願首戎行，與諸勳鎮執大義以討亂賊。」上但優詔，令展固守封疆而已。

會袁韜、武大定與李占春搆釁，久駐重慶，士卒饑。李乾德遣人説展與合兵，因其餉。展大喜，誓爲兄弟。徙韜屯揵爲，大定屯青神。初，祥破清兵遵義，至樂英寨，寨爲展子璟新所守，祥掠以歸，已而釋之，展以此怨祥。會祥攻貴州不克，約展出兵，展亦與樊一蘅謀奉宗室平櫆，令璟新攻祥，諸將不從命。璟新年少不知兵，至蘆衛，執殺應試。至永寧，天錫堅守不下，祥援之。一日大霧，乘之出鬭，璟新大敗，又北復遂寧不守歸。展威望少損。

性又驕矜，不假人以權，韜、大定所求不甚遂。展與占春故交好，頻通問，以銀萬兩米萬石餽之，韜、大定愈不悦。乾德亦怨展遇己簡畧。七月二十六日，詭稱介壽置宴，韜妻使人告變。韜至，展出告者曰：「大丈夫肝膽相許，寧有猜耶？將告者收殺之。」竟與將雷震、田貴十二人率兵三百人赴宴。乾德、韜即席上取展首，并殺震等，襲嘉定，俘其家，諸屯戍皆降。展妾陳、江，韜、大定分取之，不從死。

展智勇冠諸將，川東西之起兵者，倚爲長城。既死，人心解體。事聞，謚忠惠。

璟新，字凌雲。崇禎十五年武舉。官參將。乾德襲嘉定，展將王聘詔、趙友鄢、孫會、林時泰、李調燮城守，曹彪開門拒戰死。璟新在峨眉，調兵不能救，以三百騎突圍走黎州北，戰大定竹公溪敗，鮮可强、廖啟芳、章榮芳戰死，時泰執，徐上朝傷大定一指。後不復能鬬，友鄢走叙州。永曆三年十一月，璟新走滎經，出卭州三壩。大定追及，妻被執，指韜、大定駡曰：「爾窮來依我，我翁處以縣邑，資以多財，何負於爾而圖之，真喪心犬彘也。」自刎死。四年正月，璟新與副總兵熊嘉夢、杜君恩、李嗣勣、林可桂、辛朝良、黃錦繡，參將劉迎南、謝登魁奔保寧降清。弟琮新爲韜沈江死。展將馮朝宣援建昌，爲倮倮所敗。滎人范繼堯、繼商、繼禹兄弟拒韜大定妙覺寺，後死烟波橋。占春亦率兵爲展報仇，不勝而歸。一蘅投書責乾德曰：「嘉陵、峨眉間二三遺民不與寇難者，楊將軍力也。背施忘好，而取人於杯酒之間，天下其謂我何？」乾德笑，以爲救時大計詎豎儒所知。然蜀士無不切齒乾德者。可望再入蜀，亦訟展冤，自是蜀事大壞矣。四年二月，參將葛佑明出九溪，爲展復仇，殺大定將參將馬龍章花溪，韜、大定以張顛、郭甲拒之。佑明守山隘，顛間出後夾攻，月許，執佑明送嘉定支解之。劉文秀敗保寧。八年四月，展將總兵冷明國、羅應通、文應元與黎州馬京拒之，被執死。

聯芳，字君碧，漢州人。獻忠至，一門死難。聯芳從展追寇乾虞壩，屯兵年餘。至雅州，遇杜枝、焦嬰起兵，甚相得。永曆元年，追寇大邑，屯圓通寺，又至漢州。二年，復回大邑，寇避其鋒。後隱居卒。

虹龍，嘉定州人。從展起兵，累功官總兵，以焦勞死。

朝宗，內江人。號紅十萬。官大旗總兵，屯長壽。

奎，武隆人。永曆二年正月，封武隆伯。

成功，峨眉人。登皞死，以衆三萬屯眉州石佛棧，分五營五哨，爲木城濠塹自固，授總兵。四年，清兵大至，城陷，中流矢死。

國聘，丹棱人。總兵，鎮洪雅。二年冬，與花溪團練將熊振生治兵相攻，未幾卒。

宗道，眉州人。武舉。負勇畧。起兵天馬山，授總兵，屯田，寇不敢迫，一方以安。

遇春，珙縣人。羅星營參將。

文海，彭山人。助糧招兵，守大水河。

自新，青神人。父守益，南城兵馬指揮，歸城守死。自新任錦衣指揮，奉母隱大邑，與弟自進立寨拒寇。

應嘗，滎縣人。與弟應壽、應星皆從軍。成都陷，父繇死井研，應壽歸葬。應嘗乞師嘉定，戰馬兒山、烟坡山，同妻范中矢死。應星後歸但家灣。

萬崑，字玉吾，丹棱人。以衆守險全鄉。後與張應試降清。

佑明，犍爲人。

龍章，大同山陰人。守邊有武幹，故曹奂將。詣展不用，遂歸大定。

洪雅自永曆二年置吏後，遊擊慕時達，雅州舉人陳大美、楊經、尹鳳翔，主簿汪一瑋，教諭周佑後、夏甲、陳命新，典史洪成鼎、楊繼茂，皆有安定功。事跡不詳。

曹勳，字宇功，黎州人。負膂力善射。世襲指揮，授川北坐營參將。張獻忠入成都，被執脱歸。

初，建昌將周雙橋、李俸，海棠堡守備丁如龍，越嶲指揮王自明，得胡恒檄起兵，而恒已歿，乃屯大渡河所，與千户沈雲龍、黎州安撫馬京相結。勳至，衆推爲帥，守滎經。會富順王子鎮國將軍平櫋至，遂合范文光、劉道貞、程翔鳳及諸生傅元修、傅元覽、張士麟、唐默、鍾之綏、胡大生、洪其仁、洪其言推爲蜀王，號召遠近。遷副總兵，翔鳳爲監紀推官。勳與左協焦英、李應鼇向雅州，大破寇龍鸛山。已攻城敗，屯大渡河大關山。寇進攻，勳以驍騎斬數百級，乃回滎經。已而城陷，退小關山。二關當相公嶺天險，文光名曰忠孝路。

時有上南道郝孟旋者，與翔鳳有舊，多才畧，見執。陽受獻忠官爲用，思立功自效。翔鳳招之，大喜，乃斬吏以雅州來歸，迎勳居之，號其兵曰匡正營。旋出兵卬州花溪，爲人所害。

獻忠棄成都，勳引兵守之。劉宇舟、胡啟仁、李西成、劉焕山以衆相應。清兵至，退雅州，以文胤元爲黎雅遊擊，李甲爲名山知縣。故與楊展爲刎頸交。展死，欲爲報仇不果。封錦江伯。

永曆五年，孫可望遣劉文秀出黎州，勳戰敗歸之。

六年三月，清兵迫白文選，劉正國挾走叙州。

七年三月，名山知縣左升龍降清，副總兵張七戰死。雅州遊擊羅文燦降清，副總兵林韜、知州王祚亨戰死。五月，勳攻蘆山不克，總兵王甲等戰死。

十一年，文秀入滇，命統總兵趙友鄢、劉耀、楊彪、陳安國、王義德屯成都。

十二年，以年老解兵，付其子昌祚，自居大渡河所。清兵至，昌祚、耀、安國、龍之洙、賀奇走，彪降清，友鄢、義德戰雙流金花橋，與河州守備李宥、新繁知縣李逢年降清，趙淨月爲僧。

十四年，郝承裔招勳至雅州，議奉慶符王宣壑起兵，不可。宣壑怒，將殺之，承裔與盟，送歸。久之卒。

昌祚，字大嘗。官總兵。

如龍，大渡河所人。後憤死。

翔鳳，字羽皇，蘆山人。崇禎三年舉於鄉。歷職方主事、威茂僉事，加太僕少卿。永曆十三年八月，與巡西僉事席騰芳降清。兄翱鳳，舉於鄉，監軍督糧僉事。

騰芳，安岳人。崇禎十二年舉於鄉。

孟旋，茂州人。崇禎三年舉於鄉。

宇舟，温江人。挂建義將軍。隱。

啟仁，温江人。糾義兵保鄉里，後走川南。

西成，郫縣人。與子良玉保黎雅。後入川南卒。良玉從勳拒守，兵敗歸。

焕山，建水人。總兵。降清。

胤元，名山人。展將。展死，討袁、武不勝，降大定。後與楊璟新降清。文秀敗保寧，與羅應通起兵死。

甲，昆明人。進士。

奇，字天放，武陵人。選貢。歷中書舍人、職方主事、監軍御史。爲僧峨眉，隱滇、黔間二十年。清徵原官，不赴。

彪，字有才，名山人。

宥，金堂人。

淨月，崇慶人。行伍，主大坡頂。

侯天錫，南溪人。總兵良柱子，任指揮。良柱戰死，疏言：「與賊不共戴天，願捐資繕甲，選募勁旅，及臣父故將，自當一隊。下雪父恥，上報國恩。」威宗深許之，命以遊擊赴楊嗣昌軍立功。嗣昌言：「天錫所將親丁二百六十人及召募精兵五六百人，皆剽悍敢戰。」上益嘉之。

安宗立，晉都督僉事。弘光元年，授川貴參將。樊一蘅起兵，命與副總兵屠龍副甘良臣總統。張獻忠將馮雙鯉再破敘州，天錫引倮兵禦之不利，賴楊展合力得勝，遂復其城。五月，與皮熊進復永寧，有兵三萬。時遊擊馬應試屯蘆衛，龍與副總兵李正開以通巴五營屯納溪，呂朝綱屯屏山，相爲犄角。

隆武二年三月，與馬忠、喻紹昇、羅國鼎、白正剛、高明佐復瀘州，歷擢總兵。孫可望入貴州，首議請招撫。已從馬乾守重慶。乾死，降於清。尋又反正，誅賈聯登，與正開大破吳三桂於瀘州，復馬湖。馬湖陷，其女經死。宗室容藩入蜀，封天錫、應試侯伯。楊璟新欲攻王祥，引兵殺應試，惟天錫堅守永寧不下。

永曆二年正月，封永寧伯，龍挂將軍印。

四年九月，劉文秀至，以衆歸之，引陷遵義，祥敗歿。可望亦薄其爲人。未幾卒。

從弟采，從征奢崇明，復綦江、桐梓，授守備。西蘭夷攻永寧，奉檄剿桃紅壩，遷都司。征川北防隘巴通一路，陞遊擊。崇禎十年，援成都大捷，擢副總兵。十六年，招兵防川，晉總兵。後降於清。卒年八十三。

龍，寧國人。武進士。自恩陽守備擢。

應試，仁懷人。面頳偉膂力。弘光時，以守備從展自永寧攻敘州，偏師自乾溪夜渡雪灘頭。平明，展至南岸，寇拒馬頭壩，應試破之。展渡河，斷浮橋，寇驚走。應試與余朝宗、楊萬熼、白正剛、黄龍先登，斬數千級，禽二千人，都督張化龍率衆四萬走，遂復敘州。後與聯登、莫宗文復瀘州，陞參將，挂將軍印。

正開，遵義人。父長榮，武生，破崇明，官參將。正開以都督同知總兵挂靖虜將軍印，總理川湖貴州軍務。弟正秀，嘗德知府；正陽，副總兵。

朝綱，屏山人。與弟朝縉將兵拒萬壽寺、大橋溝，斬數百人，一方以安。

忠，瀘州人。永曆四年官總兵。

紹昇，字元炤，內江人。諸生。從朱燮元軍，與秦良玉平崇明，陞副總兵。國亡後隱。

國鼎，江安人。行伍。官川北白水參將。

聯登，江油人。崇禎七年，與宗文救劍州失利。後從剿，大捷瑪瑙山，斬其遊兵殆盡。又大破寇柯家坪。十三年，邵捷春命與宗文守東坪。十七年，以川東參將擢都督僉事總兵，屯中江。獻忠攻之，僅以身免。後與周茹荼起兵，合祥定永、榮七城。

同時朱泗林起兵資州，詹天裕起兵資陽，聯登與中軍楊維棟、王孝，自富順復資陽、簡州。乾復重慶，招同守。永曆元年二月，清兵陷遵義，與譚得勝出降，皆被殺。

茹荼，字自飴，涪州人。祖大正，恩貢，武昌通判，有德政。茹荼，天啟七年舉於鄉。從定永、榮，官總兵。旗鼓楊道成爲下所殺。永曆二年，復成都，封曲靖侯。兄建芳，以戰功授總兵，與曾英戰，敗江津斗溝子死。

泗林，資州人。負勇畧，善舞百斤大刀，以千人立朱家營，大小數十戰，寇不敢近。

天裕，字行與，資陽人。副總兵，立寨。後降於清。

後天錫起兵敘州者，有龍名揚、王應泰、吳天民、白應龍。

名揚，石屏人。土官。嘉定總兵。永曆五年，斬參領王秉政。六年二月，嘉定陷，戰死。

應泰，不知何許人。叙馬瀘僉事。十五年，與永寧橫江四屯夷陳奎、鄭士道奉石泉王奉銓起兵，復叙州、馬湖、屏山、慶符，與嵩潘兵相應。十六年五月，馬湖陷，與參謀張最元、鄒學賢戰敗，同執死。

天民、應龍，十八年起兵富順，攻江安，斬知縣劉澤厚。敗死。

武大定，清澗人。小紅狼別部，號黃巢。斬劉哲，降孫傳庭。從賀人龍戰澄城、三水，迭大捷，自守備累遷副總兵。清兵入塞，召衛近畿，力戰被創。人龍死，傳庭薦大定報國忘身，命代將其軍。

李自成至西安，招之降。崇禎十七年二月，突入秦州東關，爲指揮于光耀、守備雷蛟所敗。已與高一功圍靜寧。

清兵陷關中，孫守法兵起。弘光元年六月，以固原、盩厔、鄠縣、咸陽響應，斬副使呂鳴夏，總兵何世元，遊擊李文龍、萬時選，守備趙文光、董師吉、張永年、周存德、馬應熊、魏尚忠。擢總兵，挂靖虜將軍印，與守法出没終南山中。

隆武元年十二月，會攻西安敗績。武功李春魁，長武魚必魁，皆以内應執死。

二年四月，紹宗間使封臨潼伯。五月，白天爵、白天壽、李汝桂、蔣朝山、徐昌年、汪大凱戰死固原，賀珍敗於漢中。

清兵追至，大定走西和，覽署陽仇池山形勢，慨然曰：「典午中衰，五胡亂華，楊茂搜據仇池，遥奉晋正朔，傳國幾二百年。我生不辰，欲居此避亂。」乃屯兵焉。

時階州營官郭志、李旺名起兵牛頭關，攻文縣不克，志戰死，餘衆馬聰、胡登旺、吴起運起兵白馬峪。八月，復文縣，中路楊挺，上丹堡田自彩、姚大文，哈南寨李旺名等，均應之。未幾，皆戰死。都司尚其志、許甫、張成才、白龍及别部黎、馬、賀、王復徽州執死，副總兵高如礪、蔣登雷，參將石國璽、王可臣，遊擊周克德復徽州，夜襲階州不克，乃合珍五六萬人復階州。

清兵圍仇池山，山壁立不可登。大定斬其隊長古朗阿、都司雷蛟。肅王豪格兵大至，克德降。引兵間入，國璽、可臣内應，山陷，與如礪、登雷保紫陽三臺山。滿達海濬濠圍之，如礪、登雷以二千人降。大定詐降緩師，夜率勁兵三千潰圍出五郎壩，合守法。元帥飛山龍、王三桀及程一顯降清。

永曆元年六月，紫陽王嘉祚斬知縣復城，來獻捷。九月，大定至太平中江河，詭與王高、粱時正合營，走通江西鄉石虎壩、空山壩。守法去，遂奉秦王四子掠南江、廣元，連西鄉、紫陽兵，命苗希旺、孫子敬攻龍溪寨，鄖陽義兵首鮑維冑攻仙灘。清兵迫，退冷水河。十一月，與王命臣復順慶、龍安。

二年二月，攻寧羌，參將李明鑑，遊擊趙希明、王禮才戰死。時清令薙髮，興安人皆不從。四月，與單一涵奉山陰王鼎濟毛壩關，合王光興兄弟，號召川、湖。王封靖遠伯。紫陽、任河、權河、南山諸寨兵紛起。大定日練兵圖大舉，命希旺攻興安。敗退任河，身扼山險，清兵仰攻，矢石檑木雨下，多死崖谷。已分道進，諸寨以次陷，惟毛壩關死守，屢敗清兵。

三年二月，遊擊劉學海以王應熊印劄畔，後山全陷，鼎濟薨。乃趨南江、廣元，斬遊擊王禹，收利州衛指揮同知張顛兵千五百人，合趙榮貴龍安。榮貴以其殺同類併兵，惡之，納王子而拒大定。大定屯彰明、石泉，與朱化龍、詹天顏犄角，攻綿州、梓潼。五月，攻廣元失利，走富順，與袁韜合。旋至順慶，衆猶數萬，謀再出漢中，而清兵尾逼，不得已棄順慶東走涪州，繇武、彭以趨婺川。

時李乾德督川北，欲與就功，結爲心腹，疏晉犁庭侯，引兵至成都。大飢困，南依楊展，命屯青神。未幾，與韜合謀殺展，屯嘉定。九月，移眉州，命吳國昌爲雅黎遊擊。

五年八月，孫可望命劉文秀畧嘉定，書召不從。大定赴雅州調度，以兵付總統張林秀，拒之滎經十餘日。林秀精騎挑戰，文秀不動，日填濠拔栅。八月，大戰小坪山，文秀驅象蹂之。諸軍乍見巨獸辟易，林秀中飛槍死，一軍盡殁。大定聞之大哭，斷浮橋走井研。文秀至嘉定，大定與都司姜少先欲合化龍茂州，恐以殺展故不容。文秀追及仁壽，遁去。文秀命大定子國治、從子總兵國用往西山招之，乃歸，待以賓禮，可望命充護衛。

九年五月，從文秀攻嘗德敗績。交水之役，與馬寶紿張勝不繇間道，明出楊林，至則舉火，滇京、曲靖得嚴兵以待，大定亦率部來歸。

十二年二月，謁滇京。坐黨逆，降伯。滇京陷，從扈西行。李定國入木邦，寶名望、大定營歸白文選，定國爭之幾戰。大定勸解之乃已。後走邊外，與國用降於清。

其志，固原人。

龍，榆林人。

如礪，葭州人。

國璽，綏德人。

可臣，隴州人。

林秀，平涼人。人龍部將。人龍死，推統内標，大定統外標。傳庭議以爲總兵，力辭，推大定。

袁韜，沔縣人。崇禎七年，張獻忠自儀隴入陝，漢中民被掠者留川東北山中，姚天動、黄龍主之，人呼姚、黄。而韜因燕嬸事發，投響馬，所至飢民從之。

獻忠再入蜀，乘勢焚殺蓬州、儀隴、南部。久之，分爲整齊王張顯、副反王劉惟明、黑虎混天星王高、奪天王王友進、闖食王某、爭食王靳可擎、行十萬扈九思、震天王白蛟龍、二哨楊秉胤、托天王馬朝興、順虎過天星、梁時正九條龍，而韜稱爭天王，以及陳琳，王、冉、鮮、羅，統名十三家，以通江、達州、巴州爲巢，劫人爲質，所過多殺戮。李自成將馬科招降，不從，仍用大明年號自保。會歲祲，以人爲食。

弘光元年，獻忠命都督劉進忠屠内江，守瀘州。進忠遣梁一訓、時甲屠納溪，爲楊展所敗見執，逃歸失印懼誅。進忠初屯潼川營。傳獻忠將盡殺川將，進忠還，前鋒至内江銀山鎮，一訓營將何繼成約川兵發難，以礮爲號。未發，忽他營礮鳴，遂走，而他將未知，遂爲獻忠所害。進忠大懼，至資陽，訃往合州合曾英，衆數萬至安岳張象升寨乞議事。象升弟象樞覘之，進忠命引向合州合英。已而自疑。

隆武元年七月，兵出保寧、順慶。于大海追及遂寧。大海敗，高標戰死，進忠遂合韜，稱新天王。繼成屯射洪古井邊。十月，戰寇青隄渡，敗走定遠，再戰死，所部繇中軍馮薦統之。薦死，楊先志統之，先志歸展，王基臣、林時泰相繼統之。

二年八月，進忠、時泰説韜入陝降清。至柏材驛，韜中變，拒進忠，入通巴。寇圍營山急，韜受王應熊招，十二月至營山。錦衣以冠帶馬匹詣韜，中道爲寇所奪。數日至營山，寇以前隙引去，營山得全。進忠見肅王豪格沙河驛，引殺獻忠西充。

永曆元年，韜與十三家衆十萬走夔州，歸應熊，授總兵，守順慶。李乾德總督川北，諸將中惟許韜與武大定，深爲相結，晋都督。從趙榮貴復保寧。清兵迫，棄順慶，屯涪州。六月，清兵追至，戰敗小江口，入牛皮箐。會李占春捷湖灘，韜亦反鬭入佛圖關，合占春大破清兵，復重慶，屯寨山坪。宗室容藩僭號，封韜定西伯，不受。容藩使占春攻之。

二年，移遂寧，與九思、朝興等連營曠盧二壩，欲攻保寧。大敗湘九口，與大定從南川至綦江杜市、珞璜市，掠沿江一帶，走瀘州。兵多食少，乾德説展與合營，屯犍爲。韜竟搆展於乾德殺之。攻嘉定，井研守將范繼禹走。展將杜漢良拒戰死。妻趙，妾曹、賈、張亡茂州，同殉死。

初，韜欲圖展，其妻流涕諫曰：「我軍流離飢凍，非楊公，衆且散矣。負人大德，鬼神且有冥誅，必不可。」勿聽。展死，韜妻亦自經。

韜屯嘉定，封定虜侯，命吴國昌侵雅州不克。

五年九月，總兵閻宗魯自叙州降清。

冬，孫可望據黔，將窺蜀，乃聲韜罪，遣其將王自奇將三萬人繇川南進，别遣劉文秀率精甲萬人，繇滇渡金沙江，降曹勳於黎州，以襲其後。韜、大定不知也，方悉力拒於川南，而文秀逕趨嘉定。韜焚城撤兵還戰，六戰六勝，有輕敵心。俄而文秀以大兵壓其前，自奇泝流擊其尾，韜大敗榮縣就執，遂歸可望，命爲護衛，隨營而已。

交水之役，隨大定反正。十二年，朝滇京，論黨逆罪，以内應免議。滇京亡，降於清。未幾，死黄沙驛亂兵中。部將總兵王鉅、王誕、梅之信、冉秉乾於十年降清。

顯，於永曆元年自巴州至保寧降清，被殺。

惟明，容藩命挂忠信將軍印。湘九口敗後，合總兵白大千屯達州，與譚弘、九思、劉體仁、郝永忠、袁宗第、李來亨爲援，官總兵。二年五月，遊擊勒能安自綿州降清。十二月，左營副總兵劉漢臣、坐營副總兵羅陞高自達州降清。四年七月，惟明與巡撫劉五仲自達州降清。

高，永曆元年自蒼溪至保寧降清，見殺。闖食王某，攻太平、通、巴，後自雲陽入施州，不知所終。

可擎，一曰黄鷂子，與榮貴合攻潼、綿、階、文，官副總兵。四年十一月，與總兵馬受、勞迪祥走川北。迪祥戰死，鷂子北趨漢中，歐血數升死。

九思，隆武二年，與朝興屯遂寧、蓬溪。永曆元年，自潼川攻保寧，總兵胡敬、知縣饒心知戰死。潼川陷，九思、友進、蛟龍、秉胤、朝興、可擎、琳從韶戰敗湘九口，渡江至忠州雞公山，走湖灘，授總兵，容藩封鎮西伯。爲清兵所敗，繇武隆、彭山入綏陽、綦江，已屯達州、東鄉、大足、銅梁、安居。二年，移富順，乏糧，依展卒。

蛟龍，授副總兵，容藩護衛。三年五月，從攻石砫，爲占春所執，釋之。屯開州。五年降清。

朝興，永曆元年十二月至營山，後從韶戰湘九口死。光興、友進、秉胤，事別見。

象升，安岳人。總兵任學子。諸生。

光志，潼川人。都督僉事總兵。劉文秀入成都，命與時泰及總兵陳應宗、黄國美守之。六年二月，清兵至，與應宗、國美降清。基臣，潼川人，降清。三年，以潼川反正，事洩死。

時泰，安岳人。官副總兵。二年九月，與樊良棟、楊三麻、張窩耳等降清。王九韶攻掠，清招不應。時泰殺九韶，執飛天天送清兵，仍攻蓬溪、射洪、安岳、遂寧，尋敗安岳。十二月，與副總兵廖啟芳、李化以潼川反正，走涪州，歸占春，遷總兵。六年二月，成都陷，戰死。

受，不知何許人。總兵，屯舊縣城寨。十四年四月，與總兵劉士英、副總兵龍見翼、屈守方、李攀龍，主簿趙一本降於清。

王祥，字瑞吾，綦江人。王應熊僕，武生。天啟末，爲九圍子隘官，勇悍著聞。崇禎六年，以參將從甘良臣解梁山圍。力戰姚、黄大石壩，尤有功。調守巴州，礮傷闖食王，大捷上木園，移南江。後會劉佳胤、張奏凱大儀山下，大破寇，回守遵義。張獻忠破蜀，惟遵義未下。弘光時，應熊督師開府遵義，曾英復重慶，屢破寇，祥亦出師綦江相應。祥威望不及英，而應熊委任過之，遷副總兵，守仁懷小關。獻忠殁，其將孫可望破重慶、綦江。永曆元年正月，破遵義。祥敗走永寧山中，可望入雲南。

三月，鐸尼、吴三桂入遵義，諸生劉漢鼎與妻張經死，副總兵姚永先、參將劉祺降清。祥於永寧、赤水間招集散亡，至數萬人。

五月，清兵以餉竭，將北歸。八月十二日，祥與石琳、劉體乾爲竹笆數十，人擊而前，騎不得逼，射不得施。祥兵於笆内發鳥槍，清騎傷退，遂大破鐸尼、三桂，復遵義、綏陽，斬祺，陞總兵，挂征討將軍印。柏承馥進攻，固守敗之。

祥妻熊，多權畧，亦以婦女數千，男妝，别爲一隊，間道會祥。中道俘敵數十，内有民被劫者，將分别遣之，已曰：「姑繫之，俟我與夫會而後釋之。不然，彼將以虚實告敵反鬬矣。」及還遵義，乃盡放焉。

清兵既屢敗，祥追至重慶，遂復瀘、叙以西地。遵義古播州，饒沃而深阻，祥於其間，撫民屯田，且耕且守，蜀士大夫避亂者多歸之，户口充實。祥以是雄於諸鎮，然驕倨縱意。嘗營宮室，使妻觀之，曰：「甚善，但少鐵索數根，賊來則當曳以行耳。」祥爲大慚。吕大器至。祥方以兵脅土司，設三十六營，不奉節度，大器不堪以死。李乾德、范鑛、楊喬然爲督撫，祥睨傲之，不受約束。程源奉敕聯絡，與祥忤。祥怒，係其勢於馬尾，驅馬以馳，源躑躅仆地，曳踏幾死。故蜀川亦怨之。

時宗室容藩僭稱監國，怒袁韜，使李占春襲之而敗，乃私鑄侯印送祥，求其以兵應占春。祥兵出綦江，與韜三戰三勝，退南岸。忌占春之盛，而欲爲好於韜，詐請占春議事，伏兵執之，使部將王朝興守之。朝興與占春同里，敢戰，守稍懈，占春踰垣出，殺追者，一日夜，歸其壩上營。祥既失占春，而又爲韜所持，軍無見糧，殺馬而食，遂回遵義。

二年正月，錢邦芑上諸將功狀，封祥榮昌伯。

是年，遵義饑，祥遣人赴黔告糴，皮熊攻而奪其資。祥怒，舉兵攻熊，不勝而還。熊因奏祥不奉天子詔，越地相侵，約諸鎮會討。諸鎮久羨遵義殷富，各率兵攻祥，大小十餘戰，不能克。祥使人聯和，皆罷去。惟黔兵深入，相持月餘，兵老乏食，熊子文英年少，不習軍事，氣益衰，乃引軍走。祥與刁爾昌悉鋭角之，熊兵大潰，爭渡烏江，死者四萬人，惟總兵鄧啟明一人免。祥亦上疏自理。上使使解之，會盟烏江，罷兵修好，於是思南、銅仁、湄潭各郡邑，皆歸於祥。傾囊資源、粱應奇、辜延泰等，先後赴肇慶行在，皆言祥雄武可大用，晋錦江侯。

三年五月，奉邦芑檄，以萬人援沅州。二十八日，至銅仁，張先璧已走。

四年正月，命總督秦蜀楚豫滇黔漢土官兵恢剿軍務，便宜行事，挂行軍大將軍印，兼招討事，加太子太師、中府左都督、左柱國，晋忠國公；司禮監趙進監其軍。祥既受公封，感激思自效，禮葬應熊、大器，厚撫其孤。縱兵掠敵地，本土百姓未嘗擾之，累遣使自平越、慶遠貢獻金馬；妻亦奉貢中宫膳饈千金及金錦。中道輒爲陳邦傅所劫奪。

可望求王封，祥亦疏言其不可。九月，可望將圖蜀，先以温如珍來盟。如珍故川帥，祥曾列部下，在可望軍用事。祥見倨甚，呼可望爲賊。如珍歸，請進兵。乃遣劉文秀取永寧。侯天錫迎之，詐以危言報祥曰：「滇兵二十萬已渡烏江來矣，不如先期避之。」祥懼，召諸將與謀。將軍李定者，驍勇善戰，衆服之。定曰：「二三年來，操戈同室，雖捷亦恥。今發兵討賊，復有何疑？勝則國之福，不勝亦不失爲忠義鬼，他何所云。」十月，祥遂招烏合六七萬，妻亦以女兵助戰，與文秀遇於烏江，大潰，乃去遵義，屯羅敢臺。命任成孝、余年拒戰，斬獲多。已敗守羅緯城，調陶可法、王璉兵千人入援。年敗走古風壩，祥以兵會，私計自真安入彭水，據險守隘，引占春、于大海爲助，猶足自立，乃裹其衣繡金寶，使牙將負之先行。

定頓足嘆曰：「百戰基業，一敗而逃，何足計大事乎？」衆心盡解，多送款文秀。文秀疾發兵掩擊，祥倉卒夜走綏陽鳳凰嶺，牙將已刦其資而去。比曉，失其妻子，從者僅百餘騎。追兵至，祥馬蹶不得行，率死士數十人短兵接戰，創重，大呼曰：「吾終不可辱於賊！」自刎死。妻亦見執，不屈，沐浴拜闕，又拜祥死處，從容自經未殊，以手招左右曰：「扣太緊，不可絶，可弛其扣。」左右從之，乃死。

總兵王拱辰、冷明國等三十六人以衆三十餘萬降。劉之復收祥屍，奉祥妾子走涪州，歸占春，後爲可望所執。初獻忠入蜀，畏祥，不敢窺遵義，前後拒守凡八年。部將武國用、楊國明、杜學斂餘衆入山，至十三年八月，赴永寧降於清。

子琿瓊襲伯；琿珽，任錦衣衛；琿瑶，叙南百户；琿璞，都督同知總兵，挂永赤將軍印，從祥死；琿瑞，叙南指揮。從子琿璹，封長寧伯。

琳，南川人。崇禎四年武進士。奏凱將，東路總兵。祥命告捷肇慶，遷左都督，挂翹蜀將軍印。後克遵義。完髮入山卒。

爾昌，江津人。參將隨營，陞副總兵。入山。

又，龔勇、牟奇、周希賢、雷遵周、劉興榮、聶文啟、雷開登、楊長春、楊宗枝、戴聖俞、李茂柏、鄭益顯、任曜，皆祥部將。

勇，富順人。永曆元年，戰死永寧，贈武烈侯。

奇，遵義人。從楊嗣昌軍，官總兵。後從應熊守城。

希賢，遵義人。官威茂總兵。隱卒。

遵周，字正宇，資州人。自新屯千總累遷遵義總兵，晋右都督。國亡歸。從父時禹，字平川，以參軍拒寇戰死。

興榮，鄰水人。遵義總兵。

文啟，字紹江，巴縣人。天啟中，以總兵從盧安世復富順、遵義。開鎮十餘年，平妖人張國興亂。後馬寶至遵義，忌之，一夕招飲桃源洞，文啟諭以大義，與子世昌皆遇害。

開登，渠縣人。廪生。崇禎十六年，傾家起兵守城。北變，涕泣不欲生。應熊薦陞都督同知總兵。從祥戰遵義紅花岡，與王得功約，失道兵敗死。兄開發，崇禎三年武舉。戰捷白雞灘。渠縣陷，與開登退南陽沱。再戰不支，一門水死。

長春，遵義人。官副總兵。四世百口同居。國亡，不入城市。

宗枝，遵義人。官副總兵，守石門隘。隆武二年冬，拒可望若葛臺，衆寡不敵，一軍盡殁。弟炤枝，子國昌、國柱，孫長榮、甲緒，官佐王英才、張應試、猶汝敬、陳尚德從死。贈總兵。

聖俞，墊江人。副總兵。

茂柏，字天培，內江人。倡義拒守，應熊授守備，累陞參將。國亡，隱懷仁山中卒，年七十四。

益顯，吉水人。累官遵義遊擊。安世設九隘備水西，益顯守底水隘。久之致仕。可望至，說其黨陳士慶止殺。迎祥婁山關。

曜，字秀峯，仁懷人。官長茅隘遊擊，敗王嘉胤。年老去官。

皮熊，字玉山，清江人。父賈銅仁，遂家焉。幼育於羅氏，冒姓名羅聯芳。既貴，乃復本姓。熊以行伍，歷鎮篁副總兵。土酋安邦彥反，以功遷鎮守貴州湖北川東提督土漢官兵總兵，鎮沅江，加太子太師、左都督。已從樊一蘅破張獻忠摩泥、滴水，功爲多。

熊通文墨，知名義，能以節制馭軍，不爲民擾，土漢安之。

查繼仁僞稱聖安皇帝報至，與范鑛先後詣沅州。李章玉力主爲僞，謝不往。熊部將王達觀故福府儀衛，侍安宗潛邸久，熊攜入見。時盛夏，繼仁恒幅巾蒙首，止露半面。達觀出曰：「頃雖未覩其全，然殊不類。」熊知其詐，而未敢倉卒，姑順左右意，以覘其動靜。而金國鼎等遂執金吾禮以抗，亦不較也。會米壽圖至，乃合謀誅之。紹宗下詔褒美，命挂平蠻將軍印。

永曆元年正月，孫可望自遵義趨黔，熊不能禦，敗於烏江，走平溪。清招之，不應。及可望入滇，熊以陳起鳳軍入平越，報稱恢復。四月，土賊藍二等引清兵陷湄潭、黄平，殺黄虞龍、張問德，圍平越。督總兵張才平之，以功封定番伯，鎮貴陽。

時上在奉天，熊惡劉承胤之横，欲迎駕不果。已清兵陷奉天，黔中不知乘輿所在，熊、鑛、楊鼎和、馮洸議奉韓王璟溁監國。會上出懷遠，間道遣詔諭熊，事遂寢，然已藉藉傳聞，廷臣以是爲熊罪，熊固弗知。援覃恩，求封誥。吴其靁當直草制，有「丸泥封谷，夜郎自大」語。熊乃疏辨，乞改正。上雖從之，而心勿善也。每叙録將士勞勩，求陞賞，多格不行，以是視諸鎮權藉尤輕。熊亦以身爲守土帥，無恢剿任，遂兼并諸鎮，害駱武等，擁兵晏居，不與楚、粤爭戰事。黔之東北阨與楚塞犬牙者，馬進忠、張先璧、郝永忠、王進才往來；屯合平越、都勻間，則有張登貴、莫宗文；其西接蜀瀘，則楊展、王祥各擁部衆屯聚。熊藉居中以安，而地逼糧少，亦莫能自振，惟聯絡土司，保固境内而已。

十二月，清兵攻清浪，熊命總兵楊光謙、鄧啟明、楊登高拒之。圍方急，又命副總兵武邦賢屯思州犄角。清兵退沅州。二年，命皮勳守平溪。

遵義饑，祥來告糴。熊謂其詗己虛實，遣部卒奪其資。祥因舉兵圍貴陽，邦賢、光謙、啟明、登高敗之遁。熊亦結各鎮，命子世華攻祥不克。朝廷遣使詔諭，乃解。尋進侯。

四月，蕭耀虎、丘懋德、蘇承軾復石阡、偏橋、清浪、平溪，顧存志復思州，宗文、登貴復鎮遠、施秉。十月，開州陷，傅一驚、周虎戰死。

三年正月，忠貞營總兵張克誠攻偏橋，使光謙敗之。可望據滇求王封，熊疏言：「今之入滇者，爲獻賊餘孽，名雖向正，事豈格心，朝廷毋爲所愚。」上乃晉熊匡國公，便宜行事；諸將潘鎮等都督將軍有差，欲藉以防可望。然熊與祥時相搆衅，亦不能有所效力。

四年秋，可望以不得王封而怒，大出兵趨貴州。熊度不能支，遣李邦華通好請盟。可望不許，熊益懼，與光謙避清浪，林得勝走平溪下，可望遂據有全黔。熊復徵土兵三萬自都匀出平越，祥招熊會袁家渡，熊與郭承汾至。馮雙鯉命王自奇、狄三品、曹虎遝掩熊營，衆潰，與承汾依先璧銅仁，已遁入烏羅。可望遣白文選追執之，奪其兵，已而釋之。可望敗，上命仍鎮貴陽，晉黔陽王。

十年十二月，總兵張颺入湖廣降清。十一年，清兵陷貴州，熊遂隱新添山，依女夫趙默於水西。默，宣慰使安坤師也。坤既降清，熊爲僧可渡卜河。已聞上蒙塵，絶粒七日不死。妻先死。

有嘗金印者，自稱開平王後，從粵至，與坤謀反正，熊亦使蜀人陳進才給放劄付，招集部曲，爲總兵沈應時所獲。事洩，十八年春，吴三桂大發兵圍水西。坤悉衆圍果勇底城，以兵守那巴橋、六廣河，斷清運道。已而敗死，熊走烏撒楊保山。

十月，三桂遣騎執至滇京，熊年八十餘矣，伉直不屈，捶頰齒牙落，噴血大駡。諸降將往省之，熊稱引古今忠義，追叙大明敗亡之故，詞意慷慨。積十三日不食，忽反手據床，舌蹇大叫一聲死。三桂猶戮其屍，頸流白膏。同死幕客張籍等十一人。熊屍羣烏迴翔不近，義士王中立篡而葬焉。

章玉，貴陽人。選貢。自武岡訓導累遷職方郎中。

達觀，雒陽人。

起鳳，遵義人。總兵。烏江失，與兄守備起鸞、弟遊擊起鳴及徐登甲防守。

虞龍，字汝納，高要人。崇禎十三年特用。授清平知縣，以平苗亂，遷黄平知州。

問德，字惺初，黄平人。崇禎三年舉於鄉。歷漢川知縣、昌平知州致仕。城守死。妻彭經死。弟問謨，字顯文。歲貢。力戰被執，觸柱死。

洸，資陽人，崇禎三年舉於鄉。歷南雄推官、知府，以御史督學湖廣。爲戴國士誘執降清。

武，長壽人。武進士。敷勇衛指揮。妻戴，從死。

邦賢，浙江人。副總兵，封清平伯。後自清平降清。

耀虎，字蔚然，墊江人。貴州副總兵。

懋德，貴定人。雲南歸化遊擊。

承軾，内江人。以軍功官守備，守烏江。兵敗歸，卒年八十五。

一鶱，開州人。副總兵，平狆家苗，鎮開州，擢總兵。

虎，龍里人。裨將，一軍皆歿。

默，字允明，太原人。父琳，定番學正。可望兵至，與妻子死難。默在熊家得免，潛行楚、蜀，結壯士圖恢復。及熊隱新添，默亦携家水西。坤死被執，嘆曰：「我窮而至此，卒不得乾淨土死，命也。」三桂餌以官，不答。臨命索紙筆，自爲墓銘而死。

許世皡，貴陽人。父善所，字元夫，萬曆四十年舉於鄉。授南和知縣，不建魏忠賢祠。自岳州通判謫南召知縣，保守危城，被劾歸，倡義拒清。後爲道士，卒年八十二。兄欽所、弟新所，皆諸生，死國難。

世皡，諸生。永曆時，以從軍功，累官總兵，封平原伯。兄世穆，字巖瞻。歲貢。隱居。

弟世康，字晋侯。隆武元年舉於鄉，不仕。世寧，字磐石。諸生。官都司，死難。許氏先後死國者十二人。

同時，羅于莘，仁懷人。父乾象，仁合路總兵。于莘任指揮，累遷黎雅參將。崇禎八年，援剿河南，追至子午谷。十年，殲寇廣元，陞副總兵。十三年，破惠登相鄭家寨，調守瀘州。重慶破，招降不應，攻之迎戰，斬都督温玉潔。張獻忠親率衆攻之，戰敗城破，一門死。王應熊疏晋總兵，兼龍安知府，封威遠侯。國亡，感先世恩遇，憤恨死。

羅文宿，一名文郁，鎮遠人。諸生。總兵，封黄平伯。後鎮衡、永、寶，戰死。

陶洪謨，字啟明，施秉人。諸生。安邦彦亂，上書王三善，授守備，解貴陽圍。大方之敗，一軍獨全。尋戰六廣，禽渠。征銅江，破黄柏大小山寨。歷遊擊、副總兵。守銅仁十三載。崇禎十四年，擢貴州總兵。王應熊疏薦，挂平蠻將軍印。永曆二年，張先璧至，以雅故，一城得全。國亡，爲室江凱山中，隱居卒。

司民學，清平人。右都督總兵。

司瑜，清平人。右都督總兵。

武思齊，清平人。總兵，挂禦蠻將軍印。

武人龍，清平人。總兵，挂威夷將軍印。

李祥，清平人。都督總兵。

文子愛，合州人。崇禎七年武進士。平越總兵。

羅文謨，興隆人。諸生。總兵，鎮平越。

羅文熙，興隆人。諸生。總兵，鎮開州。

李敦慤，字睿庵，清平人，武都賢將。征苗，平瓮壩，復凱里先登，官都督同知總兵。後降於清。

方維翰，桐梓人。總兵。

楊得勝，開州人。征邦彦，官貴州副總兵。北京危，從李若星及副總兵譚得勝勤王，至辰州歸，擢總兵。死難。

鄭逢莊，平溪人。都督僉事副總兵。

張天熊，獨山人。副總兵。不附吴三桂，清起力辭。

許允達，字嵩岳，貴陽人。諸生。崇禎初，貴州苗亂，輸財助軍。從胡平運征巴香黄草壩、施秉苗，自把總累遷夔州參將，總十三隘軍事。流寇入，拒守，晋都督僉事，仍爲參將守貴陽。清兵至，與子斌、翔、耀，從父世英、世嘗、世璧、世傑皆死。斌，指揮使。翔，千户。世英等，皆諸生。

趙舜，字鹿野，桐梓人。起兵保鄉里，應熊薦參將。

龔應龍，綏陽人。鎮遠參將。苗反，援興隆全城。

宋民倚，甕安人。參將。協剿，平畔苗。

李騰龍，涪州人。父世茂，天啟二年武進士，參將，從侯良柱戰死。騰龍，累功官參將，建城瀘州趙雅鎮。奢保受據鎮雄，窺永寧，敗之走。以病乞休。永曆十一年七月，起仁懷遊擊。十二年三月卒。是年五月，遵義陷。

悝念，四川人。遊擊。國亡，爲僧平溪紫氣山。

李友桂，字泗亭，清平人。指揮掌衛。從總兵胡從儀征苗。崇禎十五年，苗畔圍城，捍守得全。

曾三省，字養初，黃平人。諸生。通兵法，精騎射。官平苗都司，傷足歸。藍二反，與王大勇城守。

李剛玉，陝西人。武舉。赤水守備。貧不得歸。年百十二，步履如飛。

何應科，黃平人。畢赤守備。

丘懋宏，字若浴，新添人。巡撫禾嘉子。任指揮使。

劉鎮藩，字屏山，安南人。諸生。千户。

胡同寅，興隆人。崇禎十五年，以指揮拒黑苗力戰。

李時芳，平壩人。指揮。國亡，爲室五老山，卒年九十。

李文龍，字見田，烏撒人。指揮。工書翰。

涂朝爵，黄平人。千户。四年，征兩江、牛場、加爬有功。十五年，再拒畔苗。

張斗，黄平人。興隆百户。四年，征大小兩江，守備長沖、馬鞍二哨。十五年，拒畔苗捷，擢千户。卒。

金海玉，字不昧，歙縣人。傳故將。爲僧普安丹霞山。新添掌印指揮使安汝桂降清。

譚文，字飛熊，萬縣人。弟弘，字廓如；詣，字養元，皆方國安部將。崇禎十二年九月，與莫宗文破張獻忠三尖寨，授文參將，弘、詣遊擊，守達州。獻忠入蜀，弘光元年，與王學詩以兵往巴東，殘暴無紀，後大破姚、黄萬縣南京街。昭宗即位，文、弘、詣皆遷總兵。宗室容藩僭稱監國，皆封伯。

吕大器至，文、弘、詣及胡雲鳳受約束。晉文、弘、詣挂鎮虜靖夷平蠻將軍印。文屯萬縣、長壽，弘屯夔州，詣屯巫山，雲鳳以副總兵屯忠州。李來亨渡江，詣水師驚潰。雲鳳與詣隙，引姚、黄自萬縣南渡，文走雲陽。尋與弘總兵馬受、勞迪祥、高鶴鳴、姚玉麟、徐翠，副總兵靳可擎、王會圖合屯萬縣天子城。文封東安伯。

永曆二年，弘攻保寧，副總兵張天相戰死。四月，文北攻順慶，敗於胡家寺，總兵譚文賢戰死。又敗於太平寺，遊擊寇定軒，都司李近泉、甘見龍，守備何啟鳳戰死；總兵樊梁棟、樊思明、張奇樸走。

三年七月，容藩命繇萬縣渡河而北，爲李占春所敗，回天子城。來亨等入西山，文、弘、詣深相結納。文安之督師，疏請封文涪陵侯，弘新津侯，詣仁壽侯，從弟鉉平夷伯，各予敕印，爲孫可望所奪。

可望圖蜀，兵自川南入，別將出黎州、嘉定，文等附之。後仍歸朝，與王士品、羅宗貴、謝應蛟、陳祚昌合屯忠、涪，與達州楊秉胤、徐邦定犄角，遥連夔、歸、房、竹。劉文秀攻保寧，文、弘攻達州、渠縣，斬兵道王興國，聞敗走萬縣。

九年五月五日，與張光萃及將軍崔甲，合王大年復夷陵，斬訓導張作肅，屯黄陵廟。

十二年正月，副總兵何良柱自江津降清。三月，監軍僉事陳以新自天子城降清。七月，文自忠州、萬縣攻重慶不克，副總兵陳良鼎戰死。

十三年正月，與挂鎮虜將軍印總兵牟勝、監視太監潘甲合來亨等再泝江襲重慶，甲戰死。

初弘、詣欲圖石砫，文斥之。劉惟明降清，招弘、詣，文獨不應，以信通袁宗第、劉體仁，至是弘、詣乃殺文巫山舟中，率弘子天祕、詣子副總兵天叙、川東僉事方峙，監軍僉事程正性，挂將軍印總兵譚大憲、陳武衡、李宮牆、任元禮、譚昌誌、郎顯秩、馮景明，總兵明上策、胡登甲、張應林、劉光成、劉慎、余先貴、余文炳、楊枝秀、杜鴻儒、嚴啟俸、范應元、董清芳、牟世聯、郭衛城、譚天斗、牟世延、杜夢辰、譚詩、周道永、任傚京、冉紹鵬，護疆營總兵譚憲，師貞營總兵譚天圖，副總兵譚正恒、向希堯、王廷建、王國鼎、董安、趙玉卿、袁應祥、聶國瑞、蒙起明、紀永齡、余春茂、耿名臣、劉雲鳳、鄧鍾瑜、彭冠賢、孫攀孝、陳世奇、張繼爵、鄧宗鼎、潘應朝、張仲勝、陳福、劉得志、倪志明、鄧茂官，參將任克昌，遊擊楊輔鼎，守備王啟登，指揮鍾員鼎等，及兵五千人、舟二百，赴巡撫高名瞻軍前降清。封弘慕義侯，詣向化侯。副總兵陳世凱、參將牟大寅亦以忠州降清。

文弟總兵益，與監軍僉事王文錦、張耀，總兵陳貴榮、高鶴鳴，副總兵高林起，仍保忠、涪山中騾子城，遠連體仁、宗第，出没忠、萬、梁山之間。二月，清兵進攻，職方主事譚正士降清。九月，清兵再攻，益等環築深溝，地險糧足，屢破清兵。清用長圍困之，副總兵向士綸、冉士一、冉世寵、余萬相先後降清。一夕，清兵夜襲，雲梯登寨，益兵死者萬餘人，益、貴榮、鶴鳴仍率千人突圍走。十四年二月二十二日，貴榮、鶴鳴、文錦、耀，副總兵高允發、聶崇宗、劉朝福、郎應奇、郎儒、譚仙芳、白萬林、田應時、胡朝福、周起胤、袁一前，參將陳應洪、高增，參謀高鳳鳴被執不屈死；益與總兵關起鵬、副總兵郎初開降清。

士品，字元一，大竹人。王應熊薦榆林總兵，挂左將軍印。以八千人大破可望雲南。後晋都督同知，調夷陵州衛西平邑石永保容梅提調漢土官兵歸。清招攻來亨，力辭。後起參政。

宗貴，開縣人。總兵。

應蛟，湖廣人。遊擊。守夔州，陞參將。隱開縣。

祚昌，字列培，萬縣人。遊擊，降清。

勝，彭水人。與莫宗文屯彭武維摩洞，雄長川黔。清迭招不下；進攻，阻於礮矢，死傷山積。十三年三月，清會攻，力拒不支，被執。清宥勿殺，命招敘、馬諸寨皆降。

正性，字存存，萬縣人。歲貢。

大憲，寶慶新化人。

世凱，利川人。百户。牟文綬薦都督僉事。

文錦，字性組，巫山人。諸生。城守日，門署「奉永曆十四年正朔，存大明三百載綱嘗」。清屢招降不屈。

贊曰：以英之策斷明果，熊之高壯質烈，占春、良臣、天錫、大定、韜、祥之崎嶇赴鬪，化龍、榮貴、勳、世皞、文之委身許國，使能同仇敵愾，併兵外向，天下事未可知。顧事業麤就，器量已盈，包藏禍心，觸蠻蝸角，爭尋尺之利，棄可就之功，得爲井蛙於一時幸耳！展安全咻噢，民心感戴，而以凶終。魏韠不赦於束胸，苟變見捐於食卵，人亡邦瘁，惜矣夫！

南明史卷六十九

列傳第四十五

無錫錢海岳撰

李赤心 張雙喜 趙振芳 高維遠 蕭三式 劉希堯 劉方亮 劉國昌 高必正 党守素 田化龍 辛思忠 劉汝魁 郭如泰 吴象鉉 賀遠圖 李來亨 阮龍德 譚所學等 葉玉衡 郝永忠 夏九賡 盧聲先 劉君錫等 牛萬才 張光萃 黃河潤 張蘊玉 張景春 劉體仁 袁宗第 塔天寶 藺養成 馬騰雲 郝登雲 馬雲翔 李復榮 譚心傳等 陳世轍 晏日昇等 艾卿等 賀珍 子道寧 涂懋進 李彩等 米國珍 李世英等 穆大相 李應全 王國賢等 唐仲亨 焦賚等 何士升 劉天書 何可亮 苗惠民 劉弘才等 孫守全等 王光興 弟光泰 王友進 蔣尚膺 張公誨 黃登甲 武平孝 鄧宗啟 倪天和 陳元逢等 黃樞等

李赤心，本名錦，米脂人。自成族子。眇左目，號一隻虎。驍果善戰。嘗敗孫傳庭潼關，長驅山西。歷權制將軍，封亳侯。

自成敗，以三萬人自新安趨府谷、大同，爲清兵所遏。已隨自成渡江，破太平、東鄉、達州、夔州、新寧，還湖廣。

自成歿，與高一功、劉體仁自通城入岳州，屯黄龍、幕阜、東陽諸山，請合營於何騰蛟。自成妻高語之曰：「汝其爲無賴耶，抑願爲大將？」錦請其説。高曰：「爲無賴則無論已。爲將則身既許國，須愛民，聽主將節制，有死無貳，是我願也。」錦曰諾，乃與張雙喜來歸。紹宗賜今名，授總兵，挂龍虎將軍印，統御營前部左軍，封興國侯，命其營曰忠貞，歸堵胤錫監督，以上荆南副使燕如、荆州推官趙振芳監其軍。所部二萬人，精鋭爲諸軍最。

隆武元年七月，攻荆州不下。九月二日，敗清兵於荆州新城。

二年正月，騰蛟大舉，將會諸將岳州，赤心先至。二十一日圍荆州。二月，王斌以房縣應之，知縣林燦卿反正，屯老寨，復武當山。赤心副總兵曹汝貴，遊擊吴性敏、張養熙，都司張文賢、余京思、董紅植至襄陽降清。赤心、高必正等進攻荆州，七日不克，中軍郭鼎，旗鼓張心明、張有才，參謀韓一韓、吴良梓等被執死。三月，斌等戰死。赤心西攻商州大敗，走遠安，守備遠安何人龍降清。赤心屯夔、施、當陽，周國璽、周宗錫應於當陽百寶寨敗死。尋入興山，害高維遠。六月間，之沙市，規荆州。八月十三日，攻城不下。十月三日，再攻城不克。

永曆元年，周西兒起兵遠安死。四月，部將鄭一龍、李春輝攻荆州敗績，命副總兵魏懷、周永福，參將徐光、范斯文、王仁、趙體仁，遊擊樊起林、程守産、尚登龍、劉喜元、郭文昌、王復圖、王國泰、張存孝、秦繼德、馬應奇、閻閔瑞守施州。五月，自巫山、大寧屯建始。宗室容藩至，赤心受其節制。後容藩僭稱監國，遂不用其命。

二年六月，晉興國公。七月，與必正、李來亨復宜城、襄陽。尋渡江至澧州。十一月，胤錫檄赤心等至常德，馬進忠驚疑，棄城走，赤心所至皆空城，亦委之東趨湘潭，請復長、岳自效。三日，敗總兵綫國安湘潭，復之。旁復益陽，楊四起兵應之。破總兵徐勇兵，復湘鄉、衡山，斬知縣趙允振。以總兵何虎、副總兵陳自魁、遊擊谷三節數萬人進攻長沙，斬千餘級，得西馬千匹、舟千餘。長沙民聞之洶懼，助勇兵死守，礮沈赤心舟，死者千人。勇中矢仆，裹創力戰，日暮收兵，令將士銜枚登陴。赤心潛師薄城，甫立雲梯，城上礮矢齊發，少卻。掘濠穿城垂克，勇又爲木城，别鑿地道出，赤心兵死者又千餘人。勇再起懸樓十餘，矢石斷赤心兵來往，密以小舟布湘江爲援師狀，赤心乃退。會金聲桓告急，命以兵部右侍郎總督山東河南官義兵馬，率十萬人，從程峋繇袁、吉會李成棟援南昌。赤心受約，拔營離湘潭，次茶陵不進。

三年三月，兵潰，轉掠衡、永、嘗、寧。蕭三式保涼傘、金髻、斗篷三寨，攻之不下。道郴、桂、賓、横、梧、德、懷集、連州，已至南寧。陳邦傅忮李元胤，日夕請赤心奪桂平、肇慶，挾天子以令諸將。赤心陽諾，久之曰：「陳將軍勸我劫駕，是終謂我寇也。」邦傅懼，不敢復言。

無何，劉希堯、劉方亮與赤心不協，率軍北掠賀縣、廣寧、四會、開建、宜章，所向剽殺，人呼「白毛氈賊」。欲通粤將楊大福，會大福誅，希堯、方亮失據，而彭嵩年、向文明屯郴南，阻其北歸路，衆漸潰散。清兵遽至，不及納款，敗死。

胤錫在潯，調諸軍出楚，赤心請自郴、桂、梧入粤。胤錫力主其議，而赤心已病。四年，上幸横州，召入扈，未行。四月，憤惋卒。子某，從扈緬甸，後隱騰越，改姓段氏。

雙喜，不知何許人。自成義子。勇武有力。自成困函谷垂危，雙喜以五百騎突圍，衛自成自武關入鄖陽，官兵不能制。合營授參將。

振芳，字香山，上虞人。德遴子。諸生。歷新都知縣、建寧同知。有智畧，爲胤錫客。後降於清。

維遠，興山人。諸生。薦舉。禽寇所置官。弘光時，官副使。妻簡投崖死。

三式，嘗寧人。國亡後，吴三桂訪之不見。

希堯，蘄州人。號治世王，自成制將軍。方亮，長安人。自成制將軍，封磁侯，破保定。皆以合營授總兵。

又有劉國昌者，自成封淮侯。合營亦授總兵，守乳源。永曆三年冬，胤錫出楚，與劉世俊以衆從之，挂將軍印。至懷集陽山。四年四月，會李元胤等攻三水。六月，攻葉標於四會不克。羅成耀、馬寶援至，乃降清，仍屯陽山。九月，馬吉翔、邦傅討之，戰於四會，國昌兵降三之一。閏十一月敗歿。

高必正，本名一功，字國勳，漢川人。李自成妻弟。歷威武將軍、權將軍，封臨朐男。自成敗，繇商雒走襄樊，迫清追兵，率一功、李錦、田化龍、党守素、劉希堯、劉方亮、辛思忠、劉汝魁、李來亨、劉體仁、袁宗第、牛萬才、張光萃、塔天寶、賀藍等三十萬人倉皇至江，自白螺山至城陵磯百餘里間，截江求渡。時左良玉已去武昌東下，何騰蛟走江西，武昌、長沙莫知自成兵所在。自成自起兵，皆在西北，南阻淮、漢，未一騎窺江，至是南望大江莽蒼，山川錯繆，不知所向，惟見清騎西來，益東走，繇岳北入江楚界，南漸瀏陽，北迄通山，東抵寧州，所至遊食，岳、武間民驚不知何來。

既自成死九宮山，諸部積苦兵間，聞南京有君，欲歸附，不知介紹。執耕夫問，知總督爲騰蛟，欲因合營，顧因緣無繇得達。騰蛟尋返長沙，意爲土寇，命黄朝宣、周二南以二千人撫之。諸部既欲合營，無格鬬心，按兵徐退。朝宣以爲怯，薄之，斬其數人。諸部乃回戈，朝宣衆潰，二南死。一功等呼兵通語，益喪魄走長沙。騰蛟始知自成兵至，遂爲城守。諸部斂兵不進，命士人來道意，騰蛟乃招之，以便宜各授總兵。錦等推一功爲總統，凡八部爲一營；體仁、天寶、宗第及弟宗道合爲一營；光萃、萬才合爲一營；郝永忠於自成軍中爲偏裨，又别爲一軍。

湖南民瘠賦薄，騰蛟既合諸營，益無以支。會一功聞餘衆不及渡江者，星散湖西北，自請出荆州收其軍。紹宗賜今名，挂龍虎將軍印，統御營前部右軍，封鄖陽侯；餘各授都督同僉有差，歸堵胤錫監督。胤錫爲製進賢冠袍笏輿繖，諸將威儀始具。已命自歸、興出夷陵。

隆武元年八月，渡湖屯公安、荆州間，連營百里。

二年正月，自成别部在夷陵者李敬與義侯張鼐、武陽伯李佑、太平伯吴汝義及將馬重熹、楊彦昌、馮養珠等三十九人兵五千餘人赴荆州降清。二月，清兵大舉攻忠貞營，騰蛟前部遇之岳州退，清兵渡江。胤錫率必正、李赤心諸軍騎兵三萬、步兵六七萬，號稱四十萬，自澧渡江圍荆州，旬有二日，大小火器，如轟雷不絶，聲聞數十里，雲車礮石，百道齊進，城崩無完堵。且克，一日大霧，清援兵數萬自間道徑襲公安草坪，矢雨下，諸軍方蓐食，驚散。必正大驚，解圍，荆州兵躡之，全軍北，器仗濱盡，自是忠貞營之精鋭耗矣。遂斂餘衆攻商州，敗向夷陵，與赤心、體仁、宗第合屯蜀東徼。

永曆二年夏，晉郢國公。十一月，胤錫檄至嘗德，合十三營復長沙不克，與李成亨退次湘潭。

三年春，南昌圍急，騰蛟、胤錫議命必正以兵部右侍郎總督浙直官義兵馬，率諸軍從程峋自袁、吉出江西。必正等既渡湖，涉茶陵、衡州、衡山。已聞湘潭陷，騰蛟敗歿，清兵追迫，捲營十餘萬人，南取山道，入賀、梧、德慶，行在驚遽。嚴起恒、劉湘客馳諭之，郭如泰先至其軍，宣上旨，必正赧謝，求屯潯治器仗，爲國效死力。

陳邦傅忮李元胤，仇金堡，厚奉必正，舅事之，勸舉兵劫駕肇慶，併元胤軍，殺堡。必正陽諾，退謂其客曰：「吾雖嘗爲巨寇，亦自磊落行志，安能作此狗彘行乎？」以是惡邦傅，狎之，稍稍奪其兵糧馬仗，邦傅乃窘。

是冬，胤錫奉龍旗至潯，調諸軍出楚。會胤錫卒，益無趨令北向者，遂逗留藤、鬱。

四年，赤心卒，命必正兼統其軍。未幾，張良儔、張四虎相繼卒。五月，上在梧州，命中官楊守明召必正、守素以五千人入衛。

時堡詔獄未解，王化澄欲激起恒去，吳貞毓密寓書遣使逆之藤縣。錢秉鐙獨謂起恒長者，必正悟。及陛見，叩首言「臣誓死報國」，力請速趣瞿式耜入直，起恒虛公可任，堡等處分過當，乞手敕追還。又請身爲諸將倡，以兵歸兵部，賦歸户部，簡汰疲弱，分汛戰守，較勘功罪，則事尚可爲。如因仍離析，兵雖衆，將雖尊，皇上求一卒之用，亦不可得，有主臣皆陷而已。方必正召對，貞毓、郭之奇、魯可藻越班揖之，欲有所語，必正、守素不顧逕出，即挐小舟詣堡，抱之慟哭，言：「中外想望者，惟公一人。今公杖創若此，其如社稷何？」吳象鉉言貞毓等越班私揖，蔑禮慢上，宜加勘問。必正聞之曰：「吾入行在，惟聞吳道長一言，以外皆不知何等語也？」已貞毓等集必正舟。方行酒間，必正出貞毓手書示客曰：「此諸老先生命必正入朝殺人者，不知文天祥、陸秀夫曾如此否耶？」貞毓等皆俯首汗出不能語。雷德復劾起恒，王夫之疏言之；萬翺請逮治，必正力爭乃已。閲二日，元胤自肇慶來同對。元胤辨謗，必正曰：「上重處堡等，是也。但處堡等之人不如堡等，處堡等之後亦無勝於堡等之事。」復言：「化澄票擬多春秋，朝廷何繇得安？」因回顧化澄，請自今少用春秋筆法。化澄益窘，申訴不成語。上解之，起恒卒起用。

無何，孫可望請王封，必正如使者言：「本朝無異姓封王例。我破京師，逼害先帝，蒙恩宥赦，亦止公爵。而孫可望竊據一隅，封上公足矣，安幾王爵？自今當與我同心報國，洗去賊名，毋欺朝廷孱弱。我兩家士馬，足相當也。」又致書可望，詞嚴義正，使者唯唯，議遂寢。

必正雖起擾攘，爲自成大將，而雅有志義，赤心之歸，皆必正從臾之。赤心狡獪，必正恒加抑沮。及赤心歿，愈折節戢其軍，思自效紓國難。而羣小噂沓，爲必正所輕，莫能用。必正間語如泰曰：「朝廷不誅夏國祥等，必不能待明春而亡。」如泰以意告朝列，欲奏上言之。朝列有識者，謂不可因將帥殺内臣。如泰以語必正，必正曰：「吾誤矣。存亡在天，朝廷事，固非我所當與也。」必正知事不可爲，意大沮喪。

六月，廣州急，命與守素總統御營兵馬，各佩大將軍印，自請率精騎二萬援東。元胤請命出懷集、四會度清遠，斷敵後，式耜且命雲南總兵趙鍾、劉崇貴屯柳、慶爲助。而杜永和不欲諸勳鎮東，馬吉翔、邦傳在肇慶，亦不欲其來。陰令國祥持兩端止之。邦傳命副總兵姚春登襲必正。

朝命必正駐潯、横，敕至營，出迎十里外，步導行禮，恭謂使臣曰：「起草澤，受國恩，欲自效，而朝廷不使處於内地。兵之所居，豈得無擾。外忘壓境之虜，内殘所恃之地，殊非計也。」使歸言之，朱天麟叵然之，而衆莫有聽者。

必正久屯潯南，食且盡，兼水土不服，兵多疫死。十月，潮州陷，命必正合邦傳入援，而兵不能行。尋與賀遠圖自橫州入朝。上責其逗留。以餉乏對，上各予萬金。已聞廣州陷，仍歸橫。閏十一月，潯南陷，入山。

六年，李定國復廣西。八月，與曹志建、馬寶、彭鳴世、馮國薦復連山、連州、陽山。副將茅生蕙拒命，必正以萬騎至，錦褥蒙衝車穴城入，禽斬之。定國敗，自慶遠走川東，中道爲可望所劫。已合於王光興、譚弘。

七年春，出兵攻遠安，斬都司僉書汪吉、守備馬得勝。

八年九月，攻保靖，爲土司彭鼎所拒，中藥弩卒。

守素，同州人。號亂點兵。自成威武將軍，破蘭州。合營授總兵，封興平伯，晉侯。永曆四年十二月，晉陝國公。與來亨、馬騰雲屯竹山、房縣。十二年屯夔州。十八年二月走楚降於清。

化龍，一名見秀，綏德人。號鎖天鷂。自成果毅將軍，封澤侯。爲人寬厚，所至多見宥。自成敗，命焚西安倉廩市廛，不應。與楊必彦來合營，授總兵。荆州敗，降清，隱虎兒堨。年九十餘卒。

思忠，榆林人。號虎𤝹班。自成威武將軍。合營授總兵。

汝魁，大荔人。自成威武將軍。合營授總兵。十八年八月，與來亨同死。

如泰，曹州人。尚書允厚子。歲貢。任户部江西司主事。

象鉉，滎縣人。崇禎十二年舉於鄉。自思南推官遷河南道御史。

遠圖，陝西人。永曆四年六月，封涼國公。終事不詳。

李來亨，米脂人。赤心義子。始以合營，授都督同知總兵，封三原伯。永曆四年，赤心卒，與党守素入慶遠，敗孫可望。自黎平走楚、蜀，至興山，將胡與明降可望。是冬，來亨攻宜都、枝江不克，已與守素、馬騰雲、丘萬里屯竹山、房縣，出没宜城、南漳、均州、穀城。晋侯。

五年，入巴、歸間，命王鳳歧屯巫山，李春儒屯施州。時郝永忠、劉體仁先繇湖南來，與王光興、何天寵、賀珍等連寨相犄角。

興山萬嶺插天，中有奥區，曰茅麓山，因建帥府於上，命李世威大起營舍，爲城三匝，周百五十里，設關七連坪，立白羊、鮑家、簸箕、許家、白旗、金紫、碓窩、洞頭諸山寨，就白羊山建關廟，歸州修流來觀，勒石紀事，招居民與士卒雜處。紀律嚴明，遠商多與往來市販。

六年冬，高必正至。七年，復夷陵。八年，攻遠安十八灣。必正卒，餘衆推來亨爲帥。所部精鋭三萬人。十月，復北寨，義民李春元、六兒從之，尋降清。朱啓明戰南漳、遠安死。

九年，屯白羊。

十年，上在滇京，命隨文安之出師。李定國間使四出聯絡故將，命提督御前營、直省各路恢剿兵馬行招討事，挂征虜大將軍印，晋太子少保、臨國公，阮龍德爲監軍職方員外郎，曹一銓爲監軍廣西參政，鄧林琛爲贊畫職方主事，陳再善爲荆南參議，譚所學爲鄖襄副使，王業昌爲監紀推官兼興山知縣。總兵挂將軍印晋左右前後都督府左右都督者李春緌、應炤、余加日、張盡孝、王從新、高淩雲、楊山、周士貴、李玉、賀進明、高國玉、郭陞、王學禮、李可明、王希忠、高虎、梁國運、李學秀十八人。總兵唐新國、譚所志、李守俊、緌明顯、余明、王政新、馮可興、王任、劉光先、黑有功、張士英、王加録、文良柱、張士秀、王有智、張文表、馬如青、陳可榮、吴性敏、盧三畏、高一虎、姬嵩、高弘智、劉滿榮二十四人。來亨耕屯山田，歲收麥粟草綿，供食糧衣履。時出南漳、襄陽、房、竹、夷陵、夔、萬、忠、涪。

十一年，攻遠安，斬遊擊黄名世、守備劉戡、清楚、蜀將不能禦。

十二年，屯歸州。

十三年，上幸永昌，同體仁、袁宗第等十六營攻重慶救滇。會譚弘畔，退回。間攻鄖陽、歸、巴。與體仁入襄陽，不能守，退巫、巴間。

十五年，吴鉏自海上來乞師。

十六年，楚督張長庚宣上凶問，以招來亨等，不應。來亨遂奉韓王璟溧正朔。七月，清大舉向西山，屯萬縣，蜀督李國英攻猫兒罐。來亨破之南陽河，斬遊擊李長龍、李安、藍進禄、劉光耀。提督董學禮繼至，來亨總兵劉偁、周文棟戰死。

十七年正月國英、長庚、總兵于大海徵秦、豫、楚、蜀兵十萬、餉夫二十萬，分兵三道，一自荆州、夷陵攻遠安、興山、巴東、歸州，一自興安、鄖陽攻房縣、竹山、竹谿，一自萬縣攻夔州、建始、巫山、大寧、大昌。國英進屯三匯鋪，扼來亨諸軍通道。楚兵攻茅麓、黄草梁、白石巖、石筍木栅、石梁至頭關，來亨滚木石拒之，斬遊擊李進臣、李邦禄，守備劉定邦、劉芳周。誘清兵入李家店，伏發，斬副將武君相，遊擊王進忠、李邦棟等千人。又斬守備張所藴於萬朝山。清萬人繇缺里坪迫火石嶺，陷李屯白廟山。來亨據守兩架山，清别道攻黄連山、李家店，遊擊蕭四、陳旺，守備劉奇戰死。進至白廟，襲七連坪，趨曹家店，來亨衆萬人拒之失利。歸州、巴東、巫山、夔州皆陷。三月，學禮繇魚利坡進長坪，來亨、守素、騰雲大敗，退雙龍觀、墨埡、白埡山寨。雙龍萬嶺插天，路不正步，咫尺折亂石，一失足墮絶澗。清兵跽行，以鐵錐汲引，蟻伏至觀。巫山侯李嗣名中矢死，將金騰雲負創，來亨出不意退黑山譚家寨。

五月望，陰霾大風雨，來亨襲清兵，喊聲動天。清兵驚潰，國英倖脱歸巫山。

六月，來亨乘大霧圍清兵山谷中，學禮敗。體仁、永忠自房縣、巴東合兵出。七月，大戰四晝夜，與清兵各據山頂。二十三日，來亨從山頂陽下，楚兵趨利，勢壓其上。來亨先使兵薙髮雜負販中入清營，盡得其虛實。長庚方迎戰，頃清營中忽揭大旗號，伏起，火發爇營舍，長庚兵亂，來亨率健卒乘之，反壓楚兵上。上下夾擊，斬遊擊李允、段琦、李錡、李吾貴、楊九成，守備盧天寵、曹光啓、毛石柱、閻懋功、孫繩統。再戰黃龍山，斬副將赫爾德，參將張成志，都司趙進禮、守備馬猶龍、劉本善、錢斌元、潘可官，遊擊張應坤、趙星炤，清兵大潰，喪文武二百餘，餉夫殆盡，長庚跳當陽，來亨追抵興山。並時蜀兵亦爲永忠所敗，來亨、永忠、體仁、宗第、守素、騰雲、塔天寶會師攻遠安，衆號四十萬，楚、蜀震動。

八月二十四日，與體仁等數萬人圍巫山，驍將王福陷陣死。二十五日，用土囤、挨牌、雲梯、火礮，日夜百道攻玄天觀，礮多殲敵。國英堅壁不敢出，間以輕騎突陣，大破之。來亨輕敵，日暮輒簡偏師徵糧夔州各鄉，攻少緩。九月五日，大雨如注，始掘地道傅城。會三匯鋪護糧兵先於一日失利，參將胡甲死，江岸之兵亦挫，浮橋斷，總兵陳謨、張進忠，副總兵李友才戰死。靖西將軍穆瑪理、定西將軍圖海以滿州大兵至。諸軍乏糧，永忠、體仁中震。七日，國英傾巢出，城北山西溝兵堵之不止。八日，遂解巫山圍。是役，來亨等兵死者六千餘人。乃火資糧，退七連坪。體仁、永忠、宗第先後死，天寶、騰雲、守素等降清。來亨勢孤，再退茅麓山寨。國英知不可力取，遂會三省兵七連坪，伐山開徑立營，用持久困之。

十八年正月二十四日，清兵進攻，來亨憑險死守，夜輒出兵截清糧道。圖海親攻大山嘴，阻於礮石，二等男科普索、佐領拉布士喜，輕車都尉孟額圖、桑圖，騎都尉覺羅蟒色，雲騎尉瑚尼雅，通判張占魁陣斃。二月三日，清兵陷頭一個山峁。十五日，陷第二個山峁，迫茅麓寨前門。是夕，來亨襲清營不利。國英踞魚廷硐營三溪口，大會三省將軍提鎮兵，連營吳家莊、陳家坪、硯瓦池、蘿蔔池、溝底、通梁、三對、河象坪、黃龍山。茅麓山三面陡絶，惟後小徑通梁可陞，來亨駐守重兵。總兵馬蛟麟乘霧襲佔之。國英鑒於仰攻艱難，遂用二十萬人逼山，分汛爲木城、排塹、排樁，逢巖遇水，不使空隙。來亨迫不得出，出不得戰，勢遂大困。六月十五日夜，來亨利斧斫栅，翼以大礮，殺敵無算。清又於栅外爲土城，備火器，連營防堵。閏六月九日夜，來亨兵沿山溝三道下，各秉鉤鐮、大斧、雲梯、挨牌，奮臂爭先，堵塹斫樁，終不得出。來亨出入路絶，清兵晝夜環攻，大小數十戰，寨中矢盡糧絶。

八月四日，總兵陳經、黃晋明、王步雲、張雄、如青密款清。來亨知不能久存，五日，會諸將飲，大哭，分遣其衆。李自成妻高氏老矣，時在軍中。來亨中表舅高守義爲清將，曾招降，不應，至是遺書以高氏託之，遂赴火藥庫，懸二印胸前，殺妻子親信自經，命部衆舉火，寨燼，將士從死者六千人。將軍高必玉、馬胷子、党守義，總兵向甲下文武五百八十人、兵八千八百人降清。餘衆入山，二十二年斬遊擊武君烈，卒以勢孤力殫而散。來亨結寨西山先後十三年而亡。來亨敗，中原無寸土一民爲國者，惟賜姓屯海外，鍾明節保交山云。

龍德，錢塘人。

所學、新國、所志，興山人。

又葉玉衡，四川人。户部主事，居興山，死難。妻李從殉。

郝永忠，字遥期，商丘人。李自成別部偏較。初爲大旗手，臨陣梟悍，軍中望其摇旗輒奮，曰郝摇旗，所向披靡，因以爲名。既歸何騰蛟，紹宗賜今名，封南安伯。永忠嘗自成之死，殺其主將，故李、高諸部惡之，永忠遂傾心附騰蛟自安，衆至數萬，馬三千。騰蛟深委信之，嘗曰：「吾拔薦將帥至五等者多矣，能爲我效一臂者，南安耳。」

忠貞營攻荆州，永忠獨留長沙，授都督同知總兵，挂恢剿七省左將軍印。

上促騰蛟迎蹕，遣永忠率副總兵蘇應選，以精騎五千發衡州，取道郴州，趨忠誠。奉命不進，爲暴衡、郴間。閲三月出郴，而汀州變聞，遂返。命監紀谷藩、參將楊一龍練兵臨武。

永曆元年二月，聞桂陽險峻，趨據之。州人畏暴掠，不納。屠其城，殺南陽同知夏九賡，桂陽學正盧聲先、周之達等萬人，執永州副使楊永泰，暴烈日中。永州陷，走道州，入桂林。晉侯，命屯灌陽。

清兵攻全州，會盧鼎、焦璉、趙應選、胡一青等大破之，得馬百、駝三，永忠功第一。已見陳邦傅兵歸，以爲襲己，乃火全州走。鼎、璉東西支守，永忠以中軍羅甲兵千人衛騰蛟興安。命復全州不前，日與城外團丁交惡，屠水東十八村，與瞿式耜搆難。式耜調停以安之，移壁興安；，别將蘇際盛、楊勝屯融縣、清流，殺貢生李若棟。

興安陷，羅甲師覆。繼敗於靈川，遽返兵桂林，請上即夕移蹕，不允，遂肆焚掠，文武無免者。已奔柳州，上播遷南寧。清兵聞變，乃乘虚攻桂林。

二年，永忠屯融縣，知縣胡學海以貢生蘇玉調、胡啟龍、劉忠、覃德魁團練拒之。九月，移屯奉天，迎東安王盛蒗軍中。十一月，陳友龍復奉天、寶慶，將出長沙，騰蛟陰以私憾嗾攻之，殺其一家。自靖州掠新寧，楚西南千里中，屠滅幾空。金堡請因人心公憤討之，上以騰蛟故，下詔切責。

三年，騰蛟敗歿，永忠殺友龍，遂自爲軍，屯中潮，奏報皆絶。

四年，掠奉天，自沅、鎮火獨山，北達楚、蜀界，兼稟韓王璟溧號令。

六年，與劉體仁北攻均州，復南漳。

七年春，復穀城屏風寨，留銅山茅坪寨。八月，復虎伏寨，攻鐵壁。十一月，與體仕、袁宗第屯銅山。十二月，復均州。

八年十月，復房縣、竹山、竹谿、保康，向襄陽。清盛兵厄鄖、襄，不能出。時孫可望以令旨招永忠，永忠答書稱「侍生某」，有云「老姪年來舉動何至是」，以其傲上，故爲鳴鼓之辭，可望不敢還讓。旋晉益國公。

十年二月，李企晟入鄖陽，密圖大舉。八月，爲清兵執死。永忠敗於南漳，部將馬成、孫信戰死。

十二年，屯歸州。

十六年，屯大昌。

十七年正月，部將羅甲戰提督王一正兵房縣横水失利。二月，巫山陷。三月，再敗於張老河。七月，戰横水，萬人據險，斬遊擊馬希驊、丁可貞。竹谿、房縣陷，斬參將雲福履。八月，再敗於白玉坪，兵降清者二千人。已與體仁攻巫山，清於城外東井設堅壘。二十五日進攻，總兵王甲戰死。二十六日，副總兵劉三化、王天受戰死。二十七日，副總兵許甲戰死。九月七日，總兵馬甲、副總兵薛甲戰死。與體仁解圍，屯大寧、大昌。清攻大昌大田壩。十一月七日，總兵挂武忠將軍印後軍都督羅茂同，遊擊王柄、龐德功、徐時化至夔州降清。永忠、宗第棄大昌，與總兵沈遇龍、楊文啟、李良禎，副總兵沈化龍、史才、徐達、陳敖，參將張明秀，遊擊馬良驥、李應春、沈騰龍，都司席儒、尚進、王尚文，守備蒲加隆，自茶園坪走巴東。清兵自夔三會鋪分道入。永忠斬遊擊張畧、蔡承用、郭進禄，守備劉遇春。十二月六日，總兵挂克捷將軍印馬進玉、挂章威將軍印王之炳、挂靖夷將軍印張大盛，總兵徐自望，副總兵侯守鳳，太嘗卿劉君錫，監紀推官譚必亨、鄧蜚、祝聖培，監紀知縣曹嗣武等至夔州降清。二十一日，總兵鎖彥龍、吳之奇，副總兵宋承印，監紀推官殷啟哲走大昌降清。體仁死，清攻黃草坪，力拒不支。二十六日，同宗第被執死巫山，總兵譚國泰降清。

十九年十二月，僧雪野命法海散劄執死。

九賡，字虞颺，桂陽人。恩貢。羅平知州，以拒寇功遷。井死。

聲先，興隆人。歲貢。被執罵死。女金姑井死。

君錫，字殿公，合州人。選貢。桂林僉事、廣西督糧參議擢。子長秀，字太青，舉隆武元年貴州鄉試。

牛萬才，字有勇，安陸人。眇一目。爲李自成威武將軍，守夷陵，衆至數萬，自號牛十萬。以駐暴，與高必正有隙。合營後，故屈下堵胤錫。胤錫信愛之，授總兵，屯湘鄉。忠貞營復荆州不克，隨退嘗德。

永曆元年，封新平伯，與張廣濟出安化。秋，復興山。二年春，復當陽。馬進忠屯嘗德，胤錫率萬才自永定衞山中會之，晉歸興侯。三年，必正等東下，萬才與張光萃分掠衡、寶，湖南千里原野無烟火，必正入粵。三月，萬才竄湘鄉西走新化。時山民多結寨拒清，萬才攻破寨子嶺寨，執鄉官黄河潤，誘參將劉明岳合營，皆殺之。又殺大腦寨主楊明達，黎玉英、毛虎、康甲各寨。黄沙村力拒不納，攻之大敗，遂掠溆浦，殺諸生向興楚，妻舒從死，知縣雷鳴皋走。

四年三月，再掠新化。四月，復新寧城步，斬城守楊應元，回溆浦。五年，敗走，攻下横陽山苗寨屯之。

六年二月，新化羅明望引清兵至，將席世賢執萬才與總兵趙光璧、馬養德、張應才、姚國禎、吴桐、郭賓師、雲旺、汪浦明、任遇春，副總兵傅守文、張韞玉、王顯名、王富陽、秦守信、張林、熊國泰，參將胡元昇、董思知、李運、何見、王太和、葉德新、王士友、陳友亮、蕭芳、宋明旺、王道浩、闞永福、王才，遊擊胡承帝、李有才、柳成、高永勝、陳玉貴、丁朝起，都司楊文壽、何進孝、袁學孟等八十餘人、兵五千三百人降於清。

有賀元魁者，屯對馬江，九年敗歿。

光萃，一名能，均州人。亦自成將。合營授總兵。從攻荆州，退守澧州回子河。永曆元年，封荆江伯。二年三月，晋侯。高、李、郝、劉諸部入西山，光萃自衡州西壁沅、黔間，與天柱袁宗第兵合。六年，李定國復湖南，命出寧鄉進嘗德。已與總兵張景春攻辰州。十一月，景春與部將王忠、閻之美、姜祚昌、吴起順、馬佩、曹運期皆戰死。九年五月，光萃與譚詣、崔甲復夷陵，屯黄陵廟。十二年二月，謁滇京，以黨孫可望，降伯。十三年，與清兵戰死大理。

河潤，字九里，長沙寧鄉人。例貢。同知。

藴玉，字雲路，武岡人。少事章句。寇亂，以衆衛鄉里，從譚龍翔軍。

景春，荆門人。

劉體仁，延安人。於李自成軍稱飛虎，又與李赤心並稱劉、李二將軍，以果毅將軍封光山伯。弘光元年四月，攻鄧州，知州馬迪吉死守不下。

自成歿，與郝永忠相謂曰：「我等日事剽徙，終非遠大之計。聞何督師在長沙，曷往歸之？」衆曰然。乃與弟體統、袁宗第、塔天寶、藺養成、馬騰雲、郝登雲、馬雲翔、李復榮自武昌入平江。何騰蛟命周二南來招安，拒殺之。改命鄭公福等至，請合營，乃受節制，皆授總兵。

隆武二年二月，與宗第趨荆州，西復夷陵、荆門、鄖西，與韓文攻鄧州。二十七日，掘地道七處不下。復内鄉，斬知縣胡養素。三月，徇襄陽。時孫守法起兵關中，來乞師，合賀珍復商州，斬商雒道袁生芝，遊擊梁士，張傑在州南應之。五月三十日，復興安，斬知州曲良貴，參將康國安，中軍鄔鳴雷，都司姚永肅、陳光斌。復石泉，斬主事胡孟遴，旁復三原。六月，復洵陽、漢陰、淳化。興安陷，守法回五郎山，體仁亦敗績山陽、商州。攻襄陽失利，乃自夷陵入巴東，依蜀東塞，扼險以守。

永曆元年正月，與珍再攻興安。十一月，再攻漢中、興安皆不克。

二年，隨高必正東下。十月，與宗第、天寶大掠新化，走嘗、澧。命援南昌，對西平侯。必正入粤，仍屯寶慶。

三年，寶慶再陷，與宗第等北趨荆西，復慈利，斬知縣季還春，西屠平溪。六月，復房縣，斬知縣李承鑛，晋皖國公。十月，合宗第、宗道兄弟、天寶攻澧州不克。楊王名、雷孚言以衆數萬降清。會善化王禋澤以王印爲酉陽土司冉奇鑣所奪，命宗第討之。入酉陽，平茶土官楊勝吾出兵截擊，並下平茶。十二月，與馬重禧、董守大繇銅仁取道麻陽入楚。時十三家推體仁爲主。

五年七月，張虎奉孫可望檄至。體仁以布爲門累重，命虎入。體仁前踞坐，謂曰：「昔我與張獻忠同起，約爲兄弟。今汝秦王，獻忠子，吾兒輩也。汝爲使，見吾叩頭而已。」虎謹拜階下。答書甚踞。八月，入施州，掠利川。牟文綬詐傳可望檄，諭之去。

六年八月，復夷陵。十月，復竹山、竹谿、南漳，斬遊擊尤現、同知姚延儒、知縣唐士傑。復當陽，斬知縣扈坤。攻遠安高荒嶺，百總李大廷戰死。

七年八月，復虎伏寨，攻鐵壁。

八年五月，再與永忠攻興安，總兵傅奇戰竹山小廣峪死，楊茂降清。

九年，下利川。憤文綬見紿，族其家。十一月，入施州、遠安，與天寶以精兵二千渡江，晝伏夜行，抵容美，禽土司田甘霖而歸。文安之爲可望所脅不屈，依體仁而居。

十二年屯忠州。

十三年，與永忠自竹山，間入襄陽，守者驚走，留一日。清兵大至，復退南漳山中。清重兵扼鄖、襄，不能出。食盡，南會李來亨、王光興，結寨巴東。上幸永昌，又與譚詣等溯江復重慶不克，屯長壽。

十五年，總督李國英屯萬縣，調秦、楚、川三省兵會攻。

十六年，體仁移巫山老木孔，與天寶、騰雲房、竹之師相應。房、竹尋陷。

十七年，清各路兵及譚弘土兵四萬於二月抵巫山，扼三匯鋪，體仁總兵白良輔、宋段戰死。新化伯馮啟鳳，總兵黄守庫、裴有才、馮盛世，副總兵俞加樸，參將吴世鰲，兵部主事陳之芳，夔州鄉官傅汝和等降於清。四月，清各按地形掘塹壘。

五月望，大風雨，體仁等出攻，清兵大駭，潰退巫山。八月二十五日，與永忠圍國英巫山，前營總兵陳甲，副總兵王志道、賀甲戰死。二十六日，外後營總兵魏甲、副總兵孫甲戰死。二十八日，内中營副總兵柯甲戰死。二十九日，前營總兵吴甲戰死。九月朔，左營副總兵向甲、李甲、王甲等戰死。四日，領旗陳甲戰死。五日，内後營副總兵李甲、内右營副總兵譚甲戰死。七日，中軍總兵劉甲、副總兵吴應虎戰死，乃解巫山圍。總兵胡甲、前營副總兵李甲、外右營副總兵胡甲、内左營遊擊張甲戰死，體仁退屯大寧、大昌。

時將軍傅夷蟾萬人繇陝，穆力馬二萬人繇楚，會國英及提督鄭蛟麟兵攻巫山。十一月十日，向巴東，經鐵刹山、秦羅坪入，體仁命總兵劉應昌、王嘉玉、鎖彦龍力拒。宗第、永忠各以二千人來會，戰敗，宗第自茶園坪走巴東，副都統杜敏以大兵至巫山，體仁合永忠禦之。十二月二十三日，清迫陳家坡，體仁依山立營，力拒不支，退天池寨。已與永忠破清兵三合鋪。二十四日，老木孔陷，天寶、應昌及總兵胡君貴、都司邢啟義、監紀通判周思堯以衆降清，盡洩虚實。體仁走巴東、長豐，先殺二女、三妻、六妾而後自經，命部將舉火，骸骨俱燼。二十五日，總兵田守一、王之禮自黄連莊降清。二十六日，嘉玉及總兵李之翠，副總兵李之楹，監軍副使金士駿、向旦，序班向萬里，率官三百兵三千五百餘人降清。都督同知譚心傳、鄧楚琨，都司僉書張國美、田弘賓、田有元、譚宴元、田大繡、鄧繼昌、田國欽、譚國選、黄士魁、田守一、田弘圻、鄧福臣、黄國欽、龔方昇、鄧大臣、鄧之國、譚尹、田希珍，副總兵鄧大國、田弘滋、黄大臣、田宗烈、譚拔元、譚幸元、向應通、鄭希早、譚國印、鄧扶國、譚國輝、譚希典、譚國美、田大縉、柳天純、黄京斗、黄京舉、田正龍、黄登科、田飛鵬、鄭希楚、譚明性、鄭吉辰、田弘慈、田弘惠、田宗英、田國瑞、譚卯元、譚楚元、陳大雅、向國翰、田從龍、譚行健、田有蘭、譚葵元、譚陞元、鄧定國、鄧奇國、田新民、張悦孔、譚攀元、鄧洪國，參將譚一偉、譚一統、張程孔、譚弘烈、田世昌、鄧順國、田宗漢、田宗琴、譚炤元、田賓民、鄧林樟、黄景尋、譚見龍，遊擊田得龍、張紹孔、楊繼祖、黄友魁、田大龍、李元壽、田霖、田生蛟、譚明聖、譚玉章、譚含章，守備田大民、張自孔、蔡文時、向彤、田載都、田載位、譚天輝、田大穗、譚心聖、鄧林旃、田載高、譚亨祥，以衆十萬人自巴東降清。

體仁勇武饒方畧，威信馭衆，愛民如子。初至巫山，有豆子寨何張氏見執不屈，禮之，且釋諸男婦；氏死，衣冠厚殮之。及至巴東，民始藏匿。已招安生業，競供租税，蔚然成一都會。巴東民得存什一於千百者，體仁力也。既死，民有泣下者。

宗第，雒陽人，自成權將軍，封綿侯。崇禎十七年三月，破鞏昌。合營授總兵，屯嵩滋草坪，大破清兵。永曆元年，封靖遠伯。南攻會同，斬護軍較博托理。二年十月，與王進才大掠新化。時新化陳世轍天馬寨，伍氏壺瓶寨，晏日昇馬鞍堡，曾一鳴、袁禮遜金鳳山寨。晏永慶羅硔寨，艾卿水平寨，鄒文奎洋溪寨，陳君賜南山寨，游良仙姑山，諸寨林立。宗第攻天馬不下，後誘開門，民多屠殺。壺瓶諸寨皆力拒，禮遜出見，宗第禮待之。進才訪文奎，感泣而去。晋侯。三年，屯天柱。寶慶再陷，攻沅州敗績洪江，總兵王永强亦敗於便水驛。晋靖國公。十二年，屯萬縣。十六年，再敗走永興城，屯羊耳山。十七年正月朔，國英自夔州襲陷羊耳山，來亨火大昌，宗第走七里壩。三日，大昌陷。十八日，大寧降清，乃入箐中，屯茶園坪。二十一日，清兵三道進，扼永忠、體仁援兵。二十三日，至甘溝關，宗第親自督戰，總兵陳元吉、副總兵張應等陣歿。茶園坪山陡絶，清兵自平底河出者會攻寨，兵攀藤上，宗第出不意，敗績。二十四日寨陷，總兵趙雲、何連，副總兵王從善、潘成龍、趙希愷、尹思德、劉得化，知縣褚烈等戰死。宗第走巴東，合永忠、體仁。八月，會攻巫山。九月七日，總兵張甲戰死。八日，總兵李興隆戰死，乃解圍走。十二月六日，總兵挂昭勇將軍印鄧秉忠，挂震遠將軍印楊詢、挂震威將軍印趙雲、副總兵高三魁，率官六百九十二人、兵三千人至大昌降清。宗第後與永忠戰黄草坪死。

天寶，清澗人。屯巫山、巴東，封宜都侯。十二年二月，謁滇京。與騰雲屯施州，後俱降清。

養成，南漳人。號亂世王。自成授威武將軍，守夷陵。合營，封興山伯，卒。

騰雲，陽城人。合營，封高陵侯。與李來亨、党守素屯竹山、房縣。

登雲，盧氏人。合營，封涇陽侯。

雲翔，鄜州人。合營，封陽城侯。

復榮，宜君人。與李登雲來合營，封渭源侯。終事不詳。

心傳等，皆巴東人。

世轍，君寵子，號運公子。負勇力。從宦潼川，早歸。

日昇，廩生。李乾德團勇，授守備。平汪洋、周大有亂，尋卒。一鳴繼日昇官守備。禮遜，字和平。與聶行六、袁中和又奪一鳴劄，據其寨。永慶，字太和。善火槍。

卿，膂力絶人，以總旗百户從劉承胤復寶慶，授守備。後吴三桂起兵招之，入山不出。文奎，字光南。君賜，爲進才兵所執，得脱。良，諸生。族人顯忠、澄海巡簡，歸隱。皆寶慶新化人。

賀珍，南鄭人。樊一蘅陝西道標將。降李自成，授護軍將軍，以三萬人守漢中。弘光元年正月，與馬科至褒城，攻張獻忠廣元。大破劉文秀兵，文秀屠廣元走。獻忠命劉進孝屠保寧。珍先鋒王虎，別將嚴自明、鄭天禄大掠保寧，還漢中。

自成敗，自稱「奉天倡義大將軍」。清兵入關，與將孟安、羅岱、郭登先迎款，授定西前將軍。已聞孫守法兵起，謂賀福全曰：「大明天下失於李帥主，帥主又失於清，今清已據西安。若出其不意取之，精兵守潼關，天意未可知也。」遂率兵三千人歸守法，授副總兵。

隆武元年七月，復寶雞，斬主簿鄧邦憲。復鳳翔、郿縣，斬知縣宋永譽。復鎮安、同州。八月，復隴州、固原、靜寧，以宋朝美爲兵道，關中大震。九月，敗績陽平關。十月，鳳翔陷，攻科於漢中，魏景龍戰死。十二月，從守法圍西安不克，朝美執死。劉文炳敗蒲城，珍走武功。復盩厔。

二年三月，與劉體仁復商州。五月，豪格、滿達海、吴三桂取漢中，獻忠將李旺降清，張黑子被執。九月，珍敗雞頭關，走寧羌、西鄉。再敗於權河，走紫陽。聞秦王子在板廠寨，欲合之不果，乃走襄、鄖山中，與武大定、蔣登雷、王可成連石梁山義師。十月，參將劉秉益等戰興安賀家壩死。時李赤心、高必正、體仁亦自西鄉走太平，營於黃龍寺，復達州，走巫山、巴東，與珍合。

永曆元年正月，攻興安敗績，入大寧、大昌。十一月，復攻漢中、興安，敗退竹谿，遊擊何惟秀、陳可胤戰死，參將王奇、遊擊鄒先奇降清。珍遂倚山立寨自保。清兵至，奉德陽王至瀘以數百騎南趨夔州求渡，知府程正典不可。同知李悉達欲奉至瀘通珍，潛具小舟濟，屯夔南。赤心至巫山，珍復渡江北，居下關城，與袁宗第合。已敗文秀兵，封歧山伯，晉侯。

二年十月，屯安縣。

四年正月，王虎山自盩厔降清。

十二年五月，總兵楊永禩，副總兵張友信、李思忠降清。王才、周禹、劉四、王友、權必強、王根荄、祈克贊、楊剛、白守愛、季所鶴、李廣等在南山，至十四年敗歿。

十六年，珍、宗第移大昌、大寧、興山水筒梁，招集流亡，建修城郭，開荒減租，革鹽弊，軍紀嚴明，與民休息，民翕然歸之。毛壽登鹽場龍君廟碑有云：「出以勤王滅虜爲事，入以課農練兵爲本。當大難後，尚有遺黎，珍之力也。」時以爲實録。明年，清兵大至，珍與總兵苗希旺先後卒。子道寧封富平侯，與譚文貴依東安王盛蒗屯大昌。

十七年正月十八日，與總兵挂定西將軍印福全，總兵王繼祖、劉三顧、李友道、賀良相、陳挺、劉自友、王俊、黄文福、戴君鳳、黄萬良、賀道泰、馬君武、楊明啟、嘗國傑、劉揚武，副總兵向明世、張成明、陳古英、王大捷，參將李進忠、王應啟，遊擊陳君恩、崔一禄，都司齊明宇、向正吉，守備蒲加隆，職方主事涂懋進、童天才，關南副使王振倫，監軍僉事許遇朝、易溥，大寧知縣鍾奇英，贊畫知縣童復訓、李果玉、何鼎，監紀知縣廖振新、朱朝珍、張錫命、畢安郊、沈應舉、王世泰，參謀楊鶴鳴、董道著等八十餘人，及兵數萬人，自大寧降於清。一斗粟楊自修，於二十八年入太平山中。後敗歿。

當珍兵起，湖廣、陝西義師響應：

永曆二年正月延綏、臨、鞏清兵王起龍、石登虎、季茂榮、辛希仁反正畧陽，取餉入徽州。李陽起兵涇陽死。李彩起兵寧夏香山，爲張斌執至平涼死。十月，姬彥虎起兵澄城北山。十一月，米國珍、折自明與王光興困於漫營山寨，李世英與參將苗希旺、王嘉賓攻興安，希旺敗，世英與光興副總兵李名梓、李錦山、蘇名榜戰死，國珍與副總兵張文正，參將王貴、劉貞、孔自芳、劉連，遊擊姬周仁，守備王存仁被執死。李奎起兵鎮安死。穆大相攻竹山，李應全及自來虎、鑽山虎皆死，參將段錦繡、守備邊國慶降清。石梁山陷，王國賢死，大相匿山中食盡，爲俞尚智所害，降清。

三年，唐威起兵蒲城北山執死。六月，薛命新謀起兵雒南被執死。十月，唐仲亨敗屠油壩，力戰死。焦賫及監軍鄧林春、蒙古卜布賴奉宗室常渶、由杠復西鄉、平利，賫等被執不屈死。興安階峪王大漢亦被執死。何士升、褚成安起兵雒南三要口，雷登高屯雞鳴山，十二月，戰龍駒寨死。

四年，劉天書與副總兵羅自長、蔡福禄、强玉、劉魁、何秉元、韓希聖、党成，軍師高占魁、張自樸起兵八郎山死。十二月，何可亮起兵興安箭峪、階峪，斬遊擊李汝澄、都司段勳死。士升與王友合營伯牙山，友執士升降死。苗惠民起兵合水死。劉弘才起兵保安，與將軍霍四、軍師苗尹、參將孫大成死。

五年，何澤山、楊傑姿起兵雒南。吴可俊敗執靈寶福底山死。三月，澤山攻龍駒寨，唐珍玉起黑和尚寺應之。清秦、豫兵會攻，澤山、任嘉賓走。清兵入山，李虎執死，傅管隊降，旋反正死。杆首破布袋屯飲馬槽，李永輝、史三出秦嶺死。李印、劉虎戰飲馬漕死。四月，清兵搜澤山沙底河，澤山拒戰星宿溝敗，與珍玉走，弟文吉執死。六月，澤山執雒南死。常亶與鄘兵入洋縣，屯采軍山死，程福亮降清。

六年，雷學鎮、梁鎮虎起兵郃陽死。弘才將魏嘉隆、張敖起兵富平，攻同官死。破布袋、楊芳聲降清。孫守全糾川湖之衆，奉宜川王敬鑃守紫陽洞、河山、板厰山，立堅寨，設銃礮固拒。七月，總兵覃琦、副總兵賈明瑨守興安坂場寨爲犄角，屢敗清兵。

七年四月，清兵陷木竹垭、高頭寨，珍救之敗走，清以木栅濠圍山。八月十五日夜，守全斬妻子欲出，不果。清大礮日夜攻，垣五道傾。九月九日，敬鑃、守全及姊婿嘗春珍玉，與將軍翹興寧、趙定國、謝天奇、王萬爵力戰死；恢剿川漢副總兵劉君賢、孫守道、張桓、監紀推官張尚喜，知縣崔發祥，副總兵、參將、遊擊、都司別九成、孫四、馬龍岡、趙守强、丁自榮、王世洪等被執死；琦、明琯副總兵覃昌藩、唐化民、楊應德、楊永禩、潘應奇，參將王立朝、王繼民、孫鴻賓、楊茂才、苟明臣，遊擊彭上達、曹成瑞、張守志、唐雄、楊應道，都司馬成功、王應朝、徐晏、劉啟龍、劉甫興、單興喬、賈從範、謝國泰、徐宗漢、苟明學、王亨、王興，守備李華茂、張應虎、談友，弁目劉萬祥、王國信、曾仕進、劉明、方可舉，知縣王玉瑾，降於清。

八年，靜寧兵起，斬參將黃洲。

十八年，屈青天在洋縣屈家山稱活佛，集衆死。

楙進，巫山人。歲貢。舉孝廉方正。

彩，寧夏中衛人。吉水營守備，死守全城。弟彪，天津總兵，國變自刎死。

國珍，長安人。興漢總兵。

世英，上津人。陝西總兵。

大相，襄陽人。元帥。

應全，白河人。總兵。

國賢，紫陽人。總兵。

仲亨，鄖縣人。副總兵。

賚，平利人。總兵。

士升，雒南人。武生。善用兵，時出奇制勝。

天書，字相國，藍田人。稱總督。

可亮，寧羌人。

惠民，合水人。軍師。

弘才，宜君人。總兵。屯延慶山中，出没韓、郃、白、蒲、富、耀。

守全，咸陽人。歷川湖援剿總兵，挂鎮漢將軍印，封興安伯。

王光興，字春宇，安定人。光恩弟。少入摇天動軍，從光恩歸附，以副總兵守鄖陽，力戰敗李自成，屯宜城，後與光恩降清。清命光恩赴北京。

光興與弟遊擊光泰、副總兵李士英，於永曆元年四月十九日，以襄陽反正，斬總兵楊文富、知府楊鑛、推官李實發、知縣潘朝佑、參將漆尚友、遊擊李顯功、都司袁捷，復鄖陽。合孫守法兵，斬提督孫定遼，巡道甘文奎、劉開文。知府董有聲，同知劉璇、張有芳，推官孫揚聲，知縣趙丕承及竹山知縣童士勤、保康知縣薛溥，以鄖陽諸生李好生爲房縣知縣。進攻光化，旗鼓楊茂夏戰死。五月，復穀城、均州，江漢震動。事聞，封光興靖虜侯，光泰鎮武伯，皆授都督同知總兵。

九月，鎮國公巴布泰陷遠安、南漳、襄陽，部將方國成敗績谷口，甄以鍾戰哈哈木房縣，再敗入施州。十月，欲攻房縣、興安入陝、川。光泰攻王平、内鄉、房縣失利。向興安者，爲任珍所厄，與賀珍、武大定被圍漫營山寨。鄖陽陷，光興、光泰屯巴東。光興、光泰孤軍懸漢北，拒戰益苦，糧鹽布縷，無所取給，時攻鄖、襄、荆、夔就食，南至夷陵。已而劉體仁、郝永忠、李來亨先後至，勢少盛。

光泰，一名昌，爲人殘暴。光興屢戒之，少戢。先以總兵劉太倉鎮施州，爲政酷。光興至，民訴哭之，乃退屯南坪，民稱「王營」。光興招徠難民，約束士卒，秋毫不犯，江南藉以少安。

四年二月，合姚、黄萬人攻南漳、保康，至遠安，斬遊擊吕騰蛟。出攻洋坪，總兵熊應泰，副總兵張有才，參將宋自金、李學，都司陳守福、周關南、夏應第，守備汪天祚、王自登、何如流、高炤、劉大漢、周貴、胡柱皆戰死。故將楊明起起兵竹山泥灣寨。四月，行屯夔、巫，文安之出爲督師，晉光興荆國公，光泰襄陽侯，皆加右柱國、太子太保、都督，以黄燦、黄炳、鄭國元、張公誨分監其軍。王大年屯沙鎮溪。光泰尋卒。

五年四月，副總兵黄登甲順流下戰，見執死。

七年八月，明起自先鋒寨走。光興合體仁、永忠復虎伏寨，攻鐵壁，爲長圍不克。

十年六月，容美土司田吉麟以兵二萬降於清，光興改屯建始，流民歸之如市。九溪把總胡正昂、永定把總杜文秀反正死。

十一年十一月，總兵田國欽、黄世奎、鄧基昌及孫可望總兵趙世超、副總兵趙三才自巴東降於清，光興乃回屯施州。

十二年九月，白文選在馬場，命與王友進復婺川，攻酉陽，三路向遵義，先復黄平、甕安、餘慶、湄潭、思南、龍泉。十月，復湄潭，前鋒薄貴陽，拊貴州後。

十三年正月，李國英使來招降，斬之。與張治法出師印江沿河司、大堡，命同知丘甲徵兵糧沿河司。清兵至，丘成執死，治法戰死。

十四年，命王化龍合唐巖、大旺土司兵攻酉陽郁山，斬總兵張宏道、守備張希春、武生白士眉。安之卒，與來亨羣推毛壽登監督聯絡。壽登從臾畔衆降清，光興不從。國英又以書來招，答曰：「當日鄖陽一舉，至今淚滴九京，自以其兄先曾戰死，託於不反兵革之義。」且云：「此日舉動，臺下獨不聞乎？誠非以德服人，而以力服心悦則末矣。不佞首陽餓夫，甘老此地云云。」

十八年，來亨等皆亡，勢益孤，欲納款，爲蔣尚膺、張公誨所阻。指揮陶啟唐等欲畔，誅之。

十九年，清督李蔭祖以大兵合土司攻之，光興子戎旗戰死，光興及子世德與尚膺等以官四百六十五、兵七千餘人降清，全鳳翔投水死。

二十四年，李春儒自施州、王鳳岐自巫山亦降。

友進，安定人，封寧國侯，晉公。十二年二月，朝行在。九月，與弟宜城伯某攻祐溪。李定國命與馮雙鯉坐營至餘慶，進巖門孫界壩。十四年六月，與武平孝降於清。

尚膺，全州人。崇禎九年舉於鄉。授鄖西知縣，歷鄖陽推官、衡州同知。自參議擢僉都御史巡撫湖廣。

公誨，麻城人。選貢。永曆四年，命袁繼新、楊廷和賫敕招清總兵鄭四維於荆州。十月，又命皮應試再招，皆執死。

登甲，四川人。

平孝，字純懿，蒲縣人。自成將。從李赤心來歸，授都督總兵，挂武崇將軍印，隸友進，守歸州，輯暴安良，民愛戴之。尋鎮淯龍。入清，友進終總兵，平孝終副將。

又鄧宗啟，字開甫。選貢。武選郎中。

倪天和，恩貢。兵部郎中；陳元逢，歲貢，屯田主事；鄧宗震，守備，皆施州人。黄樞，永曆五年援剿總兵。弟檄，鳳翔總兵。杓，副總兵，降清；余慶登，守備。皆利川人，先後從光興軍。

贊曰：赤心、必正，敦質忠壯，折節知賢。來亨、永忠、體仁、珍，濡首没趾，相報焦原。以一隅之地，抗滔天之敵，蒙險愈厲，諸人有焉。萬才、光興不死，究其顛末，殆扶風魯氏、汾陰薛氏之流歟！

南明史卷七十

列傳第四十六

無錫錢海岳撰

金聲桓　僧德宗　胡以寧　吴尊周等　黄人龍　李明睿　朱徽　鮑瑞玉　張啟祚等　鄧雲龍　盛爾科
等　全鳴時　李成棟　蘇進泰　吴侯　潘名世　楊大用　姜瓖　高鼎　梁四　王顯明　尤玉　唐
珏　王忠　姜建勳　張英　劉偉　姚舉　羅映壇　劉秉鉞　賈同春　姜輝　劉炳業　丁箕　劉永忠　張
斗光　張五桂　唐虎　劉三元　牛化麟　鍾明節　張懋爵　薛宗周等　徐虎山　沈海　李昌言　陳敏學
張元輔　曹邦禎　李成沛　侯甲　吕繼盛　燕化鵬　蘇國化　胡國鼎　沈烈　許守信　喬炳　楊文達
姜振　王貴　郭天佑　吴亨福　周洪寧　李桐　蘇世昌　陳杜　馮詔　王者佐　趙聯芳　胡宓　劉繼
漢　侯翼通　王以仁　王大極　蘇兆勳　程宗灝　魏邦俊　楊秉忠　張鳳羽　郝建畿　趙浩　李師沆等
胡式訓　董琇　牛光天　劉漢宜　孟臣　舒忠讜　李宗盛等　李建泰　從子純　李政修　梁兆陽等
虞胤　韓昭宣　白璋　張萬全　張鳳翼　張儆　衛登芳等　郭中杰等　王登憲　衛敏　張五等　劉

光裕　宋謙　惠世揚　劉永祚　丁國棟　米喇印　治秉忠等　倫泰等　徐自礪　王奇壽等　陳友龍　劉克安　吳勝兆　陸炯等　吳著等　殷起嚴等　李魁　喬世忠等　董巽申　喬景星　夏完德　張六　袁國枬等　吳勝秦等　吳士龍　顧有成　錢謙益　張丁乾　海時行　法寰　張籙

金聲桓，字虎臣，榆林人。遼陽衛世職。從孔有德反登州。脱歸，總兵黃龍命與尚可喜撫定諸島。賊黨高成友據旅順，斷關、寧、天津援師，聲桓、可喜擊走之。清兵大至，敗走入關，隸左良玉。戰劉國能、張獻忠鄖、襄。又與陳永福、羅岱會賈宋，大破李萬慶，斬二千七百級，萬慶降。路振飛命專防淮揚，從何騰蛟平蕭、碭寇。程繼孔降，振飛薦徐州副總兵，騰蛟薦肝膽可用，轉湖廣援剿總兵，部將劉世昌、夏國基、金成功、劉一鴻等升叙有差。已高傑南下，調扼徐州。史可法出師，請以自屬，晉中軍都府僉書。尋仍歸良玉，援剿豫、楚。良玉兵東劫，袁繼咸以江西屬之。旋從左夢庚降清。

弘光元年六月十九日，與劉良佐、高進庫引英王阿濟格兵入南昌，以次陷撫、饒、吉、廣、忠誠，江右悉下。良佐還師，聲桓以右都督提督江西，與王得仁守南昌，殲義師蔡全才、鄧參三等，多殺戮爲威福，贛人重足立。别令進庫守忠誠，益收諸軍。凡左營降兵歸農者皆投之，部伍逾三萬人，甲仗精好。又收寧王諸宗及人士有志意者入幕。

聲桓居恒悒悒思明，間共得仁言，輒欷歔不自勝。先，忠誠未陷，黃道周、萬元吉遣間說聲桓反正，紹宗命以太保、左都督、提督各路援軍，挂討逆將軍印，恢剿豫楚，兼管土司，尋改南京，聲桓未報。間使去，捕元吉僕萬菁華械於庭，夜深解其縛，與善飲食，問元吉起居殷勤甚厚。元吉死，菁華亦叵泄其語。諸嘗事紹宗歸者，閉匿不出，已聞有間，往往緣所知私覿。聲桓少曾師事僧德宗，至是勸其改圖。胡以寧、吴尊周、錢匡、宗室謀⿱例土在幕下，言如僧指，聲桓心益動。胡澹、陳大生復緣以迎合，謂紹宗實潛遜，許公以江西歸朝者，即舉江西封公矣。聲桓深信之，陰遣之出。丹客宗超一弟子黎士彦遊於黃人龍之門，自詭於聲桓曰：「若輩非能得之，獨我知車駕所在耳，公無愛厚資，可期而至也。」聲桓遽曰：「功名本共之。」

得仁數勸聲桓即起。會聲桓妻子已自北京還，因集將士密議，書約降將馬逢知、劉澤清、徐勇、高第、李成棟，剋日並舉。得仁出建昌，會揭重熙、余應桂諸部。顧覘者言官兵敗於寶慶，以寧亦卒，諸客莫能得要領，鄭重未應。

得仁遽舉兵，聲桓執得仁手曰：「吾有此心，固在公先，所以踟蹰者，欲積芻糧，治舟艦，南結進庫，西約何督師，當一鼓復南京耳。今事未辦，公遽發難。雖然，吾不可以負吾夙心。」遂於永曆二年正月，與副總兵何鳴陛、徐文燦、湯執中、熊存車、吴高、姜鼎臣、周興、胡來順、于玉、翁元彦、黄運泰、王家聘，參將吴執禮、黎燦、韓運發、詹啟敬、李先芳、何獻瑞、辛耀宗、何世魁、楊加美、郭啟龍、朱乾、仝胤、張仕魁、余廷玉、王偉、湯良佐、徐光縉，遊擊王啟禎、楊盡忠、傅可攀、王人龍、姚進功、湯正鳳、金世富、張惟富、陸有功、張士舉、沈世登、閻福、劉文煌、貢龘、杜承芳、王進才、王貴、高邦玉，都司馬躍雲、胡靖、陳倫、王太揚、宗耀、馬友明、蔡蕙蘭，守備王恒美、黄耀、陳濟、張爾賢、王印等，望西南拜表，以江西九府反正，仍用隆武年號。斬吉安知府劉金柱、建昌知府胡承善、袁州推官丁運昌、廬陵知縣常賡、金谿知縣王顯、宜黄知縣馮穆、貴溪知縣張曄、臨川知縣葉承宗、永新知縣焦毓慶等。金世選復南豐，斬知縣陳克俊。以寧繩武爲湖東道，管籥爲知縣。

遣丁時遇迎駕，奉姜曰廣入省爲盟主。聲桓稱豫國公，掛輔明征夷大將軍印、吏兵二部尚書，賜尚方劍便宜行事；熊文舉爲吏部尚書、東閣大學士；李明睿、朱徽、李日池爲兵部右侍郎，皆督師；鮑瑞玉爲兵部右侍郎，提督瑞昌、興國間義師；耿焞爲江西布政使。得仁、人龍、世選、尊同、黄天雷、陳芳、白之裔、宋奎光、劉一鵬等封拜有差。諸金皆爲都督，各開幕府，門趨如市。諸賓客首事者，録皆不及；惟大生、士彦、林亮數人得部曹。諸客既失望，始稍稍去。

已收吉安義軍，乃知昭宗即位，遂使雷德復入奏，并取便自楚報騰蛟。時上在南寧，楚、粵道梗，德復以章奏藏佛經梵夾中，自爲僧裝，間達桂林見騰蛟。騰蛟驚異，即聞使承旨封聲桓。已德復至南寧，詔改封昌國，加太子太傅、左都御史，總督直浙江閩，命太僕卿黃尚賓宣諭。聲桓致書朝臣，請還故封；久之，始如所請。

聲桓既反正，乃遣使諭進庫，以副總兵屬禮下符檄。巡撫劉武元、總兵胡有陞欲反正，進庫觀望，守忠誠不下。

聲桓復遣客至武昌，勸總督羅繡錦歸順，繡錦潛具冠帶袍笏。有德、可喜、耿仲明方自全州窺桂林。桂林危急，聞聲桓兵起，遽撤兵退武昌。

聲桓兵勢强盛，號二十萬。江右人士又四出號召，招山東、河南諸豪，閩、楚、南直皆震動。

二月，世選與陳勝先、鄒英、李子雄復建寧、泰寧敗散，以方尚賢爲新城知縣。得仁復九江、南、饒。濬請直趨南京，定中原。聲桓曰：「進庫未順，行且躡我後，當收忠誠而後北出師，爲萬全。」曰廣亦言：「寧庶人反，不破贛，卒貽後患。」遂召得仁回，合兵南圍忠誠，以奎光守南昌。總兵侯甲復南雄，副將李養臣反正。

進庫勒兵抗命，聲桓自以水師二萬繇吉安進，使副總兵白朝佐與一鵬爲前鋒，曰：「戰酣來助。」朝佐故鐵嶺驍將，爲聲桓刺殺王體忠者，前陷南昌，獲金銀巨萬，索之不出。及與進庫戰，追奔數十里，使人望大軍，相去尚遠，怒曰：「是以銀故，致我死地也。」遽收兵歸南昌爲僧。進庫得復入城固守，間道走蠟書乞援北京。得報，命益攖城守，七十餘日不下。

五月，聲桓別部十餘萬逼汀州，與于永綬、高守貴數百戰。七月敗退，承芳亦敗於豐城。

初，聲桓反正聞，清廷大恐，大徵四方兵向江右，步二十萬、騎十萬、水十萬、舟萬艘，舳艫旌旗，金鼓震天，亘三百里。十一月，譚泰、何雒渾等八都統會安慶。九江守備單弱，遂得渡江。南、饒復陷，潘永禧走。泰合仲明、可喜尾之，逕逼南昌。聲桓大驚，乃撤忠誠圍，留蓋遇時扼忠誠兵，而自與得仁馳歸南昌。部署未定，清兵已傅城下。聲桓、曰廣謀齎發尊周詣行在，謀㚒赴騰蛟求援。

南昌城三門傍山，三門瀕江。清兵築土城掘深溝爲長圍，掠舟據章江下流，驅掠男女，發冢戮屍，周城數十里，田禾草木廬墓頓盡。聲桓出兵與戰，互勝負，而城中糧少，曰廣欲出百姓保鄉村就食，而盡城中積貯以贍軍。議未定，忽一僧請謁，謂：「公等遣百姓四出，當爲敵掠殺，大士命我就公求活此大衆。」聲桓聽其言，大發倉粟貸貧民，粟遽罄。十二月，圍益堅。已而知其爲諜也，誅之，而城中已大餒，無從得食矣。改以全鳴時主內外軍務。

初，聲桓主堅壁，恃粵師之援，而幕客所草乞師表，但陳勝狀，不告急。比聞江事危，上命靖夷將軍王叔猷聯絡李赤心、成棟救之，次攸縣、南安。遇時屯豐城，逗留不進。承芳援撫軍歿，勝先死，子雄爲土人所殺。副總兵楊國柱畔。

南昌薪盡撤屋，斗米六百金，鳥鼠草木實一空。有反楗重户、枕數千金而死者。殺人而食，父子夫婦相啖。聲桓恚，乃悉出兵民，清兵悉殺之。知城中無足忌，遂以餘暇旁收支邑，血刃數百里。

三年正月，積雨連旬，城多壞。紅夷大礮聲震山谷，聞三百里。執中部總兵楊甲、副總兵王甲、奉新知縣胡以文、安義典史某守進賢門，約内應。十八日，清兵乃陽急攻得勝門，聲桓、得仁齊赴救，而勁兵已從進賢門梯壘登，城遂陷。

聲桓知城不可守，預製數棺，闔門坐其中，焚廨舍，衣銀甲寶鋌投東湖死，清磔其屍。兵巷戰，殺傷清兵萬餘人。

清以南昌堅守，憤而屠城，民之先後死者數百萬人，浮屍蔽江，婦孺斥賣，悲痛呼號，天爲黄霾。虜獲之物，自鄱湖下至揚州，連檣千里，於是遼東、河淮南北驍悍，無不人人屬饜而去。事聞，震悼輟朝，贈聲桓榆林王，再晋鄂王，謚壯武。

二月，南豐陷，潘甲兵三千人戰軍港死。國柱、執中後亦爲清所殺。

德宗，臨江人。居揚州。勸傑爲可法效忠。南京亡，聯絡義師。永曆七年，被執杖死。

以寧，南昌人，諸生，倜儻工智計。崇禎初，官遼東參謀都司，上陳方畧曰：「若蓋套，若長生島，若鎮江鳳凰山，若鴨緑、横江等處，皆可出奇爲疑伏，爲犄角，而右屯廣野膏腴之地，大可興屯，又於三岔上設十二屯堡。」又陳：「遼之地，南海北山，中土膏腴。山有五金之利，海有魚鹽之饒，地有五穀林木之産。今能效趙充國之屯田，又效管子之鑄山煮海，何加派重額之爲？」又陳：「徒流當議者赦，閲實當罰者與之贖，重則義遣遼東，以實邊塞。」報聞。累功，晋淮安參將。良玉東下，李邦華命與李猶龍開示禍福。良玉軍戢，遂從其軍。日勉以忠義，遷南昌副總兵。聲桓反正，實以寧啟之。未幾，以憤惋卒。贈進賢伯。

尊周，字讓公，貴池人。崇禎十三年武進士。官饒南守備。時武臣不丁憂，疏請武科未選者咸丁憂，見任者炤例。上然之，著爲令。又上疏陳時政，言翰林推巡撫，恐暗戎事。忤旨削籍。南京亡，以聲勢結士大夫謀興復。從聲桓反正，以御史巡按江西。後請救詣行在，盡匿敗狀，但誇盛强。上喜，擢兵部右侍郎、總督。兵敗，入遇時軍。後爲僧衡山，名雪茅。子參字竟魯，求之不得。彭士望與尊周有舊。參喪妻，子正名才數歲，託之士望，變姓名，訪求天下不遇，乃從士望躬耕。以父出亡，終不再娶。弟復周，字仲昌，崇禎十六年武進士，官總兵。兵敗，不知所終。

人龍，延川人。聲桓幕客。授兵部右侍郎、總督四川、陝西、山東、山西河南。得仁復九江，欲直下南京，衆皆主之，人龍不可，曰：「忠誠居上遊，文武重臣俱在，宜先定之；不然，且擬我後。」聲桓遂召得仁還。南昌陷，不屈死。

明睿，字虛中，南昌人。天啟二年進士，授編修，累遷右庶子左中允，罷歸。崇禎十七年正月，以邦華、吕大器薦，起故官。召見，請上親征，言：「成祖出漠北，世宗幸承天，上宜先幸山東，駐蹕藩邸，即鳳陽爲行在，麾下齊、豫之師，二路夾進，則西征可破寇，此中興良策也。」又屏左右陳寇信，南遷可緩目前急。上曰：「此事未可易言。」因以手指天。明睿曰：「天命微密，當内斷聖心，勿致噬臍憂。」上曰：「此事朕久欲行，羣臣不從何？爾宜密，洩則罪死。」迨太原失守，復疏請。上深然之，下部速議；後爲光時亨所阻。清兵入北京，降，除禮部右侍郎，上大行皇帝廟謚懷宗烈皇帝。未幾，間歸南京，劉澤清薦之，安宗褒美。從阮大鋮江上歸。後隱居終。

徽，進賢人。崇禎四年進士，吏科給事中。降李自成，清起用。

瑞玉，歙縣人。吕大器將，扈紹宗入閩。聲桓反正，自爲一軍。永曆二年閏四月，與劉大刀、副總兵彭守軌、推官錢居清、同知錢應統被執興國死。

江西自聲桓反正，幕客張啟祚爲瑞州知府起兵，副總兵徐啟仁以南安從之。地閒僻，不能有所爲。守備鄧雲龍，從宗室統鈒、議漎起兵屯寧州，衆數萬，分三十六營。復靖安，攻建昌，斬參將俞一鷺，鄱湖忠義涂麟、徐光程響應。泰攻南昌，西南逐啟祚；西北降雲龍；東南破傅鼎銓援兵三江口；北摧余應桂，殺劉斯𤮝；東降麟、光程；西破丁家塘土寨。餘如郭賢操、吴江、殷國禎，次第敗歿。外援既絶，南昌遂陷。

啟祚，東莞人。從張家玉起兵，授武選主事。

雲龍，金谿人。武寧守備，執知縣任天祚反正。勒令妻妾九人自盡，曰「殺妻報國」，擢都督總兵。在寧日事殺人。盛彌科、羅懋備、張安世、杜棟、陳六奇、汪起龍等謀攻之，皆執死。

彌科，字文選，以壯士運粟北京，官南營守備歸。懋備，字二靄；安世，字尊美；棟，字貞吉；六奇，字元伯；起龍，字明德，皆諸生。又二人名佚，人稱八義士。同時盛德輝，字雪墅。諸生。以幹國全才徵。羅斌，字三有。諸生。雲龍欽其名德，不敢害，皆武寧人。

全鳴時，本姓鹿，字守一，沛縣人。警敏好奇策，遇事敢往，以材武雄里中，四方任俠樂與遊，世罕能測也。少失怙恃，念先人累逋，義必償，集宗黨，棄産償如券去。晨依博徒，取少錢自給，暮獨宿叢祠，流離瑣尾，如是者二年。尋雜肄陰陽卜醫算數諸方技輒工，雖工不售，家益落。久之，徙業農，憊甚，仰天曰：「士各用所長，卒穡事，老牖下，非計。」聞白蓮寇鴟張，滕縣殆，乃出應募，授守備。自傷遇未稱志，舍學鮮建立，負笈書入嶧山，學作文。然性厭俗儒佔畢，獨喜觀歷代史，見古得失成敗，擇籌畫可時施者心識之。竊奮曰：「宗元幹、燕逢辰直須時耳，百夫長豈足伍哉！」後先擔簦走蘇州、虞城、夏邑、碭山，陰求天下忠敢士，用羞於朝。方相次部署，忽北京亡，日拊膺慟，慟垂絶。已而曰：「誰生厲階，效尚可圖也！」

安宗立，史可法聘致幕府。以中外孔棘，非武侯、汾陽蔑濟，辭不赴。昭宗即位，諸豪微服間造其廬，肅陳詔册趣行。鳴時戒勿泄，乃行。

金聲桓反正，身間關至南昌，擢都督。擾攘草檄令露布，俄刻立就，文殺義顯，讀者爲動容。不數日，糾義兵，矯宣朝章，連官綴乘，同憂若一屬。是時景從響應，獻功在指顧間。會聲桓解忠誠圍歸，清兵圍南昌急，晋太子太師、吏户兵三部尚書，賜尚方劍便宜行事，主内外軍務。鳴時能軍善守，衆志一新，日裹創登陴，飲血陷陣。又爲鐵網，籠之鐵鉤，清兵肉薄升者，則蒙曳之，殺傷多，清兵不敢入。

永曆三年正月，諜馳白城將危，擐胄震怒。退自度力竭，城必潰，命一門自火。火半，獨蹶興曰：「妻孥可死，吾未可死也。」亟屣棄鉞纛輜重，夜出亡。或疑謀臧具違，亡安之？鳴時曰：「辛鈃以是而行謂之斷，非而行謂之亂，始終行吾是，稔亂从非，我弗爲也。」焦膚灼面，出入清兵，萬死得生還。

嗚時窮時，茹苦集蓼，不苟受人惠。及枋用，傾囊周友阨，不責報。客汴，垢衣糲食，未嘗愠容。居恒與人期冒冰霜，觸豺虎，必往往如期。冤抑必代雪，患難必出救，非類必引避。人以是益多之。生平視死如歸，數十年如一日者，性也，非盡學使然也。事詳自著壁記。

李成棟，字廷楨，寧夏人。崇禎十四年，爲河南鎮標遊擊。守開封有功，遷副總兵。從秦所式軍，至宿遷，歸高傑，領後勁營，歷左都督總兵。弘光中，挂鎮徐將軍印，鎮徐州。傑死，清兵陷歸、睢，率所部降清。隨博雒分徇太倉、嘉定、上海，授嵩江總兵，下崇明。已徇邵武、汀、漳，陞廣東提督。略廣東，以總兵葉承恩陷南、韶，他將陷雷、瓊、高、廉，成棟自將陷肇、梧、平，攻桂林，所向克捷。部將閻可義、杜永和、張月、楊大福、馬寶、董方策，皆慓勇善戰。騎兵將二萬，步卒如之。清以佟養甲爲總督，王芋爲巡撫，同成棟守廣州。

成棟受國恩久，降非得已。在廣州，收繳文武印信五十餘，而取總督印密緘之，又於密閣中奉高皇帝像。所俘忠臣，皆加禮待；死爲之咨嗟太息。

會江西反正，成棟聞之心動。一日，與袁彭年、李元胤登樓去梯，相謂曰：「吾輩因國難歸清，然每念之，自少康至今三千餘年矣，正統之朝，雖敗必有中興者。本朝深仁厚澤，遠過唐宋。先帝之變，遐荒共憫焉。今金聲桓所向無前，焦璉以二矢復粵七郡，陳邦傅雖有降書而不解甲，天時人事，殆可知也。又聞今上在粵西，遣人瞻仰，龍表酷似神祖。若引兵輔之，事成則易以封侯，事敗亦不失爲忠義。」成棟拔刀起曰：「事即不諧，自當以頸血報本朝。」議遂決。

永曆二年閏三月，成棟宴款養甲。酒酣，出佩刀撞几上鏗然，睨曰：「我固中華堂堂男子，今歸故主，豈肯從爾屈身異族哉？」即解髮辮，易衣冠。請養甲去辮，養甲有難色。成棟曰：「有違者，請血是刀。」養甲從之。出即與監軍副使戚元弼，副總兵李仰臣、楊友賢、王慶甫、梁得勝、吴之蕃、董武周、林之灜、王師、張玄度、李其忠、林爵、楊永壽、孔正學、郝時方、嚴聲，參將李漢貴、許雄、李元泰、楊曙、王肇禹、朱星瑞、陳習山、張瑞漢，遊擊李應祥、楊成、李建勛、王定國、喬進忠、李環、尤起冬、吴科、楊國興、戴九重、劉威遠、王惟明、蘇希軾、陳斌，都司程得印、王之柱、苑有光、馮定國、劉文通、翟尚禮、王友、李永茂、金有庫、佟光禎、張文焕、郭衛民、李應際、孟輝、王裕、陳雄、劉自强、趙明德、李遠、屠之焕、湯和、吴標、吴維機、張向日、陳嘉、陳凝績，守備葉得勝、劉得勝、陸魁、郭奇、張榮、崔登第、黄隆、鄒士瑜、黎斌、葉宜春、姚承恩、張國元、侯望春、李友功、尹傑、李承芳、岳武、張鵬、陳烟等，望闕拜表，烏紗吉服，腰金象簡，滿堂改觀。樹「剿虜安民」旗，下令軍民解辮。捕行人李振建及養甲親標滿兵千餘人斬之，羣呼萬歲。初，廣州米石銀五兩，至是減爲三兩，人心大安。成棟以所緘總督印奉正朔，發兵守嶺。招耿獻忠以梧州，田起鳳以郴州，羅成基以瓊州歸順。博羅知縣路三錫抗命，誅之。又命蘇進泰招田雄於浙江。傳檄四方，有云「窮邊羯寇，乳臭胡雛，非俗非僧，無上無下」。於是廣東十府七十餘州縣兵十餘萬皆反正。上命吴貞毓、侯遣洪天擢、潘曾瑋、李綺、羅成耀齎奏謝罪，綵紵龍舟，具赴南寧迎駕。性勞軍，封成棟廣昌侯，總督江廣閩浙。

上自邕江登舟，瞿式耜慮成棟挾駕自專，疏止之。而貞毓、性還，力言成棟忠悃，迎駕初無虛僞，宜幸廣。成棟亦疏言：「天下乃太祖之天下，今日光復舊物，何爲樂新土？陛下中興，須親統六師，行間指揮，俾諸將奮勇戮力，四方咸知有君，自當響應，豈可偏安粵西，優遊歲月乎？此臣緦緦至計，非冀邀駕之功也。」

上乃繇梧幸肇慶。式耜促劉遠生入朝阻之，而成棟亦自嶺南還師，議以兩廣軍門爲行宮，迓乘輿。遠生奉命勞師，復爲言之，成棟乃罷修宮，而以肇慶爲駐蹕之所。庀官署，飭城堞，具防衛，備法駕，自梧州至肇慶，結綵樓數百里。永和以兵四萬爲前驅，旌旗蔽空，樓船相屬。

上幸封川，成棟率百辟郊迎江干，負弩矢，手扶駕，入肇慶行宮，從騎萬匹。儲膳饈賞賚黄金萬兩、白金十萬兩，殿陛供帳，朝廷始有章紀。上賜成棟尚方劍便宜行事，晋惠國公，建元勳府第，温顔賜坐慰問，撫其背曰：「朕中興，全賴卿力。」

初，上發梧州，成棟與賓客習所以奏對述忠悃者備悉，至是俯首戰栗，唯唯起，叩頭趨出。客問：「公今日何無一語奏對耶？」成棟曰：「此真天子也。吾武人，容止聲音，雖禁抑之，猶覺勃勃，更爲之言説，動上聽睹，將無非人臣禮乎！」

退即疏言式耜擁戴元臣，粤西扼禦已定，勿庸久於外，應召還綸扉。上召命促之，式耜疏辭，乞骸骨。不許，乃留守桂林。晋成棟太傅，挂翌明大將軍印，總督七省恢剿軍務。命向忠誠，合聲桓復南京。成棟言於上曰：「南雄以下事，諸臣任之；庾關以外事，臣任之。」上復命性築壇，親臨授鉞。成棟懇辭，不許，遂拜表辭闕，遣可義援江西，而自治兵廣州。

時馬吉翔交内侍夏國祥，以中旨進退九卿臺省。成棟聞之。密疏言：「恩威不出陛下而出旁門，宰相不能執票擬之權，匪人濫進，賄賂公行，臣恐朝廷威福窮，而閫外亦無所奉繫。社稷存亡之大，非細故也。臣不敢不言，而不敢昌言。以涉遥制朝權之遺跡，乞陛下留此疏宫中，清宴則取而視之。裁恩倖，定黜陟，伸威令，臣雖死沙場，固所深願而不恤也。」疏入，吉翔懼，稍戢；乃熒惑宸聽，謂成棟將奪上耳目。蜚語四布，在廷咸疑。成棟自率兵二十萬上南雄，將入見請進止。吉翔益危詞達宫中，謂將盡廢閣部大臣，而以廣州降吏代，解散扈蹕親兵，以己卒充禁直，且爲董卓、朱温事，内外汹汹。宗室盛濃信吉翔語，遂揣合成棟心，疏言：「宦者典兵，古今敝政。龐天壽統勇衛三千，臣恐甘露之禍，發在旦夕。」請亟罷之。天壽所領兵僅百人，爲宫門掫徼。聞者知其妄，而益疑出成棟意，成棟固不知也。兩宫熒惑，猜阻既甚，上遣鴻臚卿吴侯勞成棟，詔敕無決召意。侯與成棟語，縮澀如有所怖。成棟疑，舟泊三水，馳疏稱警報迫，不得入朝，望闕大慟，泝清遠去，曰：「吾不及更下此峽矣。」元胤以其事聞，在廷少知其誣。吉翔猶遊辭蔽上，上弗知也。

成棟衆分十大營，營各一總兵統。之拕舟過嶺，旌旗器仗耀一時，糧餉弓刀銃礮火藥不可計，氣壯在必得。而所部皆戀粵東繁華，不樂北進。成棟心憤，號令益切，嘗以蜚語殺保昌知縣潘名世等，左右多惴惴不自保。

故與高進庫有舊，遣使招之。進庫僞輸款，以綴其師，踰秋不降。九月三十日，成棟厲氣攻之。十月，復南安。二十六日薄暮抵忠誠，將士飢疲。五鼓，城上呼董大哥者三。成棟夢中驚醒，曰：「董大成我中軍，豈我軍已爲彼有耶？」俄而城中鼓角齊鳴，開門突出，成棟策馬先奔，軍士爭竄，自庾關至梅嶺，失紅夷大礮七十二，軍資器械靡有存者，退駐信豐。

成棟遷怒部將楊大用，斬之。

三年正月，清兵重陷南昌，尚可喜、耿仲明鼓行而前。永和請拔營南，成棟不可。二月二十六日四鼓，發火器手三百人，命之曰：「遇敵則發礮，我爲後應。」時天久雨，礮不燃，三百人殲焉。黎明，不聞礮聲，謂火器軍已往，披甲坐城樓上，召諸將議事，則去者泰半矣。俄清兵突至，因索酒痛飲，舉觥投地曰：「吾舉千里效忠迎主，天子且築壇以大將拜我，今出師無功，何面目見天子耶！」控馬引弦渡河，不擇津涘，亂流趨敵，失足墮深淵。三日後，見有擐甲抱鞍植立水中者，始知成棟死也。事聞，舉朝大駭，至有冒雨逃者。上震悼，輟朝二日，贈寧夏王，謚武烈。

成棟上唇微缺，號李訶子。自反正後，奉上恭順，待文武故臣有禮。時楚軍奏捷，中外謂中興可期。一旦崩潰，咸惋惜之。

進泰，不知何許人。忠誠推官。招雄被執死。

侯，字則立，江寧人。官終光禄卿。端方高潔。從扈騰越，勉楊武忠義。國亡，隱羅平。

名世，仁和人。選貢。

大用，安塞人。驍勇善戰，授總兵。

姜瓖，字含璞，榆林人。崇禎十五年，以都督僉事總兵，挂鎮西將軍印，鎮大同。清兵攻北京，詔東援河間，滄、景諸軍聽節制。十六年，與兄瑄從趙光抃拒清兵螺山，兵潰。十七年，李自成攻山西，王繼謨命扼河上。瑄以昌平總兵失律，係獄歸，力勸降。自成破寧武，瓖乃射殺永慶王，以大同迎降先導。自成敗回大同，斬總兵張天林、何天相，仍用崇禎年號。

清兵至，倉卒不備，遂與總兵王鉞、郎中王弘祚以寧武、代州邊邑降清。請以東强王鼎𤇍嗣藩大同，奉明宗社；不許。旋以左都督征西將軍，隨英王阿濟格徇陝西，命統攝宣大諸鎮。所部多驍武。

弘光元年春，高鼎起兵攻平山，崔觀文執死。

永曆二年九月，梁四、王顯明、尤玉等起兵交山，兵勢日盛。瓖聞劉澤清有反正意，遺書約爲内應。澤清死，清攝政王多爾衮謀逮瓖。瓖又聞金聲桓、李成棟反正江、廣，謀起兵應之。以任濬、仇甲有邊才，倚爲謀主。清命端王博雒以大軍向大同，瓖遂於十二月三日，與總兵唐珏，左衛副總兵林世昌，右衛守備王日吉、張甲，故將閻甲、王忠奉表反正，權稱平虜大將軍，令軍民易衣冠解辮，數清十大罪，斬章京佟養昇、員外郎納能額、騎都尉鍾固、守道徐一范、守備黄廷儒，復大同各屬。

十日，阿濟格爲濠十道圍大同，瓖大破之，追至陽和。命左雲參將姜建勳、姚安攻朔州，守備張英、康甲反正，斬兵道宋子玉、知州王家珍、判官楊逵；承制擢英總兵。寧武材官劉偉、李秀、楊鳳山受總兵、副總兵，命與副總兵姚舉、趙登舉、楊成，於十八日斬副使金元祥、副將李吉、同知張國豐，與建勳合；授舉總兵。一時老營堡參將羅映壇、利民堡參將劉秉鉞、偏關參將張柱石、河保營參將賈邦虎，斬參將石登仕等；鎮虜守備徐紹先斬得勝路參將管一舉，助馬路參將李向堯，與水泉營諸營將備皆反正。楊振威復土默特旗，斬三等男衮楚克固英。萬練、劉遷復偏關、寧武。郭彥武以岢嵐歸附。李虞夔、虞胤等復潼、蒲解各屬，王永强等亦遥應陝西，榆、延、寧夏皆兵起。瓖承制以胤、賈同春爲兵部尚書、東閣大學士督師，建勳爲僉都御史巡撫大同，姜輝爲僉都御史巡撫山西，劉炳業爲山西布政使。

清撫祝世昌告急，北京大震。尼堪攻大同，寨洞樓臺堡莊關皆堅守，斬雲騎尉那爾泰，佐領色楞、巴岱，前鋒較翁愛，騎都尉克什特。渾源守兵亦斬騎都尉索寧、參領能額鄂赫。清復以阿濟格、李國翰、根特及都統巴顔諸兵並進，鎮國公喀爾楚、輔國公穆爾祐合梁化鳳守太原。初，瓖以五萬人扼陽和許堡，截清餉道。清攻二十日不克，後爲地道陷之，郭二用等五千人戰死。

三年正月，遷復平型、雁門諸關，圍代州不下。蔚州吉家莊兵起，鼎起兵宣府保安，結大營六，營五千人，王海、周桂芳、王廷章、鄭守備、兔撓子、王秀才領之；小營十三，營百五十人，吴名臣、王千等領之。丁箕起兵崞縣大方村，授副總兵，旋與龐柱及千總秦世寧戰死。六日，舉攻崞縣原平驛，禽將張勇；材官劉永忠、張斗光，參將賈恩反正。中軍張仲奇斬冀寧道王昌齡。八日，建勳復忻州，斬知州何顯祖，知州劉德炎、同知馬維熙、定襄知縣暢悦皆反正。清兵退石嶺關，勇畔走。九日，尼堪、世昌攻忻州。十日，建勳、秉鉞率總兵姚通、高之蛟、永忠、李世華分出石嶺關前後。恩畔，夜建勳走。十一日，德炎畔，忻州陷，悦以定襄畔。十九日，大同北窰陷，李義、張豹三百人戰死。二十七日，大同受圍，壞發地雷殲清兵，時縋城出奪礮。史梓與張、葛二將圍靈丘不克。二月，韓村諸堡陷，死者三千人。遷復繁峙，鼎與張五桂、張五嘗、薛進臣、張新復五臺、靈丘、廣昌。鼎屯下峪曹家寨，五臺王甲、遊擊姜甲守建安寨執死。六日，尼堪自忻州陷崞縣。十日，攻寧武，總兵偉屯長鎮村北山上力拒，大敗，退入城，映壇畔。十四日，守備唐虎合寶峯寨方應祥斬冀北道童可選、渾源知州榮爾奇、同知張肇斌。渾源朱廷佐，廣靈李青、許登旺攻廣靈不克。二十九日，渾源賈莊陷，王平三千人戰死。五桂、五嘗、柳同春、閻策、劉定、王天平、張歧攻定襄，斬知縣祝文光，攻盂縣，扼龍泉關，五嘗等戰死。青復廣靈，戰死。姚采起兵崞縣東山死。

三月，劉三元復平遥，斬知縣高士達，稱大元帥；復祁縣，斬知縣王之鼎，將范計戰死。

多爾袞以勁旅出居庸關，攻大同，招降不應。四日，攻渾源，虎、應祥斬守備張鴻猷。城陷，與二萬人力戰死。應州參將張祖壽、山陰知縣顔永錫以城畔。石樓、寧鄉、興縣復，斬興縣知縣李昌汴。

會豫王多鐸死，多爾袞還師，瓌陰期助馬得勝二路精兵五千、驃騎千自北山襲清營，斬雲騎尉雒多理，而自以千騎出應，爲博雒所敗，死者過半。北山兵走，瓌嬰城不出。

六日，巽王滿達海及多爾袞、阿濟格、博雒、尼堪合攻大同；謙王瓦克達爲征西大將軍，攻朔州，守兵斬驍騎較陽靄。十三日，攻左衛，守兵斬侍衛碩倫，雲岡、高山二城民仍堅守。左衛吴家窰民力拒，不支陷，總兵王元泰血戰執。自十五日至二十二日，諸洞皆陷，守備楊林戰雙山執。二十九日，左衛陷，戰死者二萬人；東南敵樓餘衆不下。未幾，周議、李遷戰死，張甲以右衛降清。

時大同屢挫，而關中兵渡河，集永寧、石樓間，向汾州。瓌乘間於四月合西山、陝西兵，聲勢復振。都司牛化麟、浙人章正賓斬知州徐效奇、輕車都尉郭名望，以保德反正，與高有才犄角；承制封化麟定國公。先，建勳自寧武、靜樂南入交山，合總兵顯明，與副總兵齊三夏、閻虎官，參將杜義、王國猷，守備鍾明節練兵，至是長驅南出，復霍州，斬知州王來覲。

二日，顯明、玉會胤、永强、張懋爵、薛宗周、王如金攻汾州，斬佐領王自明、劉應舉，遊擊徐虎山、參將鄭名標、把總沈海反正，斬知府王廷柏、通判李三元、寧鄉知縣王運昌、臨縣知縣張耀祖；以秉鉞爲冀南道，李昌言爲知府，孫甲爲汾陽知縣，虎山、海爲參將。東復清源，以陳敏學爲知縣。張元輔起兵謀復孝義，死。六日，復徐溝，斬知縣羅雲達，以曹邦禎爲知縣。交城丞李成沛反正，與田登魁復太谷，斬知縣楊其籍、雲騎尉達自瑞；以成沛爲知縣。總兵侯甲於山西陷後，爲僧綿山，以衆復介休，營抱腹巖。張永錫起兵復孝義。太原南州縣皆定，惟榆次、太原不下。時清兵北向，會城空虛，世昌再告急。參將呂繼盛自交城反正，乞師顯明。十四日，顯明、三夏復交城，斬知縣周邦翰。建勳、秉鉞至，以燕化鵬爲知縣。二十五日，顯明、玉復文水，安國臣反正，斬知縣曹之賢，以蘇國化爲知縣。

時清兵救太原者當繇三關入。偉命總兵鳳山與忻口將李茂蘭萬騎扼忻口。博雒南下，遷合偏關、寧武兵截之，敗於平城，鼎、永忠入五臺。博雒至忻口，鳳山、茂蘭守滹沱河東西岸山頂。五月七日，大戰，死五千人，走寧武，爲崞人執死。

博雒抵忻州，得世昌告急書，倍道趨太原古城南，建勳、炳業、秉鉞拒戰，伏鳥銃稻田，大破化鳳，矢中大纛，斬騎都尉董文魁，清兵死者枕籍，旋屯晋祠。太谷材官顧二反正，斬都司王廷衡。十五日大戰，死者萬人。清穴火藥下其城，宗周、如金力戰死火中，諸軍走白雲山。一夕，以七八萬人人持火繩，致火奔清兵，地隘不得出，師熸，炳業、顯明、玉及中軍鄭孟魁、宋采皆死。建勳、秉鉞自清源走汾州，明節入交山。博雒攻汾州，海、虎山走平遥上東山，至南關，合雷雙羽、張魁吾南向沁州，道會副總兵斗光，自遼州山出，同復屯留，斬知縣陳思忠。胡國鼎、沈烈、許守信、喬炳至，矯傳瓌令國鼎爲監軍僉事，烈、守信爲副總兵，炳爲參將，合楊文達攻沁州，知州姜振反正。陳二南以武鄉反正，趙御封戰死。

初，晋祠敗績，清源、交城、徐溝、文水先後陷，海回守汾州，承制擢大元帥。盂縣兵起，攻壽陽不克。參將王貴復宣府，鼎復阜平。二十七日，把總郭天佑挾澤潞營參將周炤攻潞安。二十九日，諸軍合圍平陽不克。六月二日，海在汾州出戰失利，城守不出。清攻馬鎮堡，孝義總兵張爾德救之，敗歸。

四日，把總李世雄、張國威、苗雲峯、吴亨福、王永祚、李福、張胡則，斬冀寧道劉澤溥，知府楊致祥，推官司九韶，長治知縣靳秉璋，經歷周洪寧，典史張琦逵，教諭張文星，材官李桐、羅貞，以潞安反正；承制以國鼎爲僉都御史巡撫澤潞，烈、守信爲總兵，炳、天佑爲副總兵，亨福爲參將，國威、蘇世昌爲標參中軍，分設官吏，河北震動。分兵四出，陳杜、斗光復澤州；承制以杜爲兵部右侍郎督師河南。復陵川，斬知縣李向禹。復沁水，斬知縣趙汴。復襄垣，斬訓導王奕葉。斗光、炳攻長子，馮詔、衛銀、常壽、馬興、高虔内應，斬知縣李允昪，以王者佐爲知縣。趙聯芳、胡尚文、申少峯、李有庫、劉徹復黎城，斬知縣李雲起。胡宓復壺關。潞城、平順皆逐其知縣。復襄垣，斬知縣佟學詩。復和順，王歌、孫運隆戰死。祁縣降清。鎮國公漢岱陷遼州，知州李長青與李質死。清兵攻太谷，成沛死守，斬知縣賈道醇。參將周世德復井坪，斬參將佟國仕。

七月八日，博雒、滿達海陷汾州，建勳、秉鉞等萬人力戰死，海與平德走。汾州諸堡固守者以次陷，戰死者三萬人。

十八日，孝義久被圍，博雒穴火藥陷之。清重圍大同，滿達海、瓦克達攻朔州、寧武，遷敗黃香寨死。偏關、岢嵐陷，綀死。

八月九日，朔州陷，英力戰死，總兵姜之芬，兵道孫乾、高奎走。偉率將五十餘、兵五千餘人以馬邑、寧武、靜樂降清，忠攻左衛死。井坪陷，世德死，守備高世仁降清。

瓖勢日蹙，大同久圍粟盡，人相食，而志不少屈，猶斬參領張雲登、甘應舉、王國臣，騎都尉王騰高，雲騎尉多理。總兵振威、裴季中，守備劉寶畔，害瓖並其兄琳、弟有光，函首降於清。副總兵王輔臣亦降，部將姜建雄入交城山中敗歿。

九月，博雒陷介休，侯甲走。瓦克達既陷平陽各州縣，自翼城出沁州，陷澤州，杜及監軍道何守忠戰死。總兵申亥、郭亥、魏閔，遊擊徐名厚降清，斗光走濟源山中。葛仲景復盂城驛。總兵張甲、王甲攻兩紅旗營，謀復汾州死。滿達海自汾州圍潞安，海、天佑走澤州九仙臺。守信、炳欲就斗光陽城麻婁寨，及至，而斗光已去，乃奔西安故主梁清溪，被首於孟喬芳，執送太原死。國鼎以衆固守潞安。

十月五日，統領希爾相陷太谷，成沛與知府蘇升、都司吴汝器萬人戰死。五桂、鼎、永忠自代州、定襄、繁峙、五臺山中攻五臺，守道張秀、副總兵張賓戰死，張貴玘降清，鼎、永忠走保靈丘摩天寨，五臺窑頭、柏寨，定襄滹沱、七角諸寨。陵川陷，總兵劉繼漢、馬科、焦培馨、李桐、蘇士昌戰死，知縣方洲降清。陽城陷，總兵斗光、許成儒戰死。

十三日，守備楊登周復山陰不守死。

二十一日，潞安陷，國鼎、亨福，兵道振，知府宗室慎鏷，同知侯翼通，推官王以仁、王大極，經歷洪寧，炤磨蘇兆勳，司獄劉惟忠，税課司李惟昌，教授程宗顥，訓導魏邦俊、路應元，長治知縣楊秉忠戰死，通判包應璧、知縣袁秉銓降清。城鄉山寨屠，數日乃止。統領索渾陷平遥，三元走。清火沁州，山鄉蕩然。

二十四日，貝勒拜音圖陷沁州。太平、榆社、武鄉、屯留陷，知縣張鳳羽、訓導郝建畿死。襄垣陷，知縣趙浩，諸生劉炎胤、炎祚、郝岑、李述孔、李名闕、劉康胤死。潞城陷，知縣李師沆死。黎城陷，知縣胡寅、副總兵聯芳死。壺關陷，知縣宓、典史陞陽城丞胡式訓死。

平順陷，知縣董琇、典史張應璘、教諭黄路泰、守備李成喬死，副總兵牛光天、董天禄走，至六年再起兵許州、臨潁。

十一月，馬站遊擊王業、防守常安，樺林守備史還雅、三坌防守張闊降清。

四日，長子屠，者佐五千人戰死。

十一日，海仍守九仙臺。山險，清騎不得上。化鳳於二十一日起，紅夷礮日夜攻之。

十二月二日，烈執總兵郭天佑及弟家佑與真、崔海川、武二、劉甲降清；海不支，亦降。

劉漢稱僉都御史巡撫澤潞，雙羽、魁吾殺之降清。虎山走。偉反正大同，宜孟臣稱元帥，攻寧武不克。

十二月朔，興縣陷。

四年正月，五桂攻龍泉關，敗守冀家莊，被執柏寨死。

二月，永寧、寧鄉陷，輝偉執寧武死，守道趙夢龍降清，王海自懷來礬山降清，翟玄、劉定宇戰永寧死。

三月，田虎守澤州牛鼻寨，西山將袁忠救之，執死，東山將李虎來救，敗走。四月二日，寨陷，虎死。鼎斬遊擊鍾汝達五臺山。

五月，王天定攻龍泉關失利，守西寨。寨陷，定歧死。鼎、永忠守五臺山摩天寨，總兵劉甲守臨縣。城陷，同春、甲死。摩天寨高峻不下，清圍斷樵汲。八月，定襄食盡，曹家寨陷，貴死。柏寨陷，總兵董景誼及父秀經死，鼎父來貢戰死。鼎走南陀寨，妻弟副總兵董景禄降清。

五年正月，秦明宇戰澤州死。

二月，張冉元合德攻臨縣，敗走關王廟。

六年十月，南陀寨陷，鼎、永忠走真定山中。

七年三月，李虎起兵牛鼻寨死。七月，保德州民崔耀、楊振林殺化麟，以城降清，正賓死。

八年三月，鼎、永忠復阜平，屯西山神堂關外直晋交界處，兵勢仍盛。未幾，副總兵張湛華、遊擊牛簣山死。

十年秋，鼎自摩天寨降清，永忠自火死。

十二年四月，勒化龍起兵潞安死。

當瓖反正，山、陜遺臣故將與爲首尾，所向克復，軍紀嚴肅，所至士民迎師，爭縛清使以獻。夾河血戰，三路應援，秦、晋幾於全舉，駸駸有席捲天下之勢。瓖死，而諸豪傑相繼敗歿，論者惜之。

清憤晉民，大肆殺戮，民死垂盡，地成丘墟。大同之屠，雞犬不留，并撤去城垣五尺，死事者自舒忠讜外多不傳，明節、三夏、惠貞、申應發、惠歧山、劉正、楊時中、惠天厲、萬虎、馬奧、閻禄、惠希厚、王鵬入交城煉銀山中。

先，五年八月，蘇家崖礦兵起，交山楊芳林、楊芳清應之。十三年，化鵬與李宗盛、任國鉉、任國禎、任國海、任國玘、任國輔、任國强、鍾斗、鍾名俊、鍾名鼎、惠孝文、惠首富、惠艾安、惠崇德、王汝諫、王登仙、申友、燕顯清至，於是臨縣杜虎山、杜召宇、李玘、張三，永寧李旺、郝成章、范一虎、馮養成、曹豹子，靜樂王武、李惠明、李繼實、段應、李六斤、尹三盛、周時化、董三、蘇正明皆起兵。正明，國化從子，尤勇武，宗盛倚之。石樓傅青山負膂力，精騎射，亦來歸。

十八年，成章被執得脱。

十九年，時中、奧、王有志畔。

二十二年四月，郝芳名、閻武畔，爲清入山招撫康如海，康如江執惠崇翰降清。

二十四年，崇德畔。芳林、芳清與弟芳周自永寧來歸。未幾，芳林、芳清被執。陝西貢生黄甲至壺蘆川，合國鉉、斗圖大舉。甲走，宗盛、王明、趙應龍、劉遇祥、禄應、蘇萬遇謀以靜樂兵攻交城，應龍、周洪山攻清源，敗入山。時宗盛、武青山爲主，段南强以衆附之，部署諸軍：應龍、惠明、繼實、六斤、三盛、時化將靜寧兵，劉成庫、劉天正將寧鄉兵，武之龍將汾陽兵，成章、豹子、馮開將永寧兵，袁世虎將嵐縣兵，張二將臨縣兵，弓進、劉振將文水兵，國海、青山、斗、名俊、名鼎、惠天成、孝文、艾安將交城兵。復張家莊，天成戰死，開執。

四月，之龍、成庫、天正執，宗盛、國鉉、艾安、孝文、斗與應龍貳，應龍導清兵執宗盛、進祿、正明、張朝忭。宗盛狀貌俊偉，氣勃勃，入而大飲，請自贖，脱歸；後與王國憲、王國度戰死。

二十五年，世虎執。七月，清兵大入，歧山、振降，青山、國海執，國鉉、國强、國輔、安二走。首富、名鼎、名俊、惠運通降。國强執，明節、斗、國輔走，任亮執死。郭三法、張二執，艾安自刎死。孫貴、高自福、程二、寧子斗、孝文執，國輔自經死。惠天德、汝諫執，李雅秋、召宇、劉湖、惠明、繼實、六斤、李繼福、時化、小黄蟲、三盛、成章、旺、李七兒、南强、三元兒國鉉、養成、友亡命。後明節、國鉉、温連雲、張法、安二友執，養成敗永寧死。山西山中城寨義師至是始定云。

鼎，一名山，字重九，五臺人。精火攻，雄勇魁鄉里。崇禎十六年，以都司從吴學禮復袁州先登，斬丘仰寰等二千四百級。後降清，官總兵。

四，交城人。

顯明，遼州人。崇禎十六年武進士。

玉，文水人。把總。與張繼成、王國元、三夏、張成志、王明山、王國印、明節、任國昌、杜養、應發與弟應旺，斬千總路時運，入靜安堡。靜樂河北莊武安宇、永寧龍王山李崇孝、裴家馬坊武舉裴奇芳及其世父效用官四、樹林村六豹勢尤大。裴家馬坊當靜樂、臨、嵐之交，有地曰孟樓。奇芳、四皆雄武多財。清兵分攻馬坊、龍王莊、河北莊、童子崖、樹林寺，大兵自靜樂、交城至，梁四自坌口赴柴長村敗之。四、成、志入鍊銀山，顯明、玉屯樓煩南山頂，破清兵，退靜樂。鍊銀山守固，迭敗清兵。會勇將九條龍執死，四斬守備李進忠。清立長圍，分攻馬坊龍王山，奇芳力拒，乞救於顯明、安宇。永曆二年十一月，顯明至，中伏，繼成、國元中矢死，顯明等走。清攻孟樓，奇芳殺妻子自刎，投火死，馬坊及靜樂雁門村，童子崖、大夫莊亦陷。清攻鍊銀山，崇孝捷龍王山，後敗走交山執死。鍊銀山久攻不下，清兵死者衆。十二月，四爲畔將申標所害，成志走，執於三座崖。顯明、玉攻汾州羅城急。會瓌兵起，乃罷。

珏，句容人。平夷遊擊參將管神機六營副總兵。崇禎十六年，清窺天津，與通州總兵張汝行夜襲河西捷，累官都督同知總兵，挂鎮朔將軍印，鎮宣府。坐貪淫，爲繼謨劾罷。北京亡，從宋權起兵密雲，挂鎮朔將軍印，鎮宣府。罷。與副總兵尤可望自遵化降清。

忠，大同人。都督同知總兵。

建勳，大同人。

英，左衛人。

偉，崞縣人。

舉，定襄人。

映壇，天成衛人。武進士。

秉鉞，前衛人。指揮使，從蔡懋德守太原。

同春，綏德人。萬曆四十三年舉於鄉。歷太谷知縣、永州同知。與萬以忠力守全孝感，遷湖北監軍僉事。

輝，大同人。

炳業，榆次人。

箕，崞縣人。

永忠，忻州人。

斗光，渾源人。

五桂，五臺人。崇禎十七年，起兵攻定襄。

虎，應州人。

三元，字聚奎，平遥人。崇禎三年舉於鄉。授欒城知縣，教民耕織。歷車駕主事、河南僉事。寇至登陴，與諸生范羽文號召義師勤王。三河響應，轉寧遠副使。北京亡，爲道士。平遥陷後，從胤鵰窩溝。敗，匿趙希賢家。不知所終。

化麟，靖邊衛人。都司僉書守備，降清，累官總兵。反正，與有才犄角。德敗，兵多歸之。吴三桂圍之，固守久不下。

明節，交城人。

懋爵，字修其，汾陽人。崇禎四年進士。官陝西道御史，稽核潁壽亳宿諸軍功罪。北京亡，降自成歸，衆推監軍，後死難。

宗周，字文伯；如金，字子堅，汾陽人。歲貢。宗周與傅山同疏頌袁繼咸冤，義聲震天下。山西陷，與胡款同去諸生。後與侯晋從懋爵起兵，請建勳急擣太原虛，不用。晋，汾陽人。崇禎十二年舉於鄉。亦死難。

虎山，榆林人。

海，固原人。

昌言，三原人。舉於鄉。

敏學，交城人。

元輔，字相宸，孝義人。崇禎十年進士，授行人。北京亡，降自成。兵敗歸，戰死城頭外。

邦禎，交城人。

成沛，咸陽人。

侯甲，介休人。

繼盛、化鵬，交城人。

國化，靜樂人。

國鼎，歙縣人。茶賈。

烈，陝西人。

守信，陝西人。道標。

炳，宣府人。大盜。

文達，沁州人。

振，霸州人。

貴，玉田人。

天佑，宜川人。

亨福，汾州人。

洪寧，晉江人。

桐，沁州人。

世昌，榆林人，中軍。

杜，澤州人。

詔，字藍嶼，長子人。泰昌恩貢。石門知縣致仕。

者佐，文水人。諸生。

聯芳，潞城人。

宓，沁源人。

繼漢，清澗人。守備。

翼通，介休人。

以仁，文水人。

大極，汾陽人。

兆勳，晉江人。

宗灝，祁縣人。
邦俊，徐溝人。
秉忠，沁州人。
鳳羽，祁縣人。
建畿，沁州人。
浩，武鄉人。
師沆、寅，沁源人。
式訓，武鄉人。
琇，許州人。
光天，魯山人。
漢誼，山東人。
孟臣，河南人。
忠讜，字魯直，新建人。崇禎三年舉於鄉。江西亡，從瓖軍，承制授編修。
宗盛、國鉉，靜樂人。

李建泰，字括蒼，曲沃人。天啟五年進士。累遷國子祭酒。與徐光啟訓練京營。崇禎十六年，拜吏部右侍郎、東閣大學士。長身黑髯，性慷慨，負重名。善治生，家資百萬，嘗欲輸財以佐國。既入相，疏陳時政切要十事，上皆允行。

明年，李自成日逼，疏請上南遷，奉太子先行，爲光時亨所阻。自成過河間，上憤懣不食，臨朝憂嗟，建泰進曰：「主憂如此，臣敢不竭駑力。臣晋人，頗知兵中事，願馳太原，出私財購死士，倡率鄉里，十萬衆可集也。」上大喜，加太子太保、兵部尚書督師。請以淩駉爲監軍，河東道李政修從征，西洋人湯若望隨修火器，皆報可。及行，上以特牲告太廟，臨軒加勞，授尚方劍。殿梁響聲大作，如摧折然。已，法駕御正陽門祖餞，旌旗金鼓，文武百僚咸集。上親晋三爵，曰：「先生此去，如朕親行。」建泰拜謝，上爲之起，憑欄目送良久返。是日大風揚沙，輿出宣武門，左輞忽折。

在道聞山西急，遲不前，日行三十里。師次涿州，營兵三千逃回。過廣宗、東光，兵不戢，士民守不納，攻破之。又聞家焚掠，氣益奪。三月，病甚，軍潰河間。寧武敗聞，再疏請南遷。以親兵五百退保定求入，納之。

無何，北京破，自成兵圍城，中軍畔，建泰自刎不殊，執送自成所，用爲相。清兵入北京，除宏文館大學士。罷歸，通謀義師，以書結翼城知縣何斯美，不應。曲沃事敗走。

及姜瓖復曲沃，率所部李大猷、房箕尾以太平應之。永曆三年五月，與平德復平陽各縣，斬遊擊劉懋德，都司魯學禮、謝應舉，守備伍進學、徐進第、楊和道、耿烺、李良臣、趙坤、李長盛、楊弘祖、李進忠，惟府城不下，分兵進澤州、潞安。滿達海、瓦克達攻之，澤、潞再陷。建泰固守太平不下。四年四月，地道火燃墮城，城陷，被執死。

從子純，字文固，舉於鄉。自建泰降，忿其失行，陽狂削髮，隱居卒。

政修，字粹然，河內人。萬曆四十四年進士。降清。

梁兆陽，字皆林，番禺人。崇禎十三年進士，改庶吉士，授簡討，轉左中允。自成破北京，與建泰同降，頌神武不殺、救民水火，擢兵政府侍郎。清兵至，南歸，下法司。左良玉兵東下，赦罪，以白衣赴黄得功軍自效。南京亡，歸。昭宗立，命陳豐陛逮而斬之於市。

虞胤，華州人。永曆二年十二月，姜瓖起兵大同，與韓昭宣、白璋、張萬全、張鳳翼以三十萬人復猗氏，與陝西王永强連兵。聞喜章惇及武鄉諸生趙浩、趙海、陳二南先後反正，斬絳縣守備陳所優。瓖承制拜胤兵部尚書、東閣大學士，總督六省；昭宣兵部右侍郎，總督山陝，封晋陽伯；璋元帥；萬全、鳳翼總兵。

三年二月，張倣以千人復解州，斬員外郎侯佐；復運城，斬運使李因之、運同鄭宏圖、知事王存鏊，運判張學知反正。三月，監軍道衛登芳立寨猗氏，與萬全犄角。

四月二日，會李建泰、王顯明、永强復汾州，攻平陽，月餘不克。哈哈教安定國、混天侯數千人起東山，與郭中杰、寇志嘉攻翼城，吴思明以城迎師，旋戰馬册橋死。

五月，復絳縣。二十九日，胤合諸軍圍平陽。清援至，兵戰死者五千人，乃解圍去。

六月，陝西武生龎甲復永和；王登憲復隰州，斬知州陳宗瞻。把總衛敏合蒲縣劉嗣向復吉州、蒲縣、大寧、鄉寧。中杰、張五以萬人復垣曲，斬知縣李榮宗。

八月六日，攻蒲州，守備封汝宦、王躍龍反正，擢總兵，斬知州錢法裕、遊擊武韜、守備許世德、賈斯明。復聞喜、夏縣，斬知縣劉之屏。復臨晋、河津，斬遊擊鄭宏國。五攻絳州。劉光裕、胡邦秀、石之龍、湯平攻浮山失利，復岳陽死。

謙王瓦克達陷吉州、隰州，屯平陽。孟喬芳陷蒲州、臨晋，守將魏三走。河津陷，鄉官張家璧死，村堡仍固守不下。屯軍衛甲列營臨晋令狐村，與八百人力戰死。璋以馬步六千人迎戰滎河，敗死。閻璟以二千餘人守孫吉鎮，焚死。猗氏陷，萬全、登芳與副總兵王國興、張師濂、馮家珍戰死，兵没河死者六千人，總兵荆欲琯走。解州陷，監軍道王仕與、邊玉、党自成死，中杰、五及副總兵楊李走聞喜山中。

九月，李虎、蘇喬敗靈石、霍州死。雷和尚、張五起兵謀復絳州死。雷鳴、宋蘇、柴廷傳、洪守範敗夏縣死。

瓦克達會吴三桂、喬芳、侍郎額色平陽，平陽各州縣悉陷。二十二日，運城陷，昭宣、欲琯及總兵張爾德、康五、劉天舒、楊盛泰，平陽道張偉，道將李燁、胡光祖死。

十月，都督中杰以萬人迎戰聞喜候馬驛，與副總兵梁受詩、高舞、李培、方奇偉皆死，副總兵周三進執。總兵康姬廷降清。河曲陷，知縣章國光降清。

十一月，復夏縣。

十二月朔，芮城陷，知縣薛勤王死。

四年二月，吉州陷，遊擊李元標自浮山降清。五月，瓦克達還北京。

胤於汾州敗後，謁昭宗梧州，命仍故官督師山陝，以華山爲老營。至是，與張自顯、任國興、任國盛、張國相、侯二至陽城、沁源、平遥之交鵰窩溝，有兵千餘，馬八百，義師亡命山中據城寨者紛起。

五年二月，張武奉徽王子翊鏞攻聞喜死。定國引陳杜數萬人復翼城，斬知縣何斯美，仍入東山。

七年四月，義師萬人起夏縣藿冢山敗歿。

八年，定國降清，死於獄。

三月，陝西許二、王世魁再起兵嶜冢山，降清。

九年正月，五稱將軍平陸銀洞山，頒正朔，攻夏縣，執死。二月，五將安邑參將景其禎及弟其祥子任子起兵，平陽李圈鬍子，平陸扒山虎、李盛吾、盛貴死。

十年三月，蘇虎、李盛、羅景、王滉、程禔、王起鳳、胡棗兒皆死。五月，韓王璟溧疏陳胤功績，晉文淵閣，封萊國公。六月，垣曲、平原、上潤各村兵起。

十二年五月，張鑾子自翼城至垣曲降清，仍保嶜冢山。十三年，謀反正死。胤知事不可爲，乃回華山。不知所終。

昭宣，字次卿，蒲州人。大學士爌從子。任户部郎中，出爲徐淮副使，歲饑，爲食以振。寇起，立保甲，盜賊斂跡。歷平礦賊、蕭寇，改寧前。降清，調青州歸。

璋，吴堡人。

萬全，漢中人。

鳳翼，洋縣人。後從瓖守大同，戰死。

倣，解州人。諸生。

登芳，猗氏人。

中杰，曲沃人。昌平副總兵，建泰督師中軍旗鼓。反正，擢總兵。軍多火礮。

登憲，隰州人。

敏，永和人。

五，平陸人。

光裕，遼陽人。歲貢。岳陽知縣。

又有宋謙者，廣平人。父遇春，永曆時總兵。引謁，賜國姓，授總兵，與毛壽登、郝永忠、劉體仁受瓌潔命，招合將士義兵。八年正月，至廣平，轉山西聚衆，謀於三月十五日攻涉縣。行至武安，將之陽城山中，與胤會合，爲清兵所執，五月死。同死者八人。

惠世揚，字抑我，清澗人。萬曆三十五年進士。授華陽知縣，不畏强禦。遷工科給事中，轉本科右，陞禮科都給事中。廣寧陷，陳闗内戰守事宜。時神宗恭嘿，邪黨飛揚，諸臣多以羽翼光廟坐譴廢。世揚一再出疏攻之，羣疑遂破，天下韙之。

泰昌元年，起鄒元標大理，疏言：「君子小人之進退，關係天下治亂。然小人不退，則君子不進。」熹宗立，災異陳言，參大學士孫如游，薦高攀龍、劉宗周、孫居相、劉策、王之寀等。又直糾首輔方從哲，言：

從哲獨相七年，妨賢病國，罪一。驕蹇無禮，失誤哭臨，罪二。梃擊青宮，庇護奸黨，罪三。恣行胸臆，破壞絲綸，罪四。縱子侵人，蔑視憲典，罪五。阻抑言官，蔽壅耳目，罪六。陷城失律，寬議撫臣，罪七。馬上催戰，覆没全師，罪八。徇國罔上，鼎鉉貽羞，罪九。代營榷稅，蠹國殃民，罪十。

貴妃求封后，舉朝力爭，從哲依違兩可，非先帝英斷，明示止輟，禍何可勝言？當誅者一。李選侍乃鄭氏私人，抗陵聖母，飲恨而殁，從哲受劉遜、李進忠所盜美珠，欲封選侍爲貴妃，又聽其久據乾清宮，當誅者二。崔文昇用洩藥傷損先帝，諸臣論之，從哲擬脱罪，李可灼劫藥，從哲擬賞賚，當誅者三。

疏入，上責輕詆。

魏忠賢舉内操，大學士沈漼募兵隸錦衣，駙馬王昺奉詔募兵，願得帷幄重臣主其事。世揚劾「漼陽託募兵，陰藉通内。劉朝内操，漼使門客誘之。昺疏疑出漼教，奄人戚畹奸輔，内外弄兵，長安片土成戰場矣。」上慰留漼。又盡發其通内並及外戚鄭養性。不報。

歷太嘗大理少卿。久之，羅織者遂謂世揚側身易服，間結内侍王安，以成移宮之事。已楊漣等死獄，旋復論辟，與方震孺並逮。坐結交内侍，摇撼宫府，罪不赦。世揚抗論不服，大呼二祖列宗昭鑒此心，先後杖五百一十四，拶無數，夾十七，脛骨俱斷，氣息如絲；而抗論愈堅。羣小以獄詞未具，無以服天下，乃復下刑部責供。是時徐揚先、徐大化、徐兆魁主鞫。司審日，揚先詰曰：「即若以邵輔忠、崔呈秀爲小人，今果小人否乎？」世揚昏暈，頃之，瞪目厲聲曰：「諸公見地高明，或以爲君子。若世揚愚昧不悟，到底以爲小人。」御史丘兆麟曰：「抑我殺機又動矣。」明日堂審，大化曰：「如此面目，曷不速死！」世揚又厲聲曰：「天留之以磨障公等。」兆魁曰：「今日當了磨障矣。」趨杖三十。以轉側，復加杖七。血肉淋漓且死，但心口微温，小有呼吸而已。大化更不許家屬通。震孺持世揚大慟，已漸甦，震孺親奉饘粥負之。

天啟六年秋審決囚，單出四十二人，世揚第一，次震孺，旦日行刑。是夜，錦衣衞張懋忠治酒爲賦别，慘然泣下。世揚笑曰：「送遠行人，乃以淚促其離思耶！」延迴至三更，俄傳皇長子生，恩諭停刑，得不死。明年，威宗即位，釋獄。時枋政者尚多魏孽，世揚經釋，仍戍隴西。

崇禎元年，馬鳴世等訟冤復官。二年，極論尚書張鶴鳴，請用世宗戮丁汝夔、神宗逮石星故事，與王化貞並按。

三年，張獻忠攻清澗，斬百餘級。六年，起故官。十年，轉南京大理卿。十一年，晉兵部右侍郎，改刑部添注右。十四年，調刑部左。十五年，奏免十二年以前贓罰豁罪，從之。已李日宣薦與會推，日宣下獄，世揚予輕比，又與徐石麒輕議鄭三俊，忤旨落職。十六年，以左副都御史召，久不至，削籍。黄景昉爭之，不聽。

世揚性矯戟，與人一揖外，不輕有所言，似過孤冷，而急人患難，軀可捐棄，人以是多之。

北京失守，降於李自成，自成重之。清兵入北京，除左副都御史，致仕。姜瓖反正，王永强奉以起兵，與劉永祚相應。永曆七年，入交山。兵敗，不知所終。

永祚，字斗垣，韓城人。萬曆四十七年進士。授户部主事。忠賢誘以利禄，不允。崇禎九年，以兵部右侍郎、副都御史巡撫宣府，忤楊嗣昌歸。瓖反正，起兵固原堡寨，據天神廟，關西震動。永曆四年，兵敗被執，不屈死。

丁國棟，臨洮蘭州人。本回紇種，質直有氣概。弘光元年四月，肅王豪格徇秦隴，副總兵趙光瑞、清水知縣丁圖昌降。六月，英王阿濟格招河西，三秦底定，以孟喬芳總督三邊。六月，陷甘州，國棟降清，授總兵。

永曆元年，薙髮令下，米喇印與國棟謀曰：「與其豚尾長拖，何如鴻飛遠走？」國棟附之曰：「南京、福京相繼而立，大明不亡，殆關天數。公如有志恢復，斬清撫以據河西，固易事耳。魯陽揮戈，梁公夾日，與夫漢、晋竇融、張軌之所爲，安見今人之不古若耶？」米喇印首肯者再。

二年四月，國棟乃與米喇印、冶秉忠奉延長王識鏴起兵甘州，復阿壩，斬遊擊金印。復擺壩，斬參將翟大有。復蘆塘營，斬遊擊王應將。倫泰、高自龍斬守備陳九功、李承澤，以肅州應之。嘉峪關内外回民雲起。會復涼州，渡河而東。蘭州回民斬知州趙翀、同知趙衝、學正白旗，以城迎師。闖塌天復臨洮，斬兵道李絮飛、同知徐養奇、守備王世德。國棟招西寧回冶掌教不至，攻之不利。復渭源，斬知縣李湑。米喇印復鞏昌、洮州、岷州、河州、通渭，斬岷州知州杜懋哲、同知王禮、河州遊擊高炤、守備劉繼祖、通渭知縣周盛時，以清甘固司餉主事吕紹栻爲臨鞏道。神木邊外長素等響應，衆至十萬，號稱百萬，關中大震。

閏四月，清命貝子屯齊爲平西大將軍，都統韓岱與喬芳扼秦州，馬寧、光瑞攻鞏昌。國棟拒戰廣武坡，死者三千人，遂棄城去，貴德康家寨都司馬胡牙、守備黑爾定等執死，哈遇龍戰死。清兵三道進。寧自上路攻馬隖内官營，遊擊李六執死。張勇自中路陷臨洮，王道弘、左王三戰死，紹栻及指揮趙休範、守備楊懋德執死。闖塌天降清。光瑞自下路至梅川，國棟守險力屈。岷州陷，副使牛英、守備丁光射執死。洮州、河州陷，總兵丁嘉隆，副總兵丁光烈及諸生丁光耀、丁光彩戰死。金縣陷，知縣王建極死，識鏴被執馬家坪薨。清河西參議袁噩命王炳文、牛國本通國棟，受秉忠劄死。

五月，侯永寧戰林家族死。侍郎額塞圍蘭州，喬芳督戰，勇間襲城，國棟兵潰，焚浮橋而西。涼州陷。

六月，甘州被圍，國棟固守。一夕，喬芳幕張燈置酒，琵琶唱伊涼曲，聲徹栅外。國棟乘夜劫營不克。勇夜襲之，大戰竟日，國棟兵死者萬人，嬰城不出。七月，闖塌天復踞高山，被執死。清兵重圍甘州累月。

八月，城中食盡，國棟、米喇印等僞降。會清調攻川、楚，國棟陽言兵變待撫，於九月九日，置酒甘州北城樓，邀巡撫張文衡，西寧副使林維造，甘州總兵劉良臣，肅州副將潘雲鵬，遊擊黄得成，都司王之俊，守備胡大年、李廷試等赴會，而席其從者於城下。酒既行，米喇印責以大義起兵，不應。伏兵突起殲之，復以甘州反正。清兵環攻，國棟深溝高壘不出。

三年春，清兵力攻，城中死者八千人，粟盡不支。米喇印夜走水泉古城窋死。國棟命倫泰、黑承印以五千人守肅州，而自結蘭州回攻甘、涼、敦煌。涼州同知徐自礪、參將蔣國泰斬參議張鵬翼、副將毛鑌反正，遂復涼州；帖清泰逐鎮番參將，以城來附，河西再震。涼州未幾陷，馬騰金戰死。

五月，國棟守肅州，與清兵摶戰，斬雲騎尉達賚等，殺傷相當。會虞胤復蒲州，關中告譬，喬芳回師，留寧、齊陞圍肅州。哈密頭目塔什蘭及纏頭漢、回四百人出戰死。十一月十八日，州人于顯龍畔，導清兵登城，國棟、倫泰、承印力竭城陷。倫泰、承印與哈密都督和卓哈資，纏頭都督琥伯峯，哈喇都督茂什爾、瑪密輝，和爾都督璔瑚里，左都督帖密卜喇，紅帽右都督恩克特默，大掌教高自龍，總兵大廳兵道毛嗚鶚，廳官栗永茂等五千人皆戰死。國棟守角樓，力拒十日夜，至二十九日，不支被執。清兵屠城，傳國棟首三邊。

四年正月，蘭州回火城北浮橋敗死。

六年十二月，西番攻河州老鴉關敗死。

七年六月，總兵王奇壽、馬文仁、諸爾巴、瘸海山、張見龍、張虎頭、祁敖牙固子、鎮四、陳一龍起兵西寧孫家寨死。馬正魁、馬正途、馬成奇、馬應龍、馬那台、靳光顯起兵漢子河死。馬惠、馬木沙兒、鐵海起兵邵家堡死。八月，西番攻河州土門關降。

九年，刁吉起兵臨洮死。

十一年三月，都司王一龍攻興武，敗走花馬池死，來化降清。十一月，北地楊老漢攻清水二十里鋪，斬千總李隆吉。十二年七月，再攻清水五里鋪，敗走。文縣南路部番糾生番攻鐵樓寨降清。

十七年二月，老漢攻清水白沙坡敗，一點油等戰死。

米喇印，甘州人。回紇種。清撫標副將。

秉忠，西寧人。降清，貴州副總兵。

倫泰，哈密回王。纏頭、畏兀、紅帽、輝和爾哈喇諸回附之，與吐魯番酋起兵數千助國棟。事敗，清絶其貢。

自礪，歷城人。崇禎十五年舉於鄉。

奇壽、惠，西寧人。回紇種。

陳友龍，上元人。短小精悍，善步走，日行三百里。隨劉承胤征黎平苗先登。每破寨，執畔苗生剥之，人呼曰閻王。

隆武初，率偏師從何騰蛟屯湘陰。已承胤與騰蛟交惡。有查繼仁者，僞稱聖安皇帝，入沅州。騰蛟聞知，不能辨，亦遣使問起居。鄭逢玄已發其奸，禽伏誅。騰蛟使弗知，猶馳傳過武岡，爲承胤所得，以誚騰蛟。騰蛟不平，遂裁抑友龍，没其功次。承胤乃召友龍還武岡。

永曆元年，上幸武岡，授友龍都督同知，加太子少保。孔有德兵迫，友龍扼紫陽河，背山而陣，斬雲騎尉倭合納，三戰皆捷，相持三晝夜。承胤遽令勿戰，而赴有德降，友龍大慟。

友龍固無降志，承胤知之，密告有德，檄執騰蛟母妻黎平，絶其歸朝之路。友龍見脅，與副總兵蕭遠逮送有德軍中。

有德北歸，友龍屯黎平，收奉天土漢，軍遂張。僞令人告清靖州副將賀雲曰：「友龍密疏粵西將反，諸軍皆不欲從。若許我輩自新，當以某日縛友龍詣城下獻功。」雲喜，懸賞待之。及期，縛一人前行，諸軍擁之至靖，雲受之。友龍雜小較中，拔刀捽雲曰：「身是陳閻王，爲索汝頭來耳！」斬之。城中覃大彦、黃飛鸞、千總楊文義及承胤故部譚遊擊、陶旗鼓爲内應，聚斬驍旗較馬如璧、滿漢兵千餘人。二年三月，奉天黃茅土兵王國柱、王昌來迎師，友龍連復黎平、沅州。五月，復黔陽，斬知縣周文燁；又復平溪、清浪、鎮遠篁子坪。六月，廣西苗易漢宇、鄒逵宇以瑶兵復新寧，攻城步，斬典史陳之奇。七月，國柱戰死。與昌東復奉天、城步、會同，斬武岡知州何衡泗，城步知縣丁啟震、宋櫾，取副將賀進才頭祭傅作霖。八月，合張先璧、唐姚進復寶慶。不逾月，復耒陽諸城二十餘，斬知縣崔燦等級數千。清將魏甲帥兵來攻，大破之，復湘鄉，前鋒及長沙。有衆數萬，安輯遺黎，郡邑安堵。事聞，晋左都督總兵，封遠安伯。

騰蛟素怨友龍，聞其兵盛，恐無以制。郝永忠方屯柳州，九月，令襲友龍奉天，僞貽書假道。友龍不爲備，遂潰敗，永忠併其軍。友龍達柳州，馳疏訟冤。永忠遂大掠黎、靖、奉、寶，殺民以巨萬計。騰蛟歿，始赴闕自訟。召見慰問，殷勤泣下，仍令收兵復楚西。友龍至新寧，部曲及土漢皆響應，數月間，收兵得萬餘人。將出寶慶，永忠懼，遣使謝罪。友龍思復自效，不欲以仇殺沮大計，遂許平。三年八月，漢宇爲下所殺。十月，永忠乃輕騎詣友龍，約爲兄弟，盡歡數日而別。友龍報謁，永忠盛張設宴，中酒，忽自坐捽之起，磔殺之，遂引兵走施州。友龍死，湖南盡裂。遺民思之，無不欷歔。

起義應友龍者，劉克安最著。克安字綏邦，武岡人，隆武二年舉於鄉。張獻忠破寶慶，捍紫陽固守，授儀制主事。奉天陷，承胤招降，不聽。已乃與友龍應，復奉天，擢太僕少卿。永忠欲捕殺之，匿苗寨免。後入李定國幕，隱順寧卒。

吳勝兆，字瑞璋，遼東人。崇禎中，薊督王永吉中軍，累遷保定參將。十六年，以總兵拒清兵青州有功。十七年十月，與守備于登第、馬鳴世降清，授蘇嵩嘗鎮總兵。以威信招來忠義，戴之雋、周謙、陸烔數百人歸之。尋移嵩江提督。當吳易之敗，降者均至，撫用之，巡撫土國寶不善也。

勝兆故椎魯少文，凡舉措，皆幕中吳著主之。著與兄蕓頗知文義，以語動勝兆，不爲忤。之雋、謙伺得其指，與深結納；又出以鼓其衆，詗察機要，顧事未有以發。會勝兆以他事切責，國寶譖之洪承疇，劾以濫收降卒，議命張天禄代。著因危詞動之，禍叵測，勝兆心動，出以謀之之雋、炯，因力縱臾反正。黄斌卿在舟山，間使遺以犀帶、牙笏、蜜珀數珠、網巾，以覩其意，勝兆欣然受之。

永曆元年，監國魯王授勝兆平虜大將軍印，夏之旭復遊説曰：「余從陳公子龍來，敬賀將軍。」勝兆瞿然避席曰：「某事新朝無狀，日惴惴，何足賀？」之旭曰：「余聞朝廷以將軍矢石功，懋將軍爵土、世券無斁，將軍獨不聞乎？」勝兆曰：「無之矣。」之旭曰：「嗟乎，余之夢寐圖將軍而未得其實也。夫古人一語告變，食邑萬户，矢以帶礪。將軍以大明雄鎮，一旦委命，百戰負創，日闢疆土，而未蒙遼陽一較之賞，然則今朝廷之成將軍者大矣。」勝兆頓首曰：「僕未究其説。」之旭曰：「語云：『功高不賞，厚德不報。』誠以將軍之功，宜晋通侯，南面十城，左趙女，右吴姬，珍賜稠叠，勞若有加，所以慰上勳而嘉擇主。而有獻計於朝廷者曰：『關東之士，即兜鍪下賤，不失爲扈從。夫明君誼辟，無不厚故人而私於其鄉，誠以其素可信，即肺腑無二也。今此殊林異藪，棄其主而中道來歸，即安知不以前者視今，一旦挾有尺寸，自爲風雲，即不然，趦趄擅制，抗不用命，奏請無厭，根據難拔。此時而果爲子孫計，不得不勇割前勞，付之於一擲，是故早行裁制，使得僅保妻子，終天年，報嗇而恩長。』故曰成將軍者大也。」勝兆曰：「功罪豈無定案哉？苟無過望，亦何至是？」之旭曰：「嘻！

未也。高鳥良弓之說，聞之古矣。彼韓、彭之不終，豈真有異志，睨漢家黄屋自大哉！天下已無事，此英雄未老，誠可懼也。」勝兆曰：「彼皆不自善，故不及後。貴而能謙，所以長世。」之旭曰：「余之東家，有女再嫁，彼自言割股爲後夫食，織髮爲後夫衣，貞若過他女，而里閈不信。何者？重疑其中夜之所迴思也。今將軍盡忠於清，可以矢日，而清終不釋然於將軍，以將軍中夜之有所迴思也。」勝兆沈吟有間，乃曰：「以先生言，且若之何？」之旭曰：「如余之謀，不宜聞四耳。」勝兆顧左右且退，長跽請教曰：「先生卒何以教我？」之旭曰：「志士立功，賢者務名。以揚子雲之才，不免莽大夫之書，君子傷其不終。果欲生榮名而死廟食，不如決策擇所向，而無與俗同。今東南之人心未去也。操盾而自制者，林澤皆是也，將軍之所部，皆故諸鎮之選材逸步也。而田横之自完海上者，尚數十部，即建旄廣地，爲清靖不律，而未蒙厚報，皆如將軍。其初盡出不得已，今欲一旦行其所得爲者，可一二數也。誠飲血嚙冰，復大明正朔，掃地而起，約海師會獵於鎬京，而使林澤之操盾者，各戰其郡，使不獲相救，然後馳檄楚、豫，發策閩、粤，使金聲桓、李成棟、劉良佐、王之綱、許定國諸軍，選鋭應援，聯壁汴、雒，次第而進，而間使走吴三桂、姜瓖，俾持弩反向。如是天下不足圖也。而將軍爲首功，都王侯而寵百世，史册揚芳名於無窮，漢之馬、鄧，唐之郭、李，庶幾媲美。不然者，清一日以微故，尺一召將軍，即百口無以自訴。於是悔不從蒯徹之言，而徒負萬世不諱之號，身名俱敗，爲天下笑。頃者陳公之所以惓惓於將軍也。」勝兆於是與子龍盟，命遊擊黃錦標屯南翔，之儁命都司姚孝結太湖周天舍之衆，幕客殷起巖、周以寧傾財結客，南至海寧、海鹽，北至嘗熟、江陰相呼吸。召李虎崇明，周傑吴淓，沈奎㴇闕，張勇福山，議以所部萬人合太湖義師萬人，規復蘇州。出糧艘海上，陽爲失風，接濟舟山。

三月，子龍作書遺謙、蔣平階、孫標約黃斌卿。斌卿猶豫不欲應。時沈廷揚、張名振、張煌言皆在，爭勸之，乃以故所封肅虜伯印授之，期於四月十五日，以海師會，不三日，復蘇州，攻南京，不利歸海，事出萬全。

名振請以所部行，廷揚爲導，至崇明，風作，清兵逆戰，海師大敗。勝兆大會文武演劇，酒半酣，取梨園衣冠曰：「此大明冠服，用夏變夷，在此一刻。」海防同知楊之易、推官方重朗說曰：「此事無成。」且告變，勝兆立斬之，而下令入海，餘皆從命，百姓歡呼。之易者，應山人，尚書漣子，以職方主事立蓋天營，爲國死守，後降清者也。

勝兆意翌日海師必至，使中軍詹世勳、都司高永義、陳可偵之，而海師已於昨夜潰。初，畢光在泖澱被執，爲勝兆所害；人奴沈君儀在横浦南，稱兵部郎中，亦受勝兆約被害，太湖忠義大駭，及舉兵不至。三人登城，望烽火寂然，遂變志，反兵相向。十六日，矯令召炯、著及勝兆親信標將李魁、喬世忠、王興邦、黃國楨、孟學孝、唐簡、趙欽、朱國維、陳濟邦等二十七人殺之，執勝兆、之雋、謙、錦標、董巽申、喬景星、夏完德、張六、袁國枬、袁國杞、馬雄、吴勝秦、吴奇、林可進、劉成高、左帥、宋用格、徐薰等三十六人送南京死。窮治其獄，詞連子龍。徐爾穀、劉曙等，皆遇害。部將畢先勝在南京先死。吴士龍事連，死蘇州。上海喬定、沈濟仲，上海參將佘甲，株連逮者又數百人。平階、標、顧有成嚴緝。心腹兵士在蘇者方刃待，報至，皆詫嘆自殺。

炯，字文伯，平湖人。世襲錦衣指揮僉事，授淮安推官。工文章。弟琇，兵部司務，亦在泖口執死。

著，會稽人。

起巖、以寧，上海人。事敗，火同義名册死。

魁，遼東人。參將。死屍四日夜不仆。

世忠，字願良，上海人。都督一琦孫。父桓，字定侯。萬曆四十年武舉。任金山千户，累晋太子太傅、右府都督水師總兵。嵩江陷，降清。世忠，諸生。任金山百户。

巽申，字士巽，嵩江華亭人。羽宸子。沈猶龍監紀，任中書舍人。

景星，字塵萊，上海人。一琦從弟。副貢。賦詩死。

完德，字元初，嵩江華亭人。允彝從子。諸生。

六，金山人。妻經死。

國栴、國杞。國栴，字西培，嵩江華亭人。勝秦，勝兆從弟；奇，勝兆族弟；可進，勝兆妻兄；成高、勝兆僕；帥，勝兆親丁，皆遼東人。

士龍，歙縣人。吴易題授都司。易敗，遁查山，與勝兆通，被執不屈。妻周送士龍出門，即赴水死。

有成，一作友成，嵩江華亭人。總兵，後戰死海上。

錢謙益，字受之，嘗熟人。萬曆三十八年進士第三，授編修。天啟元年，充浙江鄉試正考官。五年，聽勘。御史崔呈秀作東林黨人同志録，列謙益名，御史陳以瑞亦疏劾之，罷歸。

崇禎元年，起故官。不數月，洊擢詹事、禮部右侍郎，會推閣臣。謙益慮禮部尚書温體仁、侍郎周延儒並推，則名出己上，謀沮之，囑其門人給事中瞿式耜言於主推者，擯體仁、延儒，以成靖之及謙益等十一人列上。先，謙益主試浙江時，所取士錢千秋，首場文用「一朝平步上青天」句，分置七義結尾，爲給事中顧其昌舉發。謙益先伺知，即疏劾奸人金保元、徐時敏僞作關節，擅騙得賄，下刑部鞫訊，時敏等遣戍，千秋逾年始至，亦論遣，謙益奪俸。至是，體仁追論謙益賄賣關節，不當預選。延儒亦言會推名雖公，主持者一二人，餘皆不敢言，即言徒取禍耳。威宗御文華殿，召對延儒諸臣，謙益詞頗屈。命禮部進千秋卷。閱竟，責謙益。謙益引罪，遂褫職，下法司議。以謙益自發在前，不宜坐。體仁復言獄詞出謙益手，詔下九卿科道再勘，乃坐杖論贖，千秋荷較。

十年，邑人張漢儒訐謙益貪肆不法，巡撫張國維、巡按路振飛交章白其冤，乃下刑部逮訊。謙益嘗爲太監王安、曹化淳所知，及獄急，化淳營救。體仁聞，密奏交結狀。化淳時見信任，自請按治，刑斃漢儒，且發體仁他罪狀。體仁引疾罷，獄乃解，謙益削籍歸。

十七年，北京危，總督馬士英抗疏經畫東南，請自任大江以北援剿，史可法專理陪京兼制上遊，命謙益總督直浙控扼海道，三方鼎立，連絡策應。會北京亡，不果行。

南京議紹述，謙益陰推潞王常淓，與士英議不合。及安宗立，謙益懼得死罪，上疏頌士英功，薦蔡奕琛、祁逢吉、唐世濟、鄒之麟、陶崇道、郭昭封。士英乃引謙益爲禮部尚書、協理詹事府、經筵講官。疏陳嚴内治、定廟算、振紀綱、恤人才四事。尋加太子太保。謙益遂力薦奄黨，爲阮大鋮、楊維垣、賈繼春、吴孔嘉、房壯麗、吕純如、虞廷陛訟冤，大鋮以是爲兵部侍郎，而憾東林仍不止。會捕獲妖僧大悲，欲引謀立潞王事，盡害東林諸人，謙益亦與焉。士英不欲興大獄，乃已。

謙益初入南京，携妾柳是，戎服控馬，插翠雉尾，作昭君出塞狀；同時大鋮督師江上，衣素蟒，圍碧玉，見者詫爲梨園裝束；張丁乾罷官歸，寇削其耳鼻，後補應天教授，爲木耳鼻，朝會用以飾觀，時皆謂不祥。

弘光元年二月，請即家開局修史，命在任料理。顧錫疇罷，掌部事、兼翰林學士。江北急，自請督師赴援，安宗溫旨慰留，命王永吉救揚州。揚州陷，上召對羣臣問遷都策，士英請遷貴陽，力言不可，乃止。清兵渡江，召對講官，有云「胡馬畏暑，必不渡者」，復面叱之。上出狩，是力勸謙益死節，不聽；隨衆迎降。以千人先清宮，爲清傳諭四方降順。上蒙塵，故臣入見，謙益獨拜謁如故，涕泗橫集。

無何，至北京，以禮部侍郎管祕書院事，充修明史副總裁，以疾乞罷。

屢以隱語作楸枰三局寄式耜，以洗眼藥方寄姜曰廣。永曆二年，與黄毓祺義師，助餉招兵。事露，逮至南京，得免。黄宗羲乞師日本不得，訪謙益，招馬進寶於處州。

式耜開府桂林，屢間道蠟丸力陳進兵之策：「中興之基業事功，惟我皇上今日爲最易。今日之要著，宜以重兵徑繇遵義入川，皇上則駐沅州、嘗德，爲居重馭輕之勢。今日之急著，宜先招降辰、嘗馬蛟麟，王師則亟北下洞庭，以圖入長江，爲處處響應之計。」式耜稱其忠驅義感，言不及私。李定國復桂林，承制命與嚴栻聯絡東南義師。日夜結客，運籌部勒。六年十二月，與姚志卓、朱東觀祀神於家，定入黔請命之舉；後復至金華、嵩江，説進寶反正，風波震撼，不少疑沮。嘗命是出資助志卓募五百人成一軍。張名振謂阮姑娘曰：「若其抱刀侍柳夫人。」姑娘喜而受命，卒戰儀真死。

鄭成功，謙益弟子也，起兵海上北伐，與熊開元、張有譽密謀起義。十三年，成功兵至南京，東南震動，謙益訪之鎮江，規畫恢復大計。事敗歸，一意於佛，猶出金贖張煌言妻子。久之卒，年八十二。是字如是，嘉興人，從殉。

謙益文章典麗，名重一時。國亡後，淒楚菀結，不忘君國，於清多所指斥，高宗至下詔天下，毀板懸禁。

丁乾，字正儀，光山人。崇禎四年進士，官饒陽知縣。

海時行，遼東人。其先乜先部落，世襲衛指揮。降清，官天津中軍總兵，加左都督。永曆七年十月，與遊擊海時動、李化吾、沈回子等斬御史匡蘭兆、副使徐大用、知州李煌，以膠州反正，害鄉官法寰、張籙，稱大明重興王，以化吾爲左丞相行軍司馬，回子與舊將韓啟元、陳其策、祖明善、劉成功、康延泰皆總兵。故中官邊永清，山東亡，爲道士勞山，勸時行南入湖廣，合忠貞營。先，時行招李好賢不從，再招滿家峒兵不應，乃從永清計，與王見之等南下。清督沈文奎拒於河，不得渡。循宿遷夾河而西，復睢寧，斬知縣李之實、教諭王相呂，敗直督馬光輝兵永城，而兵無鬬志。十二月二日，大敗亳州郭家樓，殺李文進、陳謨、李榮武、王廣生，而後自殺；李應啟執死；董豹、董永福、陳其策走；時動及其子起龍，與廷泰、成功，守備李成恩、傅茹元、孫璜、季應武、王九職等降清。

寰，字開三。天啟七年舉於鄉。歷靜海、六合、太平知縣，懷慶同知，懲貪振卹，修文廟，加意儒林。北京亡歸，與二子諸生若奭、若巽同死。

籙，字孝生。大年子。便弓馬，官漕督都司，不出。皆膠州人。

贊曰：世之訾諸人者，以其降耳。然聲桓武夫，愔愔大雅，南昌之圍，析骸易子，人無貳心；成棟木强，而禮賢尊主，有過人者，嘗謂廷臣功賞不宜冒濫，文武職業不宜畫分，言官直氣更宜獎進，駸駸乎有古大臣風。握天下勁兵，當江、廣重地。使能并力齊舉，直下南京，智不及謀，勇不及斷，取之如振槁，此曠世一逢者也。雖有忠誠之梗，既定東南，楚、閩自靡，蕞爾孤城，何能爲哉！顧頓兵坐守，歲月淹久，清得成謀修備，人心離沮，功敗垂成，師出身死，殆昧於見利乘時之義歟！瓌任當鎖鑰，開門揖盜；建泰廷錫秬鬯，扶服虜廷；

世揚、謙益清流領袖，首先迎附，皆爲國罪人，乃失身於前，歸正於後。國棟、友龍、勝兆、時行，迷塗知返，卒以殞命，其心亦當曲諒焉。鳴時、胤，雄才大畧，事敗亡命，世比之姚平仲、龍伯康云。

南明史卷七十一

列傳第四十七

無錫錢海岳撰

王得仁　黃天雷　陳芳　冷允登　吴士奇等　宋奎光　張日好　趙士璋　張天耀　郭天才　林宸
謨　李之榮　劉一鵬　李士元　蓋遇時　張士舉　曹大鎬　父參芳　從兄大銓等　陳賚典　費如郊等
張自盛等　洪國玉　李安民等　何興　洪日升　王寵　兄宏　鄒燧等　馬天俊　王道行　張天威
廖雲從　聶行五　汪煥　徐運光　龔心國　甘人龍　周大鼎　盛名世　倪元貞　陳復明　黃加綬　吴君
龍　高日洪　萬寧　曾明　廖文化等　譚漸　楊文　周天吉　徐敬時等　趙國孝　魏福賢　宋朝宗
徐自成　王昌　劉耀中　葉南芝　曾斌　劉志暎等　孫仲奎等　林大典　蕭國忠　姚章甫　孫可貴　宋
大宗　蔣英　羅明泗　陳鳳　張和尚　李時戴　范日星　温玄　符烈　曾人傑　曾成吾　陳九思　金
行生　吴惇信　潘永禧　楊萬科　張惟良　許大成等　王觀祖　李芝　王兆貴　李元胤　李建捷等
張仕新等　賈士奇　閻可義　楊大福　羅成耀　楊傑等　陳復虞等　譚鼎臣　甘起元　田希尹　汪在

湄　**杜永和**　董方策　江檟　吴文獻　梁標相　范承恩　劉正學　張道瀛　殷之榮　趙千駟　嚴遵誥　**張月**　李之珍　**郝尚久**　車任重　羅英　沈時　王朝鼎　劉世俊　黄鼎　張自新　蔡元等　吴萬雄等　楊琪華　陸應珪　楊世俊　鄭科偉等　薛信辰　李光垣　淩犀渠　吴式亨　**王永强**　高有才　郭毓奇　左射斗　平德　柴化愚　王永祚　秦一藩　**劉登樓**　郭懋祚　吴性耀　謝汝德　任一貴

王得仁，字静寰，米脂人。頭早白，號王雜毛。爲李自成驍將，所部皆精鋭。自成死，得仁從王體忠，已先馳至南、瑞間，遂附金聲桓，以父事之。聲桓殺體忠，用爲副將，凡兵潰入江西者皆投之，衆至六萬，馬數萬。

聲桓與得仁言國舊事；揭重熙間使授便宜密詔，得仁約先以新城附，每闈書「南」字報指矣。重熙師退洨洞，得仁親追及之，鞭指坐纛，終不忍加害，乃抽矢折鏃三發，撥馬而歸。殷國楨不從薙髮令，嘗自福京乞敕書劄印，連絡山澤忠義士，説得仁部王禹門反正。禹門説得仁，得仁感動，益思起。

會巡撫李翔鳳死，代之者章于天，遇諸將倨，且勒賄無厭心。黎士彦、胡以寧、丁世遇袖兩玉印入，一爲「鎮江侯」，一爲「維新伯」，篆皆柳葉文，玉亦美甚，曰：「此上所私賜也。」得仁曰：「可矣。」顧聲桓鄭重，未遽發。有訐得仁於巡按董學成者，學成揚言將奏聞，而陰遣人求重賂，兼乞侍兒。撫按并力持之，誅求累億。得仁益怒，持久恐敗露，於是立傳令部勒全營，杜七門，圍守撫按官廨，時永曆二年正月二十六日夜，漏下已三十刻。翌晨，得仁與總兵吴汝學、參將韓應琦、杜三畏擐甲縛學成，至聲桓所，大言奉詔恢復，遂褫笠帽，取冠帶，爲聲桓易服，以令箭傳示諸營，悉翦辮，歡聲如雷。凡軍民之戴纓帽者，輒射殺之，一時城中棄積如山。即日，命黄天雷、陳芳縊學成，斬布政使遲變龍、按察使胡福宏、鹽道康萬民、湖東道成大業；禽于天江中，命董造礮車，已而斬之。得仁自稱建武侯、吏兵二部尚書、征虜將軍，賜尚方劍便宜行事。昭宗授太子太保左都督，封繁昌侯，已改封如其自署。

得仁既反正，夙感服重熙，首迎入，畫恢閩策。得仁握重熙手，誓力爲國，且曰：「得仁成功，求文官紀一好筆而已。」因請招故旅爲入閩計，以南、九爲江右門户。

二月，即率將張盛美、白之裔、潘永禧、吴高復九江，總兵冷允登、知府吴士奇、知縣劉敬修反正。東復南康、饒州，斬南康知府李嘉賓、星子知縣周如春、靖安知縣楊泰、南康通判温可掬。復湖口，斬參領布達理、輕車都尉阿桑，欲直下南京。聲桓召還，命繇建昌陸路向忠誠。留高代鎮，命湖口、彭澤將楚國佐、熊完車與皖上下交通，爲皖迎導。三月十九日，得仁圍忠誠。清都統和雒渾兵踵至。四月二十八日，湖口陷。五月朔，九江屠，高走。二日，之裔潰南康。七日，清千騎至石頭口，南昌受圍。報至忠誠，得仁先知之，詒曰：「吾聞先發制人，不制於人，莫若祕其警聞，鋭志攻城。城中之食，不知外援，三日忠誠且下。忠誠下，則一軍守忠誠，一軍守廣東。廣東知忠誠復，必從風靡。然後西通行在，右守領表。清知忠誠復，必解圍北歸。我以逸待勞，南昌亦得息肩。間出以絶糧道，則數十萬之衆，可殲於旦暮矣。若城垂克而棄之，强敵在前，忠誠乘其後，此危道也。」聲桓以弩在南昌，五月十日遽退師，副總兵劉起心被執死。得仁部衆見之，亦走，斬之不能止。城中兵突出，自相踐踏死者數千人。

聲桓既突圍入南昌，得仁乃以兵二萬趨九江。姜曰廣檄召之，得仁曰：「九江據長江要津，轉輸必繇之道，敵以數十萬之衆，深入攻城，而糧道已絶，非分兵攻我，即撤兵東下。分則勢弱，撤則師勞。九江四面臨江，城小而固，以我守之，未可猝下。公輩引兵徐出，東西撓擊，内外交攻，此犄角之勢。若棄要害入孤城，譬猛虎陷穽，徒成禽耳。」曰廣不聽，一日夜檄數十至。得仁嘆曰：「不過欲得仁同公輩死也。」遂撤兵西上。

清兵以勁弩巨礮扼諸路，得仁身先士卒，轉鬭而前，斬二等子顧納岱以下級數千。六月三日，中伏，大敗於七里街，盡撤城外兵入壁，宋奎光、郭天才爭之不能得。得仁雖敗，而火器精利，清兵受困，輒夜驚呼王雜毛來。城潰，清兵入郛，得仁與都司武邦憲突圍至得勝門，兵塞不前。巷戰，三出三入，當者皆死。與譚泰馬首相直不識，已而力盡見執，不屈支解。死事聞，贈建國公，謚忠壯。

天雷，長安人。得仁妻弟。以錦衣同知授兵部右侍郎。有清巡按詭名摩訶般若者入爲間，自言能運粟役鬼，茹素戒殺，自有天兵來助。城中信之，百日不出兵。又散倉粟貸民，粟盡食困。天雷疑而驗之，知爲諜，誅之。

芳，不知何許人。得仁書記。反正，草安民榜，授僉都御史巡撫江西。皆從得仁守城。城陷，不屈死。

允登，遼東人。都督僉事河保營參將，治軍嚴明。

士奇，字君正，襄陽人。諸生。敬修，河南人。

宋奎光，臨川人。山海南協守備，有衝鋒功，楊嗣昌調湖廣，爲金聲桓中軍。王得仁復九江，議順流下南京，奎光獨然其計。聲桓圍忠誠，以奎光爲左都督總兵，封南安伯，留守南昌，遺書李成棟共興復。

奎光多機智，能肆應。清兵進迫，黄人龍、陳芳束手無策，兵民徵調，獨倚奎光爲重。聲桓兄成勳部將楚國佐及得仁部將貢鼇謀内應，奎光誅之，遂撤城外屋廬，設守具。清兵急攻得勝門。城壞，奎光囊土壘石，隨壞隨補，出神槍火筒焚攻器，命勇士九葉蓮者斧傅城清將。清兵退七里街，奪大礮九。聲桓自忠誠歸，奎光不納，曰：「吾未知爾心！爾果爲國者，戰捷則相見也。」既戰而入。

聲桓、得仁主堅壁，議閉門不出。奎光謂如是且坐困，單騎渡江，按行地利。請移兵二隊，一駐生米渡，一駐市汊，以達餉路，俟敵懈，則大舉逐之，必獲勝算。聲桓不從。已城中大饑，請背城一戰，又請獨將其家丁赴敵，終不許。念諸將言人人殊，不足與謀，庶幾神道可以威衆。得勝門關廟有酬賽神馬，朝出就水草，夕還廟，調馴殊異。奎光揚言夜夢關侯賜吾馬破敵，備香醴入廟，控馬不鞍而馳之，三十六營兵將皆驚喜，願聽約束，從宋都督出戰。聲桓終欲待外援夾擊，奎光計復不行。城陷，與張日好巷戰被執，譚泰勸降，不食死。

日好，金谿人。副使廷相孫。從聲桓守南昌，力戰死。

又趙士璋，安仁人。諸生。張天耀，樂平人。清兵入江西，二人同起兵安仁陳婆寨，爲得仁所敗。永曆二年夏，救南昌，皆被執不屈死。

郭天才，奉節人。少從熊廷弼遼東，爲副總兵孔全斌部將，驍武善戰。張獻忠入長沙，退洪江，劫吉王慈某資，掠新化。已隸左良玉，授副總兵，隨金聲桓降清。

永曆元年，監國魯王攻福京，舉人林桓聲内應，及傳牌保長三人遇害。一時城外皆義師，受王令，農漁夫爲都督，村婦化僧亦受職銜掌兵，城中餓夫出者咸隸籍。巡撫佟國鼐乞援於聲桓，聲桓使天才將兵往。與國鼐左，乃以衆六千人反正於洪塘，魯王封忠勤伯。福京饑久，圍城中人相食。天才僞稱援兵，載米麥江上，誘民出。總督李率泰在建寧聞之，命國鼐嚴備。十二月，天才至順昌，與羣師鬭，諸師死大半，天才亦走。二年，天才攻福京不下，李富仁、王希民戰死，城内内應死者七千餘人。聞聲桓反正，謀以閩合縱，不果，乃與參將談永亨、吴翔龍、金守貫，遊擊陳定國，守備朱勝龍火洪山橋，拔民千人。命杜承芳自新城入杉關，攻光澤，知縣林宸謨反正。復建寧，執知縣孫志儒。劉鳳、劉龍内應，攻泰寧不克。正月十三日，與守貫復延平、將樂，别部千騎攻寧化。其故部守邵武者，天才約期攻邵禽魯弁歸順，舉礮爲號。許達貪功獨進，礮早發，城門兵不及以時應。魯覺，以兵衝出，達潰，天才部奔，乃收餘兵展轉還江西。

時清兵逼南昌，聲桓議撤兵入城保守，天才謂非計，争之不得，自劄黄泥洲爲犄角。所部盡川卒，長槍敢戰，精鋭無敵。鏖戰城下，與清兵數十合，撓其長圍，清兵畏之。又請大舉袪後禍，聲桓不從。天才見城中無出戰意，收兵走。久之食盡，亦入城。城陷，與李之榮巷戰死。

宸謨，上元人。選貢。

之榮，泰興人。台寧總兵，故田仰部。仰降不從。天才餘衆千餘於三年二月攻寧化，爲貢生雷動化所拒走。

劉一鵬、李士元、蓋遇時、張士舉，亦聲桓部總兵反正。

一鵬，遼東人。封安福伯。迭卻高進庫兵，晉漢城侯。聲桓撤忠誠圍，命留守吉安，陳應官守泰和。尋回南昌，敗譚泰兵，獲大礮三。南昌陷，以萬人退吉安，與遇時疏陳江西陷。上覽疏泣曰：「諸勳臣負朕，朕負二勳臣。」後戰死。

士元，不知何許人。袁繼咸部副總兵。南昌急，入援，城陷，巷戰死。

遇時，米脂人。前鋒營參將，封樂平伯。

士舉，雒陽人。封萬安伯。忠誠撤圍，與天才、湯執中扼守袁、吉，王應會屯盧溪、黄加綏屯萍鄉，遇時、士舉屯茶陵、酃縣。南昌急，次豐城不進。聲桓敗歿，以八千人保建昌、新城界。四年冬，遇時與魏麟鳳、劉京、張和尚攻永寧、泰和、永新，走寶慶、酃縣。五年二月，殺周鼎瀚降於清。六年，遇時反正，與京復安福、龍泉、永寧，後事不詳。士舉爲清所殺。

曹大鎬，字兆京，貴池人。父參芳，字日贊。諸生。孝友負文望，史可法稱其經世學。惠宗殉臣久被禁錮，事湮，參芳考徵文獻，作遜國正氣紀，闡發幽潛。晚講易桐川，勗大鎬倡義，未幾卒。

大鎬通兵畧，以廩生從軍，授安慶水師都司，遷安池勇勝副總兵。南京亡，與宗室盛濃、陳賚典起兵，巡撫程世昌薦陞總兵，與費如郊、徐保厚、葉茂官守鉛山。隆武二年，盛濃以鉛山失，調外，大鎬管關外兵，歸吴聞禮、施天福節制。福京亡，江西亦破，命收殘兵往來閩、贛間，奉瑞昌王裔某吉水山寨。永曆元年七月，會王祁復建寧先登。後與祁左，走屯建陽，與徐雲攻浦城師應，累加少保、左都督，挂平海大將軍印，總督浙直江閩恢剿，節制三十六營文武，賜尚方劍便宜行事，旋晋兵部尚書。

金聲桓反正，與張自盛、洪國玉、劉肇震、李安民合兵。大鎬封威武侯，自盛封平夷伯，國玉封蕩虜伯，肇震總兵挂戡虜將軍印，安民授總兵。聲桓死，收其餘兵入山。三年二月，揭重熙聯南、贛、閩、廣兵，入自盛軍，大鎬與之協力，出屯光澤盧溪，出没邵、廣、建、忠間，義民林珍、黄徽印等多歸之，合衆數萬，軍聲頗振，尚可喜攻之不下，所謂四大營也。惟兵無紀律，好剽畧。三月，祁兵困建寧，自建陽援之，不克進。四月，與金簡臣、徐蘭生、汪時鳳、周有椿、陳大標、周若熊屯建寧嚴峯山巖上。八月，攻弋陽，與傅國用、張耀星復建寧縣，皆不守。十月，入江西。十二月，總兵董明魁、郭承珉自湖東降於清。四年春，四營屯邵武、和平山中，食乏，攻城不下。夏，兵潰邵武禾坪。十二月，突入寧化烏村。五年四月二十一日，大鎬從閩出，數騎至黄村遇伏，被執於岑陽關。八月，至南昌，誘降不從，下獄，閱四月。

獄中三上請死書。一言：「鎬生禮義之鄉，於君親臣子生死關頭，籌之熟而守之確，豈以區區刀劍，自喪生平。」再言：「死不烈者氣不正，見不明者忠不精，鎬之正氣精忠，久已旁薄宇内，執事試思大明爲何如朝廷，公侯爲何如爵位，大鎬爲何如人品，而肯柔聲下氣，爲人奴隸？節義綱嘗，至今已矣，大鎬不扶，孰可扶焉？」三言：「執事必欲惜其餘生，則當聽鎬復至雄關，再整旌旄，抱憤長驅，濟則君之靈也，不濟，以死繼之，不然，即黄冠故土，抱闕林泉，終非血性男子所願。」又裂血衣作家書，處分後事，并賦絶命詞。至章江門，不屈死。

從兄大銓，字文掄。總兵，挂武安將軍印，爲大鎬中軍，改副使。兵出江西會師，以疾同執至南昌，與中表兄副總兵檀達祖皆死。大錫，字九章，同知。弟大晟，字集孔。都司僉書。大鑨，都督僉事。大鎬死，大錫、大鑨歸其元，皆隱。

賚典，字天成，進賢人。巡撫良訓子。諸生。隆武元年，破家起義，戰鈐口失利。已謁黄道周入閩，上機宜七事，授監紀推官。與盛濃同出鉛山，領三十六營之一。復廣信，陞監軍僉事。廣信陷，保鉛山，與大鎬分出茶山，營潤溪。前鋒李相來畔，賚典中矢，執至南昌洗馬池，大罵死。

如郊，鉛山人。諸生。錦衣指揮。起兵，從大鎬守鉛山，屢破清兵。粟盡被執，仰藥死。妻吴從死。保厚，諸生。監紀。規恢饒、廣，執死。茂官，以財佐道周軍，官監紀，戰敗自刎。妻從死。皆鉛山人。

自盛，字鳳山，南城人。永曆二年，屯撫州，衆號十萬。驍勇善戰，清人畏之，稱張虎。三年，復安遠，斬知縣郭自修。四年五月，入龍泉界。十一月，提督楊名高兵至，與總兵李全屯盧溪大覺巖。五年七月，與國玉、安民攻邵武不下，屯光澤七都。有卒因醉殺諸生李品奇，自盛縛二醉卒斬之，故一軍獨戢。六年正月，耿虎反正邵武，都司何興響應。黎先鋒、馬虎等戰死，興走周田莊。四月，清攻大覺巖，副總兵張起龍、姚甲、趙甲拒戰死；副總兵何勝宇、游上勝，把總黄繩執死。自盛自員岱山赴興營。興兄弟四人陣死。遊擊吴盛、都司何太玄執死。十二月，自盛走小原，監軍僉事蔡之麟、陳英南、陳杞，軍師龔繼儒、馬副將、李天士，參將鄒啟、何亨，守備何鳳皆執死。七年，自盛與全攻邵武、延平。八年，再攻邵武，被執死，衆萬餘人同殉，總兵盧毓瑞降清，兵潰入建寧。

國玉，休寧人。安民，上饒人。四年，屯新城老山嶺，衆猶數萬。五年十二月，清兵自泰寧、建寧三道攻山，與總兵王恒美，監軍副使江九臯，副總兵張俊才、曾有春、方正，中書舍人洪日升二十二人戰死，重熙、自盛走，四大營兵散。六年五月，入寧化界，屯巫家蕪，禽黄吉斬之。七月，攻建寧不克。珍、徽印於四年十二月除夕，突入寧化。五年十月，戰烏村死。

興，邵武人。

日升，歙縣人。南京亡，守獨嵩關，走徽州。

當四大營潰，駢首死者，多文秀嚴毅之士，而姓名不可考。有就邵武降者，行至朱口，一將獨不肯前，延頸向其衆求殺，曰：「不能俯仰於虜，寧死汝手。」其衆難之，即奮袂裂眦抽刃相擬曰：「不殺我者，今當殺汝。」其衆乃揮淚刃之，瘞骨而去。

王寵，字二吉，吉水人。諸生。勇豪里中，以行八，人呼王來八。南京亡，從劉同升、楊廷麟起兵，所部多椎埋亡命，故不戢。已吉安陷，以故部出没吉、忠、臨、撫間，驟起速散，踪若風雲。數百里地，兵烽阻絶，士民得安意服明服，朔明朔焉。

嘗一夕遇清兵，從者奔散，寵被執詭降，椎牛張具，痛飲諸將士。深夜將士醉，寵密集所部排入卧褥中，摧傷清兵無算，盡獲器械旗幟。即假原舟揚帆下抵新淦，清峽江知縣以爲本兵也，出迎江滸，立禽斬之，連復二縣。迨援兵至，則已先期火舟入山矣。論功，授總兵。

隆武元年十二月，鄒燧及子文鼎，從子文敬，馬天俊、王道行來合營，復吉水。二年，清兵突至，燧戰死，文鼎、文敬執死，天俊入山中，道行手刃妻妾自刎死。寵急樹一幟，大書「追剿王來八」字於旗，雜入軍中，奔呼殺賊，清帥不疑，及去遠，始知其即寵也。

寵與張天威、廖雲從、聶行五合立五大營。永曆元年，董學成兵二萬會至中沙。崇仁、樂安、豐城之交工陂山，地勢險峻，寵入屯之，與汪焕、徐運光、龔心國、甘人龍相應。九月，山陷，焕等戰死，參將熊龍自羅陂降清。寵走興國、樂安、永豐山中，合周大鼎、陳元貫、盛名世、倪元貞、陳復明、金子襄、金簡臣，衆至五萬，斬崇仁知縣夏謨，聲威大震。已而戰敗上固，總兵劉安、遊擊曠禮執死。天威、簡臣、吴榮、王廷煒屯六關，參將謝泉、參謀龔帝錫退寧都界口空阬，又走樂安山中，先後死。寵仍以衆保山中。二年，金聲桓反正，集衆數萬，願聽姜曰廣節制；聲桓不許。江西再陷，戰撫州死。諸生某在其營被執，誘降不顧死。

兄宏，字憲度。天啟二年進士。和平、歸善知縣，有善政。

燧，吉水人。尚書元標子。諸生。任職方主事。破家起兵，遷刑部員外郎。文鼎，字子耳。文敬，字子嚴。皆諸生。文鼎任推官，文敬任中書舍人，從同升軍，屢破清兵。吉安陷，文鼎入永豐，文敬入興國。已合寵兵，敗。清兵執文敬，懸首南昌道上。復執文鼎，仰見文敬首，大笑曰：「我何時與汝同懸此！」清兵又殺之，亦懸首於竿。事聞，贈文鼎副使，文敬僉事。

天俊，字尊生，廬陵人。諸生。永曆三年，謁肇慶，授職方郎中，變姓名入山。七年二月，再起兵，執至吉安，誘降不從，大罵死。

道行，字爲公，吉水人。諸生。

天威，臨川人。武生。從益王慈炲起兵，兵敗家族。永曆二年，與王山若聯諸豪帥，復宜黄、崇仁，入樂安。王得仁反正，授總兵，從招兵饒州。及攻忠誠，又招忠、吉諸豪助之。清攻南昌，從回救。南昌亡，與都督徐陞春、廖冠傑，參將張士顯，遊擊廖贊龍、劉子龍，都司戴飛龍，監紀李春生走崇仁執死。

雲從，寧州人。

行五，永豐人。

煥，豐城人。曹大鎬將，官都督總兵，屯花橋。永曆元年七月，與參將周易，遊擊朱先聲、楊震柱，守備羅華、張雄攻撫州塘皮灣戰死。

運光，南城人。官都司。永曆元年九月，與游魁攻崇仁孔溪死。

心國，崇仁人。官副總兵。工陂山陷，與監紀推官龔俊遇、龔輔廷，知縣龔震，都司曾光宗、胡雲龍，守備龔光祖力守死。

人龍，樂安人。官遊擊。清兵陷白石嶺，與遊擊陳魁、鍾繼祥，都司李日輝、龔定遠、曾先，守備龔傑、饒先貴力戰死。

大鼎，安福人。天啟元年舉於鄉。永曆元年九月，起兵廣信，授總兵。元貫起兵弋陽，合之。未幾，與總兵程雲，守備何戴，都司曾銑，把總張環、陳華、張先貴、陳靄攻弋陽敗死。二年春，別部都司詹尚仁、守備王紹基、把總蔣泰死廣信；總兵王紹忠、張雲，參將張會、劉黼，都司徐秀，監紀翁元杓復鉛山。六月，貴溪楊厚林復貴溪、弋陽執死。八月，鉛山陷，紹忠等皆死。

名世，龍遊人。偉容貌。隆武時，官總兵。永曆元年十月，以浙兵數千人屯安仁、浮梁，結寨山中。二年正月，與子三兒，及遊擊金奇抱，都司金麟、錢復龍，守備胡傑、胡濟，把總王卯、胡應元在饒、廣間被執，高冠大袖，訊之不屈，皆死，觀者悼歎。

元貞，餘干人。起兵霞山，衆千人。永曆二年十一月，覘安仁空虛，攻之，敗死。四王子某，尋以數千人復安仁，萬年告急。

復明，寧都人。曾應遴部參將。永曆二年八月，與參將侯一忠、李俊以四千人戰吉水死。參將習鼎升、徐曙春、熊清，守備李貞，以三千人自吉水敗走永豐山中死。

當寵敗歿後，撫、吉、臨、袁間義師可紀者：

黃加綬，萍鄉人。永曆二年，起兵應聲桓。十一月，合棚民復城。三年，清兵陷袁州山寨，遊擊周良宇、卜鳳奇，都司張問達、黃大用、歐陽勝、楊吉勝戰死，總兵朱永盛、曾加印走。二月，萍鄉陷，守備馬登雲、李正良、吳鍾戰死。三月，總兵揭玉卿及弟文卿、千總段雲、守備孔貴、棚民千總支勝吾執死。四月，棚民復萬載。未幾陷，守備江文傑死。六月，朱益吾、朱翰苑、李念嵩、李瞻峨戰三關九圖死。九月，復萬載。十月，戰荆橋，總兵左宗榜死。萬載陷，將丘以祥、知縣童聖功死。十一月，總兵黃乃忠攻袁州不利，與監軍僉事盧景岱、將潘國勳、守備李忠死。四年，加綬復萍鄉，斬知縣張賓，入山寨，暴卒。妻子皆執死。永盛、加印、高玉澤，副總兵范君佐、甘允貞、丘加職、陳君啟入山。十三年，起兵應鄭成功。二十八年，再應吳三桂，兵敗降清。

吳君寵，東鄉人。永曆四年，將胡和尚、雷正係獄，君寵起兵復東鄉，斬知縣汪基遠，未幾敗死。

高日洪，永豐人。小約。四年，復樂安，斬知縣孟學遷死。

萬寧，寧州人。先鋒。四年，入宜黃麻坑。五年春死。

曾明，宜黃人。五年，起兵死。

其後有廖文化者，豐城人。與佃僕茅裏鑽負奇力。五年，起兵數千人，終事不詳。九龍精，於五年九月，以萬人至宜黄。粤人曾九龍，於七年以萬人屯宜黄横石山寨。降將歐陽芬爲清執，九龍、管毓峨、蕭三才、董曙白降清。

譚漸，南昌人。十年五月，與賀正彪、于文、王有功、劉予生、陳勝、劉梧生、蕭彭子、羅天才、劉子義謀起兵南昌，執死。王大勇、劉貞卿亡命。

楊文，廣信永豐人。辛牛爲生，多智勇。隆武二年，黄道周敗歿，周天吉入永豐九仙山。永曆元年三月，詹兆恒死，浙江牛頭山將周立發敗回銅塘，標將黄魁宇以兵依天吉。時十七都殷吉民、祝八十爲清官，屯交洋，文歸之。八十與之隙，誣以通明，文乃以族入山，依魁宇。魁宇奴待之，文大憾。天吉亦甚魁宇，與文殺之而有其地。山峭壁千仞，下臨絶壑，上之者須接長梯，緣崖鑿孔，架成棧道。聞清兵至，則撤去棧道，猿鳥不通。上有大池，大旱不涸。立發思報仇，屢敗入閩，文勢浸振，人多從者，有勇將王覺、徐玉、劉彪、楊元、徐信、蔣俊、楊雙、謝毛頭、張烏皮、李克升。

二年，聞金聲桓反正，迎徐敬時爲謀主，命雙、毛頭、管應分攻江山。四年，永豐武弁朱萬年及邑人夏瑚應之。萬應龍起兵復樂平，斬知縣尹衡。文截閩、浙路，屢破清兵，斬數萬計。事聞，授總兵，封真定侯。

五年，雙攻江山周村，斬守備劉德源於周潭。六年，何子才復餘干，閩人熊應池屯廣信桐木源，趙國孝響應死。清、江、浙、閩兵會攻不下。文虎踞在山，清兵不敢犯。無何，文出戰釣潭失利，應池、周文庠降清。八月，文攻浦城漁梁，斬建安知縣李永華。十一月，文再敗木城，汪雷、楊三寶、楊欽、余龍，與總兵劉理順、周茂，參將陳明、歐相、周叔文、張漢、徐承祐、承祊兄弟，及文弟富同五營官目降清。八年十月，文巡陣，礮傷喉死，萬年戰死，參將劉彪舉文柩降，清猶戮其屍。山中餘粟尚可支二三年，皆資敵有。

餘衆魏福賢、陳紅旗、賴白旗、汪旗鼓、雷參將在浦城遂昌江山界。蔣俊走永豐詹家山，已與總兵柴勝合福賢，勢又振。蘧穎、戴士龍戰死。孫洪赴撫建降清。九年十月，福賢、熊振奇、熊奇芳、翁大泮、柴四、程和尚、詹紅旗、陳顛子，以三千人自衢州江山攻龍泉球川、毛村。十年二月四月，與余赤以五千人攻慶元，陳、林二部總兵陳甲死上隝田，副總兵呂光明降清。十二年，福賢等敗歿。

天吉，廣信永豐人。諸生。道周薦監軍。

敬時，字自定，上饒人。崇禎十年進士，候選北京，受李自成官。南歸，授黃岡知縣。從道周軍，遷湖廣道御史、兵科給事中。文死，知事不可爲，作絶命詩四首，朝服北拜經死。

子永祈，監軍，先卒。

國孝，河南人。把總。

福賢，鉛山人。與立發、陳德容屯浙閩江界。

宋朝宗，長汀人。趫武有智畧。永曆元年，徐自成、王昌起兵瑞金，劉耀中、葉南芝起兵龍南，曾斌、劉志腴、劉飛、劉飛龍起兵忠誠，孫仲奎起兵雩都，朝宗亦與林大典、宋獻忠、煙兵長蕭國忠、姚章甫、劉霖寰及三峯營把總王大勇起兵興國，各數百人。章甫被執死。

二年，金聲桓反正。二月，朝宗、大勇以數千人復興國，斬知縣柴震龍。大勇敗績，清兵圍梅窖，國忠戰死，衆推霖寰爲帥。朝宗、大勇及閩人張建臺、大勇將李魁華、黄正元、丁公偉、孫可貴、楊三、楊四，朝宗族人大登，分屯嚴埠、大埠、蔡嶺、蓮花山、朱家山山寨。大勇封興國侯，霖寰封雩都伯。霖寰開府壩南。七月，會昌民以城來歸，清兵屠之。八月，黎都復會昌，旋去，戴天寵執死。

三年，聲桓、李成棟敗歿，清兵至信豐，霖寰欲降，大勇斬之。

七年，朝宗、宋大宗、温都、洪都、蕭都、丘都、駱都以萬人走廣昌，已回守樂安、永豐、寧都、宜春、峽江、新淦、吉安、宜黄山中，開荒屯練，連合樂安、永豐小約，名六寶、宗德、同里諸會。累授太子太保左都督。清兵畏之。會師四進，朝宗出戰，金子襄、廖士龍，監紀吴瓊一，副總兵曾大勝，遊擊徐挺十，守備郭勝、何健一、方停二、曾瘦仔、李貴青、劉明、劉夏、劉萬死。三月，總統廖師隆，副總兵蔣英、廖定山，遊擊徐廷才、蔣庭拔、劉建武、鄒乾寶、劉望六、鄒貴林、陳興子、陳喬八、羅明四、李生春、先春、陳上駟、劉振華、王會子，都司董賢七、周明山、殺人王、陳毛仔，先鋒易鳳舞、韓英子、聶長子、葉鳳山、談六龍、曾言三，監軍僉事寧思白，永豐知縣陳福載，皆力戰死。吴勝、李火仔、鄧汝泰、董泰三戰宜黄大名、黄竹死。八月，清興國知縣李若垠、副總兵鮑魚攻瀧下，朝宗不支，被執沈水死。大勇謀攻城，若垠伏兵鳳凰莊林中。大勇中伏走，招之出降，爲可貴所殺。

自成，廣東人。亡命瑞金。六年，清兵至，潘宗賜斬薙役九人。清召張勝、沈士昌爲農官。會寧化黄通、石城佃兵廖須明合瑞金佃兵。九月，自成與僧鏡心劄八鄉衆五六千人，並牌入城，云大兵四十八萬即日至。鏡心爲鄉人所殺，自成救之，被執死。勝、范文貞合八鄉佃夫及羅榮五鎮謝泰禎、王海明、淩得三、楊建所、袁萬金刻日攻瑞金，桃洋兵應之。勝被誘執死，萬總、張俊明陣亡，須明援之走。渠都戰石背寨死。得三爲海明所殺，泰禎、海明、建所、萬全、宗賜皆戰死。文貞、何匡廷、徐磯走石城依須明。

昌，瑞金人。二年，屯九堡，與招臺鄉閻王總兵攻城不下。

耀中，龍南人。楊細徠故部。元年正月，從榮起兵龍南黃沙。十二月，合復定南，斬典史戴光昇，知縣呂應夏僅以身免。未幾戰死。

南芝，龍南人。族人之春戰歿，以衆數千人至南安，歸屯蓮花寨，授都督。十二月，與副總兵葉有樹、葉光芬至南埠，奉滋陽王妃及子居梅子寨，稱兩廣軍門，合粵人馮皋鳴共佐護之。後爲清將柯永盛執送南昌，皆死。

斌，贛縣人。與粵人羅聚奎，屯禾豐山。二年二月，合粵李德元、李時、李奇、劉思、董方策攻雩都、忠誠，至南岸，將渡江，爲清兵所敗，後爲土人執死。

志腴，贛縣人。屯忠誠魚骨寨。飛號劉大刀，屯土橋。皆授都督。飛龍屯金家峒，授總兵。二年閏四月，與參將姚元藻屯興國、上猶，與廣東馬、劉、沈三姓兵攻忠誠，後敗死，飛龍執金家峒死。

仲奎，字天武，雩都人。諸生。力學工文。忠誠急，與弟仲璧以兵餉入援，上轉輸兵事二策。日督鄉兵戰河西，多斬獲。忠誠亡，保寨自守。二年七月，連絡信豐、興國、寧都、瑞金兵。清兵掩至，執死。子詔再起兵，與曾斌、李球、袁春蘇等再戰，中礮死。仲璧，字摘星。諸生。文行如兄。

大典，興國人。起兵，授僉都御史。兵敗，與總兵吴宇執死。

國忠，興國人。武生。精騎射。章甫，興國人，以貲雄。北京亡，二人同奉知縣林衍培命起兵，屯白羊坳。清兵至，國忠屯東岳廟，章甫屯瀧下水真君寨。可貴，雩都人。王得仁攻忠誠，率數千人從之，獨以十八騎衝入郛，會銃發而退，不損一騎。旋屯山寨。清兵七攻之，皆敗。後斬畔將王含瑣。十一年，爲清誘執死。大宗，興國人。七年，屯興國、永豐、雩都山中，衆至數萬。二月，與副總兵徐孔攻新淦死。四月，都司陳文魁戰南豐死。

英，吉安永豐人。

明泗等，樂安人。

其後起兵者，有陳鳳、張和尚、李時戴、番天營、范日星、温玄、符烈、曾人傑、曾成吾等。鳳，定南人。隆武二年冬，與丘華、袁萬、廖九齡以二萬人攻定南。永曆元年，袁三總、楊三舍數萬人攻定南，皆不下。三年，與閻可義復定南。四年，再攻定南敗。和尚，桂東人。三年七月，自桂東攻永寧，至上猶。五年，復營前城。時戴，英德人。五年，與徐都至定南。六年十月，與鳳自大坊復定南，斬典史蔡國相。未幾敗死。

番天營四營、八營。二年，與張自勝屯永豐桑嶺，與清兵此出彼入。四年正月，韶州陷後，賴軍門以萬人屯仁化水坑，戰死。七年，攻安遠長沙營、孔田各寨。八年，敗死。

日星，雩都人。八年起兵，十一年死。

玄，石城人。總兵，八年起兵。

烈，廣昌人。八年與吳世高引麻布兵攻城，四月降清。

人傑，吉安永豐人。九年起兵死。

成吾，贛縣人。九年，與符文英守鎮南、太湖二寨死。十二年，郭順老雍等自興國攻吉水、永豐，戰枸樹嶺死。

陳九思，饒州人。長身偉幹，雅有氣概，以知兵稱。南京亡，起兵。紹宗立，授監軍副使。

永曆元年，金行生、吳惇信等先後起兵徽州。二年，金聲桓反正，九思與孫長明、汪五、汪伯昇起兵徽、饒間，連潘永禧及廣信黄炳、張鳳兵，衆至數萬，以李大棟爲樂平知縣。三月，黄之貞合黄嶺忠義霍桂滋復祁門、黟縣、休寧，自徽州北及無、巢、和、含皆響應。無何，黟縣、休寧陷，之貞走。吳國禎故同金聲起兵死，至是餘衆起攻祁門、徽州。

三年，聲桓敗歿，九思與劉斗猷、董明魁、劉文輝、金曉保山中。出復德興，斬知縣王起彪。十二月，五、伯昇戰死，九思家四十人死。

五年，楊萬科、管二、管有緡、楊大生起兵蕪湖石臼鷺鷀湖死。七年，張惟良起兵徽州赤嶺死。八年十一月，劉時祥、吴四、楊棟敗死徽、寧，高士瑄起兵涇縣山中執死，洪國柱、繆武章在饒、廣山中降於清。

十三年，鄭成功圍南京，九思與吴千斤應之，斬寧國知縣劉思鉉，合許大成、王觀祖、李芝、王兆貴，兵勢頗振。十四年十二月，與曉攻浮梁。

九思於十二年中，百戰南、饒間不屈，揭重熙疏薦「雄撑半壁」。及成功入海，勢漸蹙，遂以衆降清。千斤走沭陽死。二十四年，朱天錫以數千人自安仁降清。

行生，休寧人。官總兵。元年七月，起兵祁門張公山，總兵金希生，守備吴三位、孫得力、陳明，把總王啟明戰敗被執死。歙人曹和機以數千人起塘村死。都司李文達攻休寧死。行生據山險，清兵仰攻，多死礮石。已把總僧寂承被執死，清兵大集，文臣許祥、陳友，都司陳仁、陳福皆死，行生不支，走浮梁死。太平王吉攻涇縣，青陽徐五可、曹章寶，桐城金飛錫起兵，皆死。

惇信，饒州樂平人。元年十一月，與王宏嘉起兵樂平、浮梁、婺源。婺人吴良臣、程琦、程陽各以衆數千復城，走死。三年，程濟、魏君選起兵涇縣涌溪死。十一月，都督曹志攀、總兵汪文生敗績饒、廣，降清。總兵王俊以歙縣黃山寨，總兵汪永高以張公寨，副總兵江溥以五都寨，監紀程正邦以黃尖寨，副總兵霍維倫以寧國大義寨，副總兵朱國相以天目寨，遊擊葛惕中以華陽寨，相繼降清。

永禧，貴溪人。聲桓部總兵。與僉事許甲以饒州隨反正。再攻婺源敗績，乃棄饒走。十三年，敗潭口死。

萬科，蕪湖人。

惟良，休寧人。

大成，旌德人。與副總兵方開之，監軍高繼先，中軍劉四九，參遊于生芝、馬義魁、胡春信，守備汪伸，受劉起兵旌德。南京敗，皆執死。

伸，寧國人。武生。

觀祖，饒州樂平人。十三年，樂平弁杜宧劫庫死。七月，觀祖以四百人復樂平，斬典史沈大林，被執死。程光謀內應浮梁死。金之仁、謝天錫起兵餘干死。

芝，河南人。清九江遊擊，反正祁門。攻婺源，董玉、姚大奇戰死。復浮梁，攻黟縣，把總劉養心、李龍戰死。芝與田養芝、戚永茂，把總劉從甲、唐士奇降清。

兆貴，歙縣人。與何老二、程德秀、汪先生起兵徽、寧、池、饒山中，前鋒楊大旗戰死，范質、何明、趙大、徐六公子執死。十四年，立寨蜈蚣山。二十四年二月，爲丘越執致清兵死。

李元胤，字源白，淅川人。本姓孫，儒家子。幼孤，依陳永福將賈氏，冒其姓。賈死，李成棟養爲己子。貌輕倪，而心計密贍，有器量，稍讀書，知大義。成棟之降，從入廣東，怏怏不就官。金聲桓反正，元胤從容謂成棟曰：「萬一金將軍以尺書至，大人當如何？從之，則必屈於金；不從，又不能懸軍萬里，爲清守海嶠。」成棟乃與登越王臺，敷氈藉草語三日。元胤遂召袁彭年入成棟卧内，語竟夕。遲明，遂冠帶拜表，授錦衣衛指揮使左都督。

昭宗幸肇慶，成棟往廣州，治兵度嶺，元胤留掌絲綸房，以本官領標兵二千爲禁旅，與龐天壽、馬吉翔分督扈衛。尋晋吏部尚書，而以成棟門幹吴之蕃掌錦衣。元胤縝密謙抑，終日語不及朝政，而彭年、劉湘客、金堡、丁時魁、蒙正發輒倚以陵侮朝官，當時有「假山圖五虎」之號。然元胤爲五虎所愚，而不自知也。

吉翔納交宫禁，輒以中旨授僉都御史及郎署官，彭年、堡奏裁抑之。吉翔怒，欲傾之。元胤不平，告成棟密疏諷上。疏入，吉翔益怨元胤，然元胤自朝請外，不一問國政，吉翔不能持短長。

佟養甲密遣人北歸自理，兼約内應。事露，成棟欲誅之。元胤曰：「養甲秩七卿，而大人以意誅之，不可。」乃密奏上召養甲，養甲以疾辭。元胤乃詣養甲曰：「公內附無功，而居八座，受伯封，殆將不可。公何不請屯梧州，部署梧鎮兵，自懷集出楚，合何督師，與家公東西犄角，大勳可成也。」養甲大悅，冀得擁衆自楚歸，因疏請西出師。元胤密奏之，上許之。舟次都城驛，元胤入奏曰：「養甲偃蹇稱病，而命出楚，則踴躍就道，其畔審矣。」遂請命張善率禁旅追誅養甲。

成棟敗歿，上命統其軍。元胤以年少望輕，不宜居諸將上，力辭。而諸將不和，馬寶、董方策退德慶，楊大福退梧州，羅成耀棄韶州。元胤入奏，上命誅大福、成耀，寶、方策斂手，請爲御營親兵。忠貞營在潯南，亦下令禁侵掠，軍政稍肅。

時清兵日逼，二衙門猶日事考選、考察、賂賄，羣臣求加級，三代恩綸、蔭子、貤封，無一以國事爲念。永曆四年正月元旦，封南陽伯，流涕固辭，不得，乃勉受印，而章疏多不改原銜。三日，南雄陷報至，舉朝大駭。惡元胤、五虎者，勸上幸梧州。夏國祥趣上登舟，百官倉皇就道，元胤乃奏曰：「百官皆去，將委空城以待虜耶？皇上自西來，今日仍西歸。元胤留之，恐宵人謂臣有異志，一朝不戒，生劫入舟。至今思之，猶背負芒刺。但廣東一塊土，臣父成棟立功於此，殞命亦於此，皇上若猶顧念東土，臣願留督肇慶，與杜永和互相堵禦，以壯聲援，此元胤之職也。」上手詔元胤留守，督理各營，與吉翔、天壽、方策、陳邦傅督兵援廣。

永和恐諸鎮分其權，上疏止之。元胤不得已，陳舟師三水，戰數日，勝負相當。元胤欲入城共守，永和不許。清兵迫，永和已棄廣州走海口，元胤移書切責，永和復入城固守；吴文獻、張月、李建捷亦屢有斬獲，行在少安。加太子少保兼兵部右侍郎。晋侯。

會詔獄起，邦傅等疏攻元胤。是年五月，元胤、高必正先後入朝。元胤伏地請死，曰：「堡等非臣私人，有罪不處分於肇慶，必俟到此地，是以臣與堡爲黨也。向以封疆事急，不敢請罪，今事稍定，請正臣罪。」又曰：「臣父自虜中歸順，堡從黔、楚來，從無交往。彭年與臣父子同謀反正，陛下自擢都憲，臣父子不敢以一字薦彭年功。彭年、堡自行其志，於臣何涉？臣父子自以反正功，蒙不次賞，何求於堡？堡間關從扈，而通籍十年，官止七品，抑思文皇帝所授也，堡亦何藉於臣父子而爲之援？今援師逗留，臣旦夕與廣州俱碎。臣父死，臣且繼死，而言者必欲中臣，不知何心？」因痛哭曰：「臣誓以死報國家，而猶謂臣結黨欺君。臣不足恤，恐天下懷忠憤之心者，將以臣爲戒。」復嗚咽不能起。上慰勉再三，曰：「卿大忠大孝，朕不疑卿。」命必正掖之，必正亦爲之墮淚。元胤復曰：「皇上既不疑臣，何爲以處四臣之故，賜臣敕書，令臣安心辦事乎？」太后遽曰：「卿莫謂堡等好人。卿如此忠義，顧謗卿謀反？」元胤曰：「謗臣謀反，有本乎？面奏乎？抑傳言乎？」上不能答，慰諭而已。

既廣州陷，參將宋裕崑以肇慶畔，元胤走。桂林繼陷，上復幸南寧，邦傅劫之中途，百官星散，元胤身先士卒，追扈痛哭，哀動左右。

孫可望殺嚴起恒，元胤忿，請出靈山，收高、廉、雷兵，迎駕防城，入瓊州，就永和，恢復廣東。會李明忠敗，高、廉、雷陷，邦傅亦畔，元胤命所部護蹕。而身至南海，檄舊旅。

五年二月，至欽州，與鎮平伯周朝爲土兵王勝嘗所執，絶粒九日。送廣州，見耿繼茂不屈膝。白梃交下，元胤曰：「鼎鑊不懼，何有於梃？」令作書招永和，裂眦曰：「即羊城不守，繕兵窮海，差有丈夫氣。將軍有死耳，草不可得。」已聞永和降，慟哭三日。繼茂義之，使其故人説之曰：「能截髮杪，便可長壽。」元胤不爲意。故人又曰：「將軍昔未受國恩耶？」元胤曰：「某昔者不過帥府一親人耳，今爵通侯，司禁旅，狼狽被禽，計惟一死報國。豫讓不言之在前乎，吾父侯九京久矣！」五月八日赴市，臨命，自擇三洲口，令從者移置胡床西向坐，曰：「吾君在西也。」顏色怡然，與妻子同遇害，投屍江中，三妾入海死。一女二歲，元胤先令人沈水死。

建捷，字敬赤，真定人。亦成棟養子。膂力過人，驁雄善戰，與永和先登陷陣，封安肅伯。成棟歿，率部自信豐歸，協守廣州。數突門出，身從驍騎數十，直陷重圍，斬級挂馬首，往來披靡，以爲嘗。晉侯。廣州陷，走梧州，同元胤護駕。欽州難作，時已登舟出海，聞元胤執，曰：「兄死，我忍獨生乎！」歸與同執。元胤語「弟可無死」，大聲曰：「吾反舟意云何，奈何獨棄弟？」遂同死。總兵袁勝、前鋒將李用朝亦死，李開祖降於清。

又張仕新、張祥，官都督。上回肇慶，仕新與周朝佐、車任重、郭登弟同封叙。元胤命誅養甲兵三千人於梧州，尋命收海上石、馬、徐、鄭四姓之衆，訓練水師。

賈士奇，武清衛人。歷河南都司、大同東路參將，加都司僉書。成棟反正後，授鑾儀司，與元胤同譜，終事不詳。

閻可義，汲縣人。崇禎末，以副總兵防河，與淩駉兵相應。後歸李成棟，遷總兵。

永曆元年二月，以清兵陷高、雷、廉，屠吴川。四月，與總兵黄恩、副總兵李棲鵬陷瓊州。

二年，成棟反正，封武陟伯。五月，破新會土寇陽江海瑚。時以兵道王爾揚守瓊州，移恩、棲鵬兵度嶺，前鋒圍龍南，六月至九月克之，斬知縣吕應夏，以食盡去。十一月，成棟出師，命可義以六千騎攻忠誠。至南安，與高進庫相持。

三年正月，命陳鳳、廖九齡、張赤須、楊大總、方有圜攻定南，謝卜清爲内應，斬知縣曹邦偉。

二月，成棟敗歿，命以僉都御史巡撫南雄，督棲鵬、都督同知總兵葉承恩分守韶州、懷集。三月，殺總兵馮高明，將士入韶州山中，不爲用。楊大福燒營東下，可義斷指自誓，力守大、小梅關，設木城四，大礮環之，軍心始固。耿仲明、尚可喜爲頓兵吉安者一年。上遣內侍齎敕獎之，并命羅成耀自韶州入援。先，成棟死，印傳棲鵬，至是以可義有功，再傳焉。

七月，可義與董方策大舉攻南安、信豐、崇義。四日，清崇義兵南犯，練九成下官頭羅明、崇義巡簡楊君質執死，成耀、馬寶、丘甲、孔甲入山。七日，清南安兵攻關，兵不守，走南雄。二十三日，清兵自信豐南陷木城，總兵棲鵬、羅士珍，副總兵陳杰、吴邦賢、薛維武、嚴森、張登雲、李成功執死；副總兵江起龍走；可義仍守南雄。十二月除夕，城陷，與總兵楊傑、劉治國、董恒信、鄭國林，副總兵潘紹霖、蕭啟、推官趙維藩，與陳復虞、譚鼎臣、甘起元三十餘人，及兵數千人，力戰死；田希尹降清。清憤屠城，紳耆男婦不屈死者殆盡。

大福，河南人。守梧州。反正，封安樂伯，驕悍不法。可義、杜永和守南雄，與之相左，走。命扼封川，劫奪民舟，襲李赤心，焚懷集、四會，殺黔、楚奏使。上大怒切責，遂通劉希堯等謀畔。李元胤偵知之，密奏：「大福在輦轂側，輒恣殺掠，明詔責之而遽欲畔，不亟誅之，何以令四方？請下温詔召大福，令與永和分將。大福幸與臣無隙，臣親齎往，召之必至，即顯戮之闕下，可無須一矢力也。」上乃授元胤、魏豹敕。元胤入大福軍請之，大福果應召赴闕，愔愔自以爲奪永和軍。元胤馳密奏，請以永和、張月兵分伏靈羊峽上下，各以單舸會大福。翌旦，大福、永和、月陛見，元胤、馬吉翔侍。上慰勞已，召大福升，稍詰責之。吉翔色動，大福覺，方拜伏次，遽欲起。元胤自後奪其佩刀，大福走近御座，將劫上，吉翔失聲而走。元胤大呼「大福不得無禮」，蹴其背仆之，衞士乃縛大福出宮門。詔至，縊殺之。大福軍亂，月、永和軍自東西至，皆鼓噪露刃相持。元胤朝服單騎捧敕入其軍，大呼「有旨誅大福一人，諸兵將不問」，軍乃戢。兵二千人歸元胤。

成耀，嵩縣人。左良玉部副總兵。楊嗣昌命與蕭應訓、毛顯文剿馬守應、賀一龍、藺養成、黄。後降成棟，陷陽春，害都司楊巽。反正，命迎駕。永曆二年七月，皇后千秋節，百官候朝，承耀執吉翔、陳邦傅大辱之，責其留駕不幸端，衆解之乃已。封寶豐伯，以劉承胤幕客汪在湄爲監軍御史，出援南雄，怯懦不前。可義死，劫何吾騶輦餉，與南韶道薛宮棄韶州，遊擊陳子秀降於清。上幸梧州，自高州出肇慶，合元胤攻三水，晋侯。納款於清，請取肇慶自效。僞以舟師會元胤，元胤偵得其情，密奏請除之。四年九月，上密敕元胤誅成耀。元胤陽與交歡，語次稍誘之，成耀微露情實。一日，成耀過元胤飲，吉翔在坐，中酒，命汎舟中流。元胤素好諧謔，忽起倒拽成耀繩床僵，元胤壓成耀胸，捽其脰。吉翔不知，猶曰：「謔何惡也！」其左右遽拔利刃剸成耀喉，刎其首，吉翔驚仆。元胤徐掖之起，以敕示曰：「有詔令元胤誅成耀，而令公收其兵。」移屍滌血，行酒歌吹如故。已而吉翔召成耀中軍，示以敕。元胤已督舟師扼下流，成耀軍不得奔，皆歸順。

傑，渭南人。初守南雄，衆懼議降。妻蔡厲聲曰：「受命守城，城亡與亡！」傑命千總往麥嶺堵清兵，而陰與知縣降。傑偵知，斬二人，自與指揮王之炌力戰五渡，兵少不支。圍二日夜，城中民兵救之，潰圍出。清兵退大庾黄龍鄉。傑時出襲，城内應之。除夕，斗城樓火，傑往救。清兵突從外城文明門入，蔡亟調羸兵數十伏民舍，復令家擲椅桌盤盎於市，兵過輒仆，被殺數十人。傑單騎疾戰，中數刃死。蔡聞，自經，家屬多自殺。

復虞，保昌人。選貢。岑溪知縣，抗詞不屈，腰斬死。子貢生某，救父死。

鼎臣，保昌人。選貢。布政經歷。助守城，竄火死。

起元，始興人。永曆選貢。與妻女井死。

希尹字莘野，鄢陵人。可義監軍副使。

在湄，不知何許人。嘗劾吾騶，爲元胤所逮。

杜永和，字際泰，通許人。李成棟中軍。反正，封江寧伯，隨扈肇慶。與蒙正發陛見廷爭，廷臣盡詠。已從成棟攻忠誠，退信豐。成棟歿，有親隨戎旗三千最驃悍，永和絜印全軍屯梅關，上命劉遠生慰勞之。馬吉翔挾駕西幸，永和請留，涕泣謂遠生曰：「上西幸，則竟棄廣東，付之還虜。諸忠義士與成棟反正者，亦付之還虜，令其殺戮。爲上畫策者，亦何其慘也。」尋擢太子少傅、兵部尚書，總督兩廣，領嶺上軍，恢復江西。

永曆三年六月，聞北京有變，拜表北伐。七月，以兵數萬攻南安、信豐、崇義。諸將不戢，馬寶、董方策、楊大福不受節制走，永和乃駐廣州。十一月入朝，稱庾嶺、廣城萬無一失。上悅。復以五虎把持爲言，丁時魁等少戢。

四年正月，羅成耀棄韶州，永和保清遠峽，與廣東布政使江㯙、副使戚元弼倉卒登舟出虎門。李元胤移檄責之，回城，合張月、李建捷、吴文獻固守。清兵先後殲仁化賴軍門十三營、翻天營、鴞虎營，陷清遠，分二道進迫廣州。總兵鄒文光率子以小舟僞作田夫裝，偵敵慕德里，將襲清遠，追敵中伏，被執皆死。已斬其輕車都尉尚可福、遊擊張大奎，城中男女皆登陴饋餉，鄉民亦各結寨自保。捷書往來，行在以是少安。五月晋侯。成棟諸將畢侯。永和辭，劾萬翔市恩濫封，并收諸將印，俟成功頒給。徵碣石蘇利兵不應，惠、潮降，東援絕。總兵梁標相、劉龍勝、徐隆國，化州知州鄧天任，殺元胤守船旗鼓任捷，自肇慶入海降清。

廣州三面臨水，永和築新城，外復爲二翼，傅江爲礮臺，水遶之，惟西城爲山麓，永和樹木栅叠石以守，開三濠通海潮，泥淖不能攻。清長圍困之。暑雨蒸溽，弓弦解膠。幾退師，而高必正師西走，寶、陳邦傅、馬吉翔師敗清遠，元胤在三水不得進。清兵百道圍益急，礮聲震百里。尚可喜、耿繼茂屢書招降，力拒。永和白皙善機畧，嫻守戰，嘗自運礮，置白鏹城上，將士益效命。又能整暇，於鎮海樓上張宴。可喜、繼茂曰：「不謂吾曹遂死此地。」自二月至十一月，凡攻守二百七十餘日。晉瑞國公。會萬壽節，永和率文武朝賀。西外城守將范承恩故皂役，衆號「草包」，永和於班中呼之，大恨，潛通清兵。清兵薄外城，令兵舍騎，徒涉泥淖，冒矢奮戰。承恩退內城，清兵毁木栅，礮擊西北隅，城崩，承恩劉正學、遊擊鄭昌仁降，總兵楊有光、副總兵魏廷相力戰死，廣州同知胡嘉賓執死。永和與櫆、月、文獻、張道瀛、殷之榮，及總兵李元泰、李國棟、李建標，率舟數百還肇慶，走恩平，扼高、廉、雷。已航海保瓊州。六年二月，以衆數萬降於清。後潘宗璉、周隆自文昌降清。

方策，延川人。反正，授總兵，封宣平伯，晉侯。守德慶，兵敗入山。十七年三月，起兵廣州，敗走。終事不詳。

櫆，池州建德人。萬曆四十六年武舉。累官遊擊。崇禎九年，陳永福被圍內鄉、淅川間孫崖，救之得出。寇在鬧峪高山，從東山口攻之，寇走南山。歷蒼梧參將、副總兵。

文獻，字振伍，通許人。反正，授總兵。廣州之守，總領水師。四年八月，封尉氏伯。

標相，一名秀蘭，東莞人。崇禎十七年，與石、馬、徐、鄭及寧州鍾八，山寇李萬榮、姚金、羅欽贊、袁遇登、姚皮二爲亂，稱紅旗兵。後歸陳子壯，屯東山白水。兵敗降清。隨成棟反正，授總兵。永曆六年，再反正，戰死。

承恩，淮安山陽人。成棟旗鼓。命接眷嵩江，至南昌，爲王得仁所留，數月歸。反正，授都督同知總兵，封陽春伯。後再降清，再反正，兵潰死。

正學，安丘人。正宗弟。諸生。反正，授參將。

道瀛，遼東人。反正，授總兵，封鎮安伯，晉侯。

之榮，字肖宇，商丘人。反正，授總兵，封儀封伯。

同時趙千駟，字浚儀，上元人。武進士。襲南京留守後衞百户，歷灄洲遊擊、參將。崇禎十七年三月，平白蓮教，累遷都督同知總兵。與西寧知縣倪在幹從丁魁楚降清。反正，以國戚饒於財，結吉翔，挂將軍印，封輯寧侯。元胤命將代之，千駟請入衞。永曆四年九月卒。

嚴遵誥，不知何許人。總兵。從丁魁楚降清。反正，授都督僉事，管嶺南道事，駐南雄。終事不詳。

張月，元氏人。李成棟將，與楊大福陷高、廉、雷。反正，授總兵，封博興伯。同杜永和守廣州，總領陸師，隨方固禦，時穴城出戰，敗清將許爾顯，大有斬獲。清兵退，得舟三百餘，器械無算。晋侯。永曆四年十一月，清兵疫饑，殊死鬭，又敗之，燒其甲。尚可喜、耿繼茂方對坐，礮碎其案，怖欲死，乘夜集攻西門。城壞，月以大礮殺千人，積屍没脛，城得不陷。清兵繼進，死者六千餘人。永和獎金杯、錦段。可喜、繼茂後以死士三千乘屍上，萬矢翼後，從北門觀音山雲梯登，守者不得正立，猶斬數百人，至手僵不舉。清兵退而進者三。會日暮，守者力盡，城陷，走瓊州。

六年九月，執李明忠以高州降於清，仍屯其地。八年三月，李定國至，與副總兵李之珍密款，執參將陳武反正。後不知所終。十年，雲曇義師曹王執死。

之珍，字蛟川，榆林人。

郝尚久，商丘人。少爲盜，反正。崇禎末，累功官參將，隨淩駉防河。駉死，被執不屈，致北京。已隨李成棟南陷閩、廣。永曆二年，與車任重反正，授總兵，封新泰伯，守潮州。

三年三月，鄭成功屯詔安，命楊乾生通之。尚久入大寨，殺鄭鴻逵將巫叔英、黄甲、黄斌、張火攻等。成功欲攻潮，黄海如説之，乃止。六月，羅英起兵圍惠來死。

十二月，尚久與守道沈時、知府王朝鼎降清，劉世俊被執不屈死。遣使導耿繼茂、尚可喜間陷南雄。四年正月，陷鴛、鴦二寨，爲丁宗同所拒。

四月，成功攻新墟寨，尚久援之，大敗。六月，成功討蘇利碣石不克，旋師圍潮，乞師於漳州總兵王邦俊。邦俊兵至，成功退潮陽。五年，黄鼎起兵普寧。

七年，劉公顯、李班三分屯潮陽、揭陽通成功。張孟秋自饒平攻程鄉、大埔，郭之奇書招尚久，乃與鴻逵、成功、陳霸、利合兵。

李定國入粤，海陽士弁鄧玄以成甲寨歸成功。可喜調尚久兵，不應，曰：「世受國恩，今上在桂，舉義，垂名萬世。」遂於三月十五日，與知府李元發，將張孟秋、韓天鳳、黄錦、梁應龍、鄒鎏反正，命張自新、管萬入奏。命掛復明將軍印，晉侯。

尚久、柯平、林有聲招兵普寧，副總兵李國用以揭陽反正。分兵徇潮屬各邑，以王之都爲知縣；副總兵蔡俊、張鵬翮以饒平反正，劉華爲知縣；副總兵楊俊以海澄反正。會總兵蔡元攻惠州，龍川知縣焦甲以城來歸。總兵余仁、許龍、楊廣、吴其亨、吴貞亨，副總兵蔡傑，各以兵數千應之，爲黄應杰所扼。饒平陷，都督黄球、張鳳、胡榜執死。命李天蛟、王得勝復惠來，未幾，城陷死。命龍攻潮陽不克。五月，尚久自將攻潮陽、饒平、大埔、程鄉，皆不利。復攻普寧，吴天禄反正，平東山寨。先，潮州反正，蕩虜將軍吴六奇，總兵鄒瑞、鍾朝、吴鳳、楊真、馬嵩、王金，守備吴漢有夙約，至是不至。元龍尋降於清，與可喜、繼茂、利、六奇、劉伯禄、郭虎、班志、哈哈木十萬人合圍潮州。成功命陳六御統楊祥、江龍、黄梧、蕭泗、吴豪救之。以前揭陽隙，疑而不納。

九月，命楊時清因郝文興乞師成功。尚久惑巫術，慮城中變，於城北金山城頂築堅寨，鑿二井，深百尺，源通韓江，飲萬人；又修倉庫，積糧餉爲久遠計。領旗王安邦畔。十一日，可喜於二更梯西南角上，城陷，與子堯井死。總兵吴萬雄、吴廷楨，惠潮道李兆京及楊琪華、陸應珪、楊世俊、鄭科偉、王應試被執，不屈死；知府薛信辰、潮陽知縣劉文英、澄海知縣熊復基、揭陽知縣黄世標降清。清兵屠城，死者十萬人。

任重，歸善人。本海盜就撫，累官參將。隆武二年二月，與新任敖柱不合，嗾其中軍羅昌畔，合陳耀圍惠州。冬，調王承恩中軍，旋降於清，授潮州總兵。反正，加太子少保、都督。永曆二年，以海陽教諭傅相署普寧知縣。十二月，以私憾殺肇慶道李光垣、南寧知府淩犀渠、懷集知縣岳桂。横苛肆虐，百姓側目。成棟命尚久聲言援漳，假道城南。三年元旦，輕裘緩帶，從者數人，入城拜見，任重接見。尚久禮益恭，尊爲前輩，并陳閩求救之切，請予策應，夫役已備，剋日起行；任重許之。尚久出，屬親信於寓所虔禮款散其左右，藏兵於內，整部伍於外，約聞礮聲即攻門。任重不疑，出城答拜，中計被執死。

英，普寧人。從張家玉兵，授監紀推官。元年七月，起兵圍惠來。二年六月，攻靖海所，知縣呂建周乞師於府都督湯家璧、監紀推官李元發。八月，英與黃亮采、韓起金、温韜魯復所城，斬守備陳襲。三年二月，復荆隴寨。六月，攻惠來死，部數萬人同殉。

時，鳳陽人。薦舉。縣丞。崇禎九年疏請開采。降清，自永安知縣累遷潮州知府、糧驛參議。

朝鼎，丹徒人。選貢。陽朔知縣，南雄通判遷。

世俊，瑞金人。潮州知府。

鼎，字秉國，饒平人。授徒爲生。三年八月，引潮陽李芳入普寧。十一月，鄉總何一郎引九軍至，鼎與李馨、丘聲聞攻一郎，一郎走。鼎依成功爲援。六年，鼎、馨、聲聞執死，一郎亡命。

自新，字衡宇，侯官人。從徐孚遠海上，官都督。

元，字完赤，歸善人。

仁，惠來人。土弁。二年冬，與余魁攻饒平走，四年降清。再反正。九年，屯潮陽。十二年，與余欽、劉亮、余鳳、陳茂昭皆被執獄死。

萬雄，字廷楨，程鄉人。

琪華，字素庵。崇禎十二年舉於鄉。

應珪，字海觀，揭陽人。崇禎十五年舉於鄉，工詩文。不屈叢射死。

世俊，字元生，揭陽人。崇禎十五年舉於鄉。

科偉，字璿夫，揭陽人。有文行。城破日，曰：「披髮而生，不如束髮而死。」慷慨自刎。

信辰，字侯執，無錫人。順治六年進士。終浙江布政使。

光垣，晉江人。崇禎九年舉於鄉。嶺東參議，降清。反正。

犀渠，字貞宇，烏程人。尚書義渠弟。選貢。弘光時，潮州贊畫、知府。

又吳式亨，字輝庵，揭陽人。武生。授把總。隆武元年七月，敗公顯將潘俊。二年九月，城陷，獨守城西營不下。十月，大破九軍，與桃山、地美二都民築圍力守。清陞參將，不受。先後殺劉漢益、吳元。元爲九軍十八將之一，又名金甲，與公顯同破揭陽，後與許元烈奉宗室由榛監國，已又降清，殺元烈。由榛亦爲任重所害。至是斬元，人皆快之。其後潮陽陳拔伍攻鳳山，和縣陳之昂命諸生鄭作梅乞師，式亨督兵深入戰死。

王永强，吴堡人。驍悍善戰。崇禎八年，馬光玉薄西安，洪承疇命邀擊其北，光玉走。

已從孫傳庭軍，大捷寶雞、郿縣，守潼關。再捷澄城。寇畏之，稱爲王虎。自中路參將累擢總兵。弘光元年，吴三桂以清兵至，戰流曲川，斬殺相當。以無援敗，死者萬人，後降於清，官延安參將。

姜瓖反正，巡撫王正志檄防清水營黄甫川。神木高家堡田秉貞、張雍與故，參將高有才、郭毓奇斬神木道夏廷印、知縣徐之龍、遊擊鄭世英，以神木、府谷起兵。神木邊外長素斬清吏，以萬人攻寧夏。一時花馬池及寧夏、靖邊皆響應。永强、高名顯於永曆三年二月，率兵馳一日夜，突入榆林，屯凱歌樓下。聲言瓖分兵過河，已將歸守延安。總兵沈朝華知變，襲永强，至神木隘口，被永强生得之。有才已又馳檄招榆林，云大兵且至。榆林道孫士寧、雒川知縣左射斗，斬正志反正。王永鎮内應，復延安，斬知府宋從心、同知張有芳、守備萬廷貴。復安塞，斬知縣黄瑶；復宜川，斬知縣尤一德。延、榆十九州縣皆復。永强自爲定國招撫大將軍，有才爲經署，士寧爲延綏巡撫。齎詔官張星改名李辰，爲榆林道，召魚河故將平德爲山西總兵，毓奇爲遊擊，柴化愚爲黄龍山同知。

永强勒兵復同官、鄜州，斬河西道王希堯、知州李芳澂。有才亦復雒川，斬知縣郭璨；復白水，斬知縣趙瀚；復宜君，斬知縣賈士璋。出兵富平，斬朝華及遊擊梁國棟。三月二十一日至蒲城，民開門迎師。父老大會明倫堂，爲威宗發喪。父老流涕曰：「不圖今日復覩漢官威儀。」

永强以恢復爲名，所至民爭從之，關中震動。永强、德復蒲州，渡河至美原。張再元、張小亭復臨縣，斬知縣張耀祖。六月攻平陽，劉光明執死，劉四亨戰峪口村死。德斬都司魯班禮、劉懋德。平陽、翼城終不克，浮山遊擊李元標降清。

時吳三桂、李國翰兵大至，永强、有才拒戰流曲川。永强所將皆三邊勁旅，衣皂甲，持棗梃，一擊則人馬並斃。是日，三桂兵敗。明日再戰，三桂陽北，散甲馬盈野。永强爭利陣亂，三桂襲之，有才竟走，遂大敗。三桂至蒲城，招降王永祚、秦一藩不應。民大罵之，三桂怒，力攻五日，城陷，永祚、一藩皆死，兵民屠死者十餘萬人。宜君、同官、延綏、宜川、安塞、清澗皆陷。七月，趙鐵棍自延安攻宜川死。十月，榆林陷，永强戰美原大敗，走蒲城石浦川。部將藍基畔。永强自經宜君石壁死，名顯死吳堡，有才入府谷。

德先渡河合李建泰復平陽各邑，圍平陽不克。聞美原之敗，退紫陌。六月，三桂兵至田莊，德逆戰大潰，走葭州。八月城陷，復東渡河，三桂追及。至是，與壯士劉通宇斫清兵數十人，被執死。

府谷城險峻，據高臨下，清兵數渡河仰攻之不克。有才數以巨礮俯擊保德，清兵多死，相持年餘。四年十一月，食盡不降，民婦女數千絳衣盛妝皆投水死。城陷，有才、毓奇自沈死；士寧及副總兵賈梧、遊擊李鼎鋐、官三百餘、兵千人亦死，總兵郝自法降於清。

有才，安定人。

毓奇，字玉麒，延川人。總兵。

射斗，汾陽人。順治二年進士。

德，榆林人。

化愚，平陽太平人。武進士。清延安守備。永强敗，再降清。

永祚，鞏昌寧遠人。延安參將。被圍蒲城，三桂勸降不從，自刎死，贈總兵。

一藩，字翼明，蒲城人。萬曆四十年舉於鄉。歷寧鄉、太平知縣，河南同知致仕。陝西陷，不仕。

劉登樓，榆林人。清副將，英武有力，平馬德首功。王永强兵起，登樓亦與王永吉斬守道袁時芳，參將劉國祚，守備劉興宗、鍾汝禄、王存智、郝時言、李嘉科，以榆林反正，自爲招撫總督。復靖邊，斬守備宋應顯；進復定邊。與余惠長驅西攻花馬池，復清水營，斬守備陸守謙。興武各營堡望風下。逼寧州，蒙古扎穆素走賀蘭山，遂復寧夏，楊成名、白友泰戰死。

刁爾吉起兵賀蘭山北死。郭懋祚起兵靈州，部將劉永昌戰死。登樓南下攻西安，戰吳三桂蒲城敗績。永曆三年十月，榆林受圍數日，城陷，右姓尤、杜、种，世將也，屠殺殆盡；士大夫故與姜瓖往來者，按殺又數十家；吳性耀出亡。

登樓與延綏總兵謝汝德、任一貴走定邊，結扎穆素再攻靈州，大敗於官圍莊，退保延川、綏德。楊方坪之敗，王虎戰死。登樓等再退定邊漢伯堡，久守不下。汝德、戴治民旋爲部將齊進才所害。清兵絶其汲道，圍十二日，登樓、一貴力盡，走鐵角城死。花馬池掌印朱朝相，營官鄭天民、鐵柱泉，操守馬貴，執惠降清。

懋祚，字仁山，泰和人。尚書子章裔，歲貢。崇禎中，以任子侍東宮。議時政，謫寧夏監軍。妻袁，精騎射。李自成入關，父兄死難，因與懋祚起兵。十七年八月，以騎兵繇玉門趨平涼，追擊至洮城，遇闖塌天。袁突陣破之，手刃寇多，寇潰。後謁肇慶，授廣西僉事，以兵至永州。清圍之期年不下，援絶執，不食七日，求死不得。逸去，招故部，起兵靈州，復敗，入南岳爲僧。

性耀，字洞然，榆林人。總兵國俊弟。爲僧嵩山龍潭寺。

汝德、一貴，延川人。

贊曰：古人稱仁義豈有嘗，蹈之爲君子，背之爲小人，信矣！方得仁等未反正前，一畔從耳，自隨金聲桓、李成棟、姜瓖歸朝，聯步螭頭，永煌鐵券。忠於所事，臨難有人臣之節，豈非蹈仁義歟！大鎬、元胤，有國士之風，庶乎克析薪者。尚久乖終始之道，然翻然委質，斷頭不悔。永和、月，於成棟歿後，力守廣州，乘輿得以安處肇慶者二年，一時耿繼茂、尚可喜智勇俱盡。雖不能死，賢乎以城降者矣！

南明史卷七十二

列傳第四十八

無錫錢海岳撰

李定國 子溥興等　郭有名　王之邦　卜寧　陳選　宋國相　周大禎　曾瑞芝　蕭尹　徐天佑　王應龍　陳良弼　桂可培　朱喜三　夏沛　李昌　王漢　施尚義　陳武　李炳　李昇　羅大經　余守琚　王三才　劉正國　李承爵　張騏　李遠　馬士良　丁仲柳　王道亨　胡順　黄尚質　宋飛仙　施縉魯等

劉文秀 子震等　艾能奇等　歐陽直　劉茂遐等

李定國，字壹純，綏德人。本雲南農家子，少依關中賈人入陝。張獻忠兵起，與孫可望、艾能奇、劉文秀同爲義子。大西國建，以定國爲前軍都督、安西將軍。

定國長八尺，眉目修闊，軀幹洪偉，舉止有儀度。反將破城，未嘗妄殺，於西軍中獨以寬慈著。喜接文士，通兵法緯象，讀通鑑綱目，畧能上口；尤精馬槊，臨陣陷堅，逐北不置，往往與其大軍相失，軍中號曰小尉遲。所部二萬人，隨獻忠馳突豫、楚，襲襄陽，破四川，驍武推萬人敵。已追馬科、賀珍漢中，復保寧、龍安。攻漢中不克，降千總，督十三營兵。

隆武二年，獻忠死西充，定國、可望、能奇、文秀、白文選、馮雙鯉等招集餘衆，繇重慶南走。永曆元年春，自遵義入貴州。可望趨雲南，擊沙定洲，令定國分兵畧臨安、晉寧、昆陽、呈貢、歸化、江川。時昭宗在肇慶，詔令不及至滇，可望乃自尊，還至黔中，稱平東王；定國等亦自稱王。清兵迫，可望欲引衆向嶺南，急則入海；定國不可，拔刀自刺。牙將焦元、勃利奪刀，裂旗裹創，衆拜曰：「惟將軍命。」可望不得已，曰：「事急奈何？」定國曰：「吾輩本大明臣民，中國淪陷於外寇，則當嚴辨夷夏之防，以中國爲重。今絜滇、黔、蜀百萬衆歸朝，誠心輔佐，恢復二京，蕩清海内，則將來竹帛之垂名可圖也。」衆曰然。

可望謀竊大號，然定國輩猶輩視之，倔强，遇事相抗。可望思所示威，於三年春演武，當場縛定國，聲其罪，杖之百；已復相抱哭，令取定洲自贖。定國心憾，念兄事久，未可造次發難，輒領所部馳至阿迷，圍五旬，禽定洲。軍行所届，不許劫畧，違者立斬；凡附定洲者不究，歸者紛至，農不易畝，迤東安堵。定國既并鑾部，木邦等各土司皆服，聲勢益强，可望遂無以制，獨霸之念於是乎沮。聞天子在粤，乃命勃利具表奉朔，求封爵，孫、李之隙繇此始。

上初封定國爲康侯，賜名如靖，尋晉康國公。胡執恭矯詔封安西王，可望不受詔，且命定國不受。定國請命楊畏知以請改封爲名，自致擁戴之意。定國、文秀與畏知善，及畏知死，二人益恨可望。

四年，可望命與文選取貴陽。尋歸雲南，日練兵馬，造甲杖。年餘，得精兵三萬人。力勸可望出歸。

六年三月，清定南王孔有德分重兵駐柳州，而自以七百騎趨河池入黔。四月，張勝國起兵湘陰，攻長沙。定國請出楚，雙鯉副之，率步騎十萬、象五十，自雲南入貴州，復黎平、靖州，會馬進忠奉天，攻桂林。所將皆儸倮、瑶、佬，善標槍大刀，跣鬬不畏矢石。五月，復沅靖，大破副總兵張鵬星、總兵張國柱兵，斬輕車都尉徐朝官，總兵郝效忠，副將楊國勳，守備高成功，知州沈一恒、林爾張以下五千餘級，遊擊王家棟、閻廷桂反正。兩日夕，馳復奉天，以副總兵李鍾秀爲知府。續順公沈永忠棄寶慶退湘潭。

時總兵線國安畧南寧，全節防柳，馬雄守梧，重鎮四出。定國詗桂林空虛，六月十五日，乃別以西勝營總兵張勝與郭有名率精兵繇西延、大埠逕趨嚴關，扼桂林吭，令曰：「虜至傳火，毋下關，須大軍會戰。」而令雙鯉軍自寶慶薄全州。二十九日，自督王之邦、卜寧、金吾營劉之謀、左協營吴子聖、武英營廖魚，合兵六萬，自新寧大埠頭小路繼進，敗有德兵，斬馘八萬許，獲駱駝軍仗無算。聞雙鯉驛湖捷，慮全州虜逸，并力桂林，傳令全州傅城者無急攻。令未下而全州已復，乃令軍過全州者毋留，雙鯉諸軍亦出城會。時勝、有名亦抵嚴關，與定國軍距十里。薄暮聞礮，諸軍欲赴之，定國曰：「無庸！」俟之寂然，蓋有德遣救全州兵數萬，見大兵已營關上，旋退去也。明日，有德援兵至關下。勝傳火，定國令諸軍蓐食傳麾。甫交綏，清兵以有德令嚴，殊死抗，象僨歸。定國斬馭者，諸軍奮勇前進，象亦突陣，清兵大奔，斬有德驍將二等男孫龍、李蝦頭。天大雷雨，横屍徧野。有德自將三千人迎戰大榕江，復大破之，定國部將倪兆龍亦戰死興安。有德急走桂林，閉城不敢出。定國晝夜環攻，斬參領芮城功、驍騎較周志元。七月四日，有名百人肉薄梯登，下令屯城上，副總兵鄭元勳，遊擊蔡斌，守備王經世、梁應龍、李躍龍反正，有德自殺，戮其屍。巡撫王荃可，布政使張星光，三等子曹盛，一等男程希孔、楊承先，王府長史李養性，護衛白雲龍、徐士恩、王世祥、馮應麟，輕車都尉洪文昇、孫延連，騎都尉孫應元，遊擊馬騰龍，都司張順，守備暢大理，百總郭養志，及畔將陳邦傅、陳曾禹、董英、祖祕希、孔承先、孫延世、袁道光等並禽伏誅。先是，定國諭諸軍曰：「清兵二屠桂、粤，今其報仇時也，凡遇清兵殺無赦。」是役也，先後斬首二十餘萬級，桂林城中屍如山積。一時清兵稱滇、黔人爲蠻兵，見旌旗即走，湘、桂人亦以蠻兵呼之，而定國軍中亦以蠻兵自詡云。

胡一青、趙應選、曹志建及蕩虜將軍徐俊，自桂林陷，以衆潛保楚、粤山中。馬寶於五年七月復連山，斬知縣吴道岸，入衡州山中，至是聞定國至，皆來歸。岑溪張隆、陳選、宋國相，懷集邦傅部總兵莫恒一瑶兵萬人，潯、梧周大禎，及將軍劉洪裕、邊一夔，狼官謝芝龍，焦璉部將茅大堂、陳大堂、石道貴、朱任芇、陳獻猷，總兵梁上棟、覃喬，貴縣韋來朝，容縣張義、劉文選、易天章，連山瑶目房壯猷、沈大業、彭鳴世、馮國薦，鬱林、欽州袁邦泰，來賓莫世欽，雷廉陳博多響應。

命李茂吉、楊可弼攻柳州，節、蔡大廳反正，遂復柳州，斬右江道金漢蕙。復賓州，斬知州劉日襄。復融縣，斬守備李養成、周雄。復平樂，斬府江道周永緒、知縣涂起鵬，禽知府尹明廷。復富川，斬知縣秦華鍾、曾大輝。覃朝國起兵上林，斬守備王進。之邦攻梧。先命馬全懷、李彦台、趙元符招雄執死，至是大兵未至，民已驅清兵盡，國安、雄及廣西官皆逃。平南王尚可喜來救，敗之。復梧州，副將温如珍來歸，斬參議陳上年、知府沈倫、佐領王世富、副將何九成。曾瑞芝遇害，陳子壯、張家玉故部自廣東走使請移師廣州爲復仇。郭天鵬謀起兵韶州被執死。龐國珍、陳化林、葉上青、王天輔、朱國相、陳六亨攻封川五鄉。守將田自强起兵信宜，斬知縣韓應宸。

捷聞，上命蕭尹賫敕如定國營勞師，曰：「自虜入關來所未有之創舉也。卿之功於國家大矣哉！」

定國既復西粵，整飭軍政，頒行軍五要：一不殺，二不火，三不姦淫，四不宰牛，五不虜掠。所至秋毫不犯，百姓歡欣。因疏立瞿式耜、張同敞祠。招劉遠生等山中，與議興復，共獎王室。嘗置酒七星巖，酒酣，謂遠生曰：「君讀史以曹操、司馬懿爲何如人，姦耶、愚耶？」遠生踟蹰未對。定國曰：「操、懿有戡亂之才，蹀血百戰，摧大敵，扶天子，以垂令名於後世，如探囊取物。顧以此博萬世笑駡，猶持黄金换死鐵，農夫樵竪之所不爲，而操、懿爲之，非至愚而何？」又顧爲遠生曰：「方今之世，一宋末之局也。君慕文天祥、陸秀夫、張世傑乎？」遠生笑未答。定國曰：「天祥、秀夫、世傑其精忠浩氣，固足光青史，爲天地生色；然吾儕於國，竊不願以此終也。」二人相對歔欷者久之。十一日，承制以陳經猷爲經畧尚書，徐天佑爲僉都御史巡撫廣西，與王應龍守桂林，總兵高爭魁、參將薛甲守永寧。

八月八日，北復永州，斬守將紀國相、酈胤昌、姚杰等數十人，分道復道州。十一日，至祁陽，桂陽、郴州皆定。寶、郭秀科復連州。西山中軍陳良弼挾知縣桂可培以西寧反正，宋羽明城守。九月，西寧、梧、潯重陷，之邦數萬人復陽山，斬知縣屠洪基、連州知州崔恩唯、副將茅生蕙。十一月十三日，復衡州，掃灑禮宗潛邸爲望幸地。冬至，率紳吏將佐耆民詣宮朝賀。出寶軍南雄、韶州、連平；遣雙鯉、進忠、張鶴嵩北取長沙，西取湘陰，攻岳州；張光萃出寧鄉，進嘗德。巡撫金廷獻棄長沙走岳州，雙鯉、進忠守之。勝國屯湘陰，別以兵下袁州、瑞州、臨江、永新、安福，圍吉安。遺民憤清兵殘暴，乘勢截殺，先後斬三十餘萬級。以文日章、張胤昌爲攸縣、零陵等縣知縣。平江典史張兆隆執知縣楊世增反正，擢知縣，未幾，與巡簡朱甲皆戰死。

定國兵出凡七閱月，復府十九、州五，辟地將三千里，江、楚徧置守吏，武昌一夕數驚，清廷震動，論者謂明末戰功第一。

會敬謹王尼堪率屯齊等三貝勒、八都統、衆二十萬窺湖南，十九日，至湘潭。定國計命進忠、雙鯉誘敵深入，別以張虎取辰州。清分兵救，定國自以精兵伏永州白杲市，須清兵過衡山，陽北走寶慶，還兵死戰。進忠、雙鯉自永州繞其後夾擊而覆之，遂以四萬人陣蒸水，待進忠、雙鯉躡兵至。可望不欲定國成功，思陷之死地，密令進忠、雙鯉繇湘潭退寶慶，定國不知。尼堪日夜兼程薄衡州，定國伏兵北門草橋北，自以勁旅迎戰橋南蒸水上，力戰二日，斬輕車都尉克淖特、巴額色、伊穆圖、懇哲回、喀爾塔喇、伍遜泰，侍衛回色喀喇、瑪欣莽、儀祿，護衛沙布、慕蘭，副都統武京，佐領瓦梯，參領達海、肅丹達爾、布都貝，通政參議鍾貴以下數千級，殲其兵半。二十三日，定國戰陽郤，尼堪恃勇犯陣，定國伏礮發，擣其中堅，清兵大亂，定國揮兵夾攻，寶自山後箐中逕搏尼堪，斬其首，得七寶金兜牟揭金頂交龍繡纛，從騎皆盡。清兵北，寶亦中矢。定國待進忠、雙鯉不至，疑之。偵騎報進忠等走，乃全師自靖州、寶慶屯奉天。定國傳尼堪首安龍，表請獻馘告廟，招文選籌進武漢，會南京，接通七閩之策。清聞定國威名股弁，命洪承疇經畧湖廣、廣東、廣西、雲南、貴州，星夜之荆州，且有棄楚、粤、桂、贛、川、黔、滇乞和之議。

方捷書發桂林，其人窮日夜易馬奔，既至貴陽，直入可望所，下馬卧地不能起，灌以湯藥，乃甦，探懷出書，於是大宴三日。

可望奏封西寧王兼行軍都招討，遣方于宣齎敕犒軍。行有日矣，而諸軍之入楚也，獨可望之護軍稱駕前軍者不發。駕前軍者，固選鋒，聞桂林捷，生妒心，曰：「清兵本易與，我軍獨不得一當？」諸往來使命者，又多增飾喜怒，謂定國聞郡王封，滋不悦，於是可望益甚之。而是時定國兵至四十萬，象百，親標鐵騎八萬，軍威壯盛，不復可制，可望忿甚。

已聞駐奉天，遣楊惺光以王印授之，且召赴沅州義事。定國於七年正月十六日發奉天，遇司務陳三錫，密止勿行。定國怒曰：「可望安得擅行封爵，置上何地？」撻惺光而毁其印。文秀子震曰：「此僞遊雲夢計耳。」龔彝、龔銘亦致書定國曰：「來必不免。」定國曰：「盜終不可以共事也，然我仍以君子長者之心待之。」乃馳書可望曰：「天下爲吾輩擾亂之，自吾輩恢復之，已功不抵罪，今大局稍轉，而虜勢方張，成敗未可逆覩，正吾輩同心協力共策興復之秋，不宜妄聽間言自殘，以敗國家大事，願公深長思之。耿耿寸衷，指天爲誓。」可望不省，三晝夜書七至。定國乃率所部走柳州，涕泣謂其下曰：「不幸少陷兵中，備嘗險阻，思立功名垂不朽。今甫斬名王，奏大捷，而嫌隙四起。且我與撫南同起，一旦詿誤，輒遭廢棄，甚我當必尤甚。我妻子俱在雲南，豈得已而奔哉！」諸營聞之，多引軍從者。及至柳州，一都僮楊梅村覃扶、洪潭村韋文忠、六都溷村覃富强、忻城土官莫甲以衆應。

欲再出兵湖南，别將張霖攻岳州不克。定國、進忠兵五萬自東安出永州，爲屯齊所敗。二月二十八日，永州陷，走鎮峽關，繇道州小路出平樂。寧、王繇君、周士珂至懷集，士珂爲知縣。時可望亦敗於寶慶。清兵南迫廣西，元勳畔，天佑、蔣克達、徐定國棄桂林，定國命復入守。

三月，率寶等精騎五萬復梧州、開建、德慶，斬副將王成義，羅金鼐以衆來附。抵肇慶北山，命李友爵以象兵屯富川。莫廷陛戰岑溪謝村敗績。趙國玉復四會，斬守備周啟元。復廣寧，前鋒及三水。四月，宋國相、韋應登自岑溪出，復羅定、東安、西寧。陳奇策、周金湯、葉標、熊兆佐、王之翰、鄧耀合海上忠義舟二百，繇新會、順德諸港入九江口，清遠忠義並起，導定國渡河，自從化襲廣州。郝尚久以潮州反正。二十六日，圍肇慶，宣泄大塘水於濠，用土布囊疊牆，中藏鳥槍，下偏開地道，斬守備唐文豹。定國兵大布裹首，綿被遮身，刀矢不入。城垂克，而靖南王耿繼茂兵用丈五撓鈎、長槍破之龍頂岡，地道兵多死，乃解去。

先是，定國軍東，廣西空虛，國安、雄乘間於五月以舟師陷潯、梧、平樂，屠桂林，經猷、應龍及參將張應龍戰死，一青、楊武敗走。轉陷陽朔，朱喜三及總兵覃相伯，副總兵朱亨叔、周星茂、廖成器戰死。象、賓亦陷。學正詹光颷引子聖再復羅定，斬兵道鄔象鼎、知州慎徵仞、遊擊竇明遇。

閏七月，定國回師，復化州、吴川，斬參將應太極；復信宜、石城。十三日，復賀縣、平樂，斬明廷。二十一日，以二萬人復攻桂林。七日夜，穴隧瘞火藥，碎其城。驍將王國仁視隧，火遽發，死。之邦、寧及總兵張蓋，亦戰死陽朔，羅東昇降清。定國兵屯桂林城下，營中寂然。明日，銃聲三作，師盡撤，而城中不知。閱二日，偵騎往，始知在象州歇馬，清兵亦不敢追。定國回屯柳州，賓禮夏沛、主事三錫、員外郎劉觀生、知府吴之信、平樂知府曹起鳳，命方朝鸞攻靈山、合浦，斬知縣陳琦徵。

時上在安龍，日就窮促，可望逆謀甚亟。上乃遣林青陽賫血字詔赴定國營，述可望僭逼狀，詞旨哀愴，并賜「屏翰親臣」金章，命統兵入扈。定國奉詔，叩頭出血，伏地慟哭不能起。遣使貢服御方物，具疏：「臣誓死爲陛下除逆臣。」

可望命雙鯉、王自奇、關有才來助戰，實圖襲柳州。定國知其意，走潯州，遺書雙鯉曰：「汝等總以效死大明，果不失初意，從我入粵東，功不朽。必欲相逼，定先自沈，以明無他。」聞者感泣。

八年，密敕事發，吳貞毓等遇害，可望憾定國益深。二月四日，定國次横州，十一日至靈安，雙鯉追至。十二日破之，禽雙鯉、有才，釋之。兵皆來歸，勢又振。

定國議進復廣東，奉迎車駕，遂以四萬人繇賓州出雷、廉。瓊州城守楊殿臣來乞師，可喜畏其鋒，告急北京。定國復廉州。二十五日，靳統武攻高州，張月反正，斬張武，嶺西道周公軾、學道錢朝鼎，參將陳武、劉士芳、時際昌遁。以起鳳爲知府，同月及侯守應鎮守。高鍾爵爲吳川知縣。龐天壽及總兵陸寅賓、廖鳳，水師總兵季甲，以水師攻雄藤縣。李昌龍四、龍五、李可奇、韋鏡應於昭平。彭奇起兵攻岑溪死。三月，復雷州，協將先啟玉、知府閔渠黄反正。定國在雷，多方撫字，施牛與種，士民感戴。啟玉尋畔，爲清所殺。統武、曹延生復羅定。四月十日，定國至高州，以府署爲王府，王興、耀、奇策、金湯及雷州王漢來會師。總兵賈文炳、武乾斬守備白進安，復新興，劉珩爲知縣，倪昆爲新寧知縣。王令官、陶泰龍復開平。董仲民、王弘勳復電白，斬八品官費揚古。恩平、石城、化州、吳川、陽春、陽江皆下，以施尚義守化州。六月五日，命將攻梧州不克。七月，漢與海北道陳武渡海復瓊州。昌化民斬城守李耀祖反正。鄧世雄、姚士傑復臨高，斬知縣劉承謨。

定國前鋒天威營至肇慶，將張世新被執。欲大舉發郴、桂兵出韶州，江、楚江上兵度海嶺，約鄭成功惠、潮迎駕，自閩、浙圖南京，可喜怯不敢戰。八月朔，定國自高州起營，衆二十萬。九月，至新興，李挺然斬李如琳迎師。十一月三日，圍新會，以舟師扼江門，可喜、繼茂赴爭。二十日，義武營向高明，千總紀大良，把總吕得勝、孫國寶反正。總兵汪大捷穴地道攻城，垂克，可喜救至，見定國旌旗退。定國步騎萬人追之，精鋭五百急躡可喜，中伏不利，總兵武君禧、遊擊王天才等戰死。可喜亦退。三十日，克高明，同知白崇周、守備陶以寧、典史孫延齡反正，禽總兵郭虎，斬騎都尉曾大名、副將杜豹，以乾及知縣胡必譽守之。還圍新會，定國匿上騎，用步兵進。清騎衝之，定國步兵分左右，放象出，象蹴踏奔騰，無堅不破，清兵大駭崩。定國力戰，斬都司李興龍等，清兵死僞殆半，獲仗無算。復分兵踰三洲諸口，距廣州百里。新會城中食盡，清兵畧人爲脯，死者男女七萬餘人，而守益堅。十二月，靖南將軍朱馬喇以滿漢蒙軍十餘萬會可喜、繼茂三洲，李炳與副總兵梁大勳戰，總兵廖篤增、廖定國守玉版寨死。十四日，至新會，可喜營山頂，設伏江隘。定國悉衆屯縣北二山峽口，列象及西洋礮，氣象嚴整；別布勁兵峽左山，爲居高臨下之勢。戰方合，朱馬喇鐵騎先下左山，可喜、繼茂左右翼徑傅峽口，定國軍礮喑不鳴，羣象以清兵陣後至，火箭雨注，驚散走。定國中軍四千自山頂下，橫截清兵，衆寡不敵，兼以軍中大疫，死病枕籍，遂敗績，死者二萬人，失象十三、紅夷礮二十、馬三千，標將王成、張士禄，嶺西道李昇、陸士瑞，東安知縣羅大經降於清。定國再戰開建敗績，李泰、魏龍驤、梁著執死。西走高州。開平陷，余守琚、守玘兄弟入山。清兵追至，遂盡撤肇慶、高明、高州兵入鬱林，男婦老幼飢兵病卒六七十萬人從之。是月，化州陷，尚義、冷雄傑戰死；高州陷，副總兵姚奇、中軍余元璣等戰死；廉州亦陷，總兵孫際昌畔，定國使吴三省，總兵楊成、王三才討之，遇清兵興業，又敗。清兵抵横州，大良、得勝、國寶執死，延生、閻維紀走。定國回軍死戰，斬千餘人，清不敢迫，遂收撫難民，哀號失聲。九年正月，燒絶浮橋。二月，自賓州回南寧。時總兵常榮、朱養恩，土弁李啟禄久鎮南寧，清知不可取，乃還。際昌及中書舍人楊琳、遊擊白長、都司王之臣等三十人降於清，繇是南、韶、肇、高、雷、廉、瓊七府，羅定三州二十七縣，横、鬱二州，北流、岑溪、容縣、興業九縣再陷。朱馬喇報桂林之敗，凡遇滇、黔兵及從定國者，殺不赦。定國力殫，不能復出，王業衰矣。

定國駐南寧，收集殘衆。三月，復横州，繼復潯州。可喜、繼茂招之，答書凛凛，忠義動人聽，有云：「大王中國舊臣，倘同心相與，共獮中原，得地分王，遥護天子可也。」四月，復廉州，斬總兵馬蛟麟，命高文貴復高州。六月，回潯州。十月，命文貴守潯，自回南寧。

十二月，可望以有才、張明志、陳國能征田州歸朝土司，密令襲定國。十年正月，定國檄文貴回南寧，即率統武兵萬人拔營間行田州。五日出明志營後，猝衝之，明志軍潰，降其衆三千人。

定國將朝安龍，命參將楊祥微服兼程齎密疏，請勿信姦逆言移蹕。時可望趣文選篡駕赴黔。文選亦與定國連和。定國兵至，皦起馬嘶，聲震數里，列營九山頭。上命馬吉翔郊迎，定國與一青、文貴、統武、子聖、起鳳、銘、金維新謁上行宮，奏次流涕，背出所鐫「盡忠報國」四字示廷臣，遂奉駕自新城、普安西趨雲南，留兵盤江禦可望。前導後衞步騎各三千，與文選扈抵曲靖，定國先率統武，陳建以精兵清道。文秀亦怨可望，定國合盟同輔王室，背之者死，共迎駕楊林。兵馬嚴整，行過金馬山，百姓遮迎，有望之泣下者。上命定國先馬，辭曰：「臣起林莽，恐爲遠人輕，不如沐天波。」乃命天波導，定國躬爲上御輦，入幸雲南可望所築宮，具鹵簿，定朝儀，建置文武侍從，軍行進止，一以詔敕從事。

上初入宮受賀，定國退謂人曰：「統數十萬衆，於疆場對壘之日，未嘗心動。今見上冠履儼然如神明，雖不言不動，令人不覺流汗。」

論功，晉晉王，授太師、輔明大將軍，總理滇黔楚蜀兵馬錢糧，知行在大政，贈其高祖以下宣、英、光、紹四王。定國讓不受，曰：「百敗之餘，無顏見陛下，對天下士民，何敢濫膺國家寵錫。」强之，始拜命。

定國伉直，謹臣節，進奉極豐，不以威士類，然計慮擘畫，不及可望。初入雲南，亟令收吉翔。吉翔媚事之，復疏薦入閣，舊臣失職者多觖望，畔者日起。

已馳敕召可望，可望大驚，惟以家口在滇，未敢反。十一年夏，上命虎、總兵王麟歸其孥。八月，遂犯闕。詔定國爲左招討，率三萬餘人討之。上御午門行遣將禮，馬兵陣殷春門，步兵陣麗正門。張筵咸寧坊下，上親餞，王公將軍以下，朝臣簪花犒將士以下，大臣送至歸化寺。定國、文秀建木城曲靖，督祁三昇、賀九儀、一青、趙應選、子聖、李本高拒守交水，約九月十二日交戰。時可望所將皆梟健，定國涕泣語曰：「國家顛越，實自吾家，至此猶不悔，天剿絶之矣。」及戰，文選、進忠、馬維興等悉來歸，可望敗。命文秀、文選追之；使騎先奏捷滇京，並陳勝襲京，命統武嚴門禁。無何，可望黨勝、王尚禮皆定。十月，定國還京，上命吉翔率諸文武郊勞於碧雞關。

可望狼狽奔長沙，貴州定，安插諸軍，衆七十餘萬。間使齎黄綾小詔及定國書，下海約成功，以明夏會師南京；又約李來亨、王光興等會荆州，號召四出，期大舉復楚。上傳諭曰：「王之功非小，至於三軍衆將，當應犒勞。顧國帑匱乏，今將宫中一年費用，全携之軍，稍備羊酒，王可與大小三軍聊舉一觴，以見朕意；俟平定之日，序功升賞。可望今雖敗去，正計窮力竭之時，須防他志。」十二月，復安龍、南寧。

定國自交水之捷，漸生驕志，目可望故部爲新兵，雲南舊部爲舊兵，廩賜特厚。新兵多怨望，猜疑不用命，軍心懈怠。十二年正月，請盡召川、楚守邊兵回滇，上罷幸貴議。二月，召各邊鎮將盡撤回滇。

時信王鐸尼發荆州，統大將軍錐託及承疇會嘗德。都督卓布泰、平西王吳三桂及國安兵三十餘萬，裹半月糧，自楚、桂、蜀三道攻黔，警報迭至。文秀病，兵餉乏。上召大臣議，急促定國三道出師。

會承疇遺書定國，願與三桂聽指揮，遂按兵不進。又有妖人賈自明者，自陝至，僞稱天助，善造火器，授雷擊將軍，命出師，期云有待，而言不驗。尋知爲清間，怒誅之，始分遣其將劉正國、武扼遵義三陂、紅關諸險，防四川；進忠駐貴陽。

先，十一年十一月，可望黨自奇、有才反，定國自將寶、文貴討平之。會文秀請上幸貴，定國怫然，屯永昌，上疏告病去兵；璽書慰之。十二月，召還滇，遷延三月始至，用是不得援應而貴州陷。

錐託自鎮遠、黄平、清平攻貴陽，進忠遁。三桂攻三陂，正國戰失利，失米三萬石，兵五千降，遂屠遵義、銅仁。

四月，再命定國出師川、楚。五月，三桂、錐託渡烏江，武與總兵葉杰英敗績開州倒流水，水西、藺州各土司降。

七月朔，上拜定國欽命專征、節制郡勳文武、提調官義兵馬招討大元帥，賜黄鉞、尚方劍便宜行事。御門祖餞，未簪花而大雨作，陛辭連雨。師日行三十里。八月，次曲靖。九月，次安南衛。時卓布泰已自黎平、南丹、那地至獨山。十月，三路兵俱集平越楊老堡，戒期入滇。定國、文選、雙鯉始分三路禦之。先是，三桂在遵義，鐸尼在嘗德，卓布泰在獨山，僅雒託一軍在貴陽，大衆未集，其勢可摧，定國逡巡不進。比至平越，定國始悉出援，而事機不可爲矣。

定國以北盤江當滇、黔交，南盤江當滇、桂交，自守北盤江，居中策應，圖出關嶺，拒廣西，攻貴州。左路急，乃命進忠守關嶺，自與李承爵移黄草壩。無何，踰石關，營炎遮河。而中路雞公背絶頂，糧少運艱，士不宿飽；右路孫界壩孤懸滇、蜀表，聲援不及。承爵戰死，文選敗走霑益。卓布泰至盤江羅顏渡，定國命總兵王德祖扼之，不得濟。十一月，忽傳泗城土司岑繼禄、藺州宣慰使奢保受間導攻安龍，知府王國興告急，乃自以五千人救之，大捷，斬萬五千級。以人馬無多，急於内顧，留張騏守之；騏尋戰死。十二月八日，安龍陷，諸生楊嗣昌不屈死。子聖、副總兵張成均援之不及，成均戰死，子聖走。清取下遊，沈舟濟師。定國聞之，以兵三萬，於十二日倍道趨戰炎遮河雙河口，沿箐設伏，斬侍衛索丹、護軍較色勒等萬餘級。詰朝，清兵悉衆壓陣。官兵槍礮，清兵弓矢，日中持不決。忽大風北來，礮火茅葦，野燎滔天，清兵乘之馳射。清兵前鋒多可望降兵，定國正力戰，有傳康國臣前導者，慮有内變。先走。衆見定國走，皆走，遂大敗，部將李遠、釗世德、王康福、蕭翊贊、龍鳴鳳、李世助、劉建元、聶玉順、丘子馨、倪凱、包有爵、王璉、閻天錫等三十餘人戰死。拔寨保北盤江。至曲靖，命雙鯉、文選退。卓布泰繇普安入滇，雙鯉走，李成蛟敗涼水井。定國羅炎涼水井大營陷，妻子家屬被執死，遂焚鐵索橋。十三日，微服謁滇京，留總兵李永成，副總兵李春銘、陳璽斷後，皆戰死，兵民死者不下三四十萬，皆十一年來楚、桂、川、滇、黔精鋭百戰所養成者也。

定國至滇京，請上出狩。上召廷臣集議，劉蒞請幸蜀，定國曰：「蕞爾建昌，何當十萬人之至，不如入滇南。峒烏、車里、里角諸蠻，不相統攝，我今臨之，必無所拒。安蹕峒内，設將守禦峒口。勝則六詔復爲我有；不勝則入安南，召針羅諸船，航海思明，與成功合師。」難者曰：「清兵乘勝踰黄草壩，則臨元、廣南道路中斷，且喪敗之餘，焉能禦方張之虜？」天波、吉翔主幸緬甸。定國曰：「公其努力，願無生後悔而追憶余言。」因請留太子撫軍，以牽制緬甸，不許。已從蒞言幸永昌。清兵既以浮橋渡北盤江，自曲靖陷臨元、廣南、河西，屠霑益、馬龍，宜良、嵩明、通海、昆陽難民奔滇京，哭聲震天，道爲之阻。

十五日，車駕發滇京。定國恐累百姓，戒勿焚倉廩，以待清兵，自以二萬餘人爲殿，收撫難民。命王會三千人守草鋪，潘融三千人守祿豐，竇名望、三昇各五千人去金沙江應文選，馬士良五千人僱各路糧，副總兵王鎮五百人留安寧偵敵。清兵追至，定國先後五戰，大告天地，三日齋戒，軍民感泣。至楚雄，留總兵王國勳守之，尋戰死普淜。維新說定國幸永昌，命銘前行見上奏幸永昌。銘兼程至趙州上奏，上乃幸永昌。

十三年正月三日，滇京陷，清屠六日乃已，士馬象駝數萬降清。定國自陳十大罪，還鉞請死，不許；請削秩，上下座扶起，曰：「是國之禍，王何罪焉？」亦不許。定國再三請，不得已貶秩三等，去鉞，降太傅，署招討事，許立功自贖。

閏正月望，文選敗績大理玉龍關。定國以行在體重難行，命天波、統武扈幸騰越，而身留磨盤山當敵，斬都統沙里布，殲清兵萬餘。盧桂生畔，命應奇説之反正，被執死。

鐸尼及内大臣愛星阿兵大至。定國有善馬名二斗金者，忽斃，易他馬，身重不能勝，嘆曰：「行間二十年，未嘗敗挫，今若此，天也！」軍單無後繼。騰越尋陷，官民拒者咸屠戮。遂整旅出邊扈駕，而駕已幸蠻貊。念君臣俱死無益，使王允成疏報，爲緬人所殺。時諸營妻子輜重散逸，三省在後收兵。聞文選屯木邦，就之，謀曰：「今上幸緬，敕大兵毋入關。我若深入，恐生叵測。萬一清兵再進，此地無險，莫若擇邊境屯集，作後圖。」而文選以上左右無重兵，請入衛，意左。定國乃引部千餘南趨順、蒙界外，畧地而食。

已從孟定、耿馬、孟艮駐猛緬，潰衆陸續赴，定國日夕練兵，勢少振。未幾，移孟連，九儀邀張國用、趙得勝精兵萬餘歸之。孟艮有酋懼爲所併，糾衆抗命，定國誅之，屯其地，以敕印招諸土司，謀恢復。元江那嵩受總督印，密爲傳布。會元江陷，事不果。

十四年三月，九儀將畔，杖殺而有其衆，國用、得勝怏怏懷貳志。總兵唐宗堯，姦弁也，守磨芀，凡慕義投孟艮者，悉收麾下，劫殺商賈，繇是南北道梗，滇中阿瓦消息絶不相通。

八月，約文選別繇木邦舉兵薄阿瓦迎駕，再舉，皆不克，乃還孟艮。九月，會定國進錫箔江。十五年正月，緬以二萬人守瑞羊岳隘，爲木城，周四里，防益密，定國破之。二月，以兵數千馬千許屯洞㸃，去阿瓦止七十里。四月，三桂、愛星阿、寶、馬寧、王輔臣以滿漢土降兵七萬五千、炊汲丁十萬，繇大理、騰越出緬，五萬向南甸、隴川、猛卯，二萬向姚關。定國等臨大金沙江，命楊成諭緬人假道入覲，并責象馬糧糗，爲入邊計，緬人不從。緬兵盡燔江舟，圍定國，定國力戰竟日，斬獲多。緬兵不退，文選來救，抄其後，大敗緬兵。五月，命三才、丁仲柳、副總兵涂維泰以兵三百駕橋欲渡，爲緬人所斷，轉北鬼窟山，伐大芭蕉林作筏。清攻緬甸，定國思走古喇、洞武，命統武造舟馬得狼江，彭應伯造舟井角。尋命雷朝聖代統武。緬人出奇兵焚擊，仲柳棄舟，夜攻三才、維泰，以一百六十八人渡江火橋，走降於清。

時軍食盡，疫作，饑亡枕藉，議還孟艮。或謂緬中瘴厲，夏秋爲甚，加以千里無人烟，軍何以濟，西南海上有地高涼，産魚稻，約月餘程，盍往諸。從之，遂抵亦渺賴山下。山亘數百里，一覽竟西南大海，乃駐師焉。

初，定國屢購緬人具奏，密請駕速計出坎，且言：「臣等兵不敢深入者，激則恐生變也；必善諭緬人送之出境，方爲上策。諸臣在内，何泄泄不以爲意？」上扯袍襟血書獎慰之。隨以金三千、衣六襲上供。先後凡三十餘疏，半爲緬人截，不得達。尋與文選議分兵進次錫箔江，以十六巨舟攻緬。緬人鑿沈其五，定國遂以餘兵三千引還孟艮。咒水禍作，上遥諭：「事不可爲，從扈文武盡，朕亦萬無生理。爲致謝王，各作良圖。」定國軍皆下馬羅拜，大呼痛哭。翌日，乃屠孟艮。國用挾文選北走，定國自九龍江東走景線。至車里，兵弱不能再舉。

是冬，車駕蒙塵。清兵會木邦，抵蘭鳩江，以總兵張勇萬人守普洱，防定國。十六年四月，上崩。五月，定國移猛獵，欲自交岡走安南，而士卒多病死。

初，上舟幸緬，馬九功趨古喇，江國泰、高如珍趨暹羅。二國故緬世仇，暹羅進女爲定國妃，并遣官六十餘人貢象馬禮物甚厚，又出神宗敕書勘合，自稱「偏藩」，請以萬人助恢復。且云流寓八十二人，日給米二升，銀三錢。定國令國泰間道通殷勤，連兵討緬。九功亦爲古喇招兵四千餘人，會景邁，致書定國相應。定國喜曰：「天其尚欲吾成中興耶！」禮待來使，命兵部主事張心和等十餘人報之。副總兵劉子遠率八百人赴錫箔江岸，伺緬人動靜，用遥護駕。方剋期再全師出滇、桂，傳檄遠近士民，號召内外土司，蠟書繇海道通成功，而滇京凶問至，定國縞素發哀，叫絶大哭，曰：「恢復事尚可爲乎？負國負君，使中原陸沈，何以對天下萬世？」披髮徒跣躄踊自搶地百許，二目皆血淚，不食三日，表上帝以祈死。六月十一日生日，疽發於背，謂子嗣興及士良曰：「任死荒徼，無降也。」二十八日，定國歐血數升卒，年四十九。

三桂至孟艮，收其妻孥，士良、王道亨、胡順以兵二千家、口三千餘人自思茅降於清。定國長子溥興，炎遮河之敗，被執死。少子潤興，傳爲部將許甲潛奉之騰越，改姓段氏。次子即嗣興，官都督。士良降，徘徊無所依。九月，與朝聖、黄尚質及總兵盛如德、周柱，承奉夏應瓊，自慢怯降於清，並諸將士眷屬萬三千餘人送滇京，清封歸命侯。從官千餘人，散入他國。古喇、暹羅之師，失望而返。

後有自猛獵至者，曰：「定國葬地，春草不生，蠻人過之，輒跪拜。」嗣興降後，改葬宛平蘆溝橋西胡家港。

有名，安塞人。鐵騎左營總兵，封臨潼伯。

之邦，神木人。右軍都督總兵。

寧，府谷人。驃騎左營總兵。四年正月，張守隆、華朝棟閧。二月，守隆入信宜。五年正月，守隆等降清。三月，與黃龍反正，復城死。六月，安峨地方古道元死。

選，茂名人。武衛總兵。二年九月，起兵信宜。十年正月，與兆龍、曹玉屯天官閘。高州之敗，兆龍、玉、朱連漢戰死白石。七月，選降；尋反正。十一年，敗死岑溪。

國相，容縣人。總兵。十一年，與廷陛敗岑溪死。

大禎，平南人。總兵，挂忠勇將軍印，封懷遠伯。

瑞芝，南海人。東安千總。隱梧州。

尹，武岡人。崇禎十七年選貢。歷户部司務、儀制主事、太嘗少卿、兵部右侍郎。

天佑，湖廣人。總兵。

應龍，真寧人。總兵，挂將軍印。

良弼，江都人。都司。

可培，懷寧人。恩貢。

喜三，鄜州人。總兵，挂安西將軍印。

沛，上元人。選貢。歷石阡推官、黎平同知、右江參議。

昌，雒川人。都督總兵，挂蕩虜將軍印。

漢，徐聞人。總兵，持鞏雷將軍印。

尚義，吴川人。永曆元年七月，與姚春登、陶本堯、陳于緘復化州。八月，圍高州，道元、郭勇自信宜會之。尚義以楊世貞守梅箓，封石城伯，世貞屯大坡營。遊擊汪齊龍詐降，襲之，監軍道吴士機、孫士戴死。十一月，世貞命參將林平説黄海如以雷州反正。三年冬，與標復化州、高州、石城，爲茅守憲所甚。四年四月入衛，兵不戢，守憲疏逮之，高必正救免。七年，攻化州吴川，斬知縣黄應乾。八月，化州陷，走。

武，茂名人。海北副使。

炳，貴陽人。何騰蛟故將，以總兵從定國轉戰楚、粤，功最多。

昇，昆明人。崇禎十三年特用。授獲嘉知縣，大荒，振灾戢寇。歷彰德同知、知府。從張縉彦起兵河南。後監定國軍。

大經，高要人。恩貢。揭陽教諭，永淳知縣遷。

守据、守玘，開平人。永曆十三年降清。

三才，内鄉人。挂鎮北後將軍印。

正國，長安人。李自成將，一號闖索。崇禎十三年，以三千人與惠登相、王光恩歸楊嗣昌，頓首涕泣請死罪，授守備。後從文秀畧四川，守雅州。累功擢總兵，挂將軍印。永曆六年三月，文胤元引清兵攻黎雅，正國與曹勳繇大渡河走滇，封高陵伯。十二年，屯重慶。清兵渡黃葛江，江南滴溜、三坡、紅關、石壺關上插九天，下俯九淵，一夫守險，千人皆廢，正國據險守之。四月二十五日，三桂至三坡，正國敗，繇水西走永寧。清兵自桐梓趨四渡站，三十日陷遵義。十一月，戰安莊響水橋死。

承爵，桂平人。總兵，挂仁安將軍印。與李先芳復潯州。十年，封仁安伯。交水之戰，誘執勝、亦佐山中，晉真寧侯。

騏，嵩明人。定國驍將，官總兵。

遠，畢節人。定國義子。官副總兵。

士良，葭州人。總兵，挂前路將軍、征虜將軍印。

仲柳，涇州人。都督總兵。

道亨，不知何許人。都督總兵。

順，洧川人。總兵，挂前將軍印。

尚質，忻城人。總兵，挂將軍印。

又宋飛仙，會稽人。毛文龍幕客。從四鎮軍，依定國雲南。

又標鎮總兵施縉魯、安甸遊擊楊應臣、守備王廷坤，皆定國將，終事不詳。

劉文秀，字温甫，膚施人。張獻忠義子。從入成都，封勇義伯，挂平南先鋒印。北征敗，降遊擊，挂撫南將軍印，督十三營兵。畧川南諸郡，以材猛稱。獻忠死，隨孫可望攻重慶，阻江不得渡。文秀善泅，水行如平地，頃刻數十里，没而往，奪南岸舟渡。已過烏江，亦如之。進破貴州，入雲南。時文秀、李定國、艾能奇私約扶大明，三人制於可望不遂。

永曆元年，可望逼永昌，沐天波遣子忠顯入營計事。文秀謂可望曰：「沐世子來，猶沐國公也，請以國公禮禮世子。」比還，以二十騎從行。

可望稱國主，以文秀爲撫南王，意不慊。楊畏知每從容言國難洊臻，生民遭毒，至流涕；文秀益改所爲。可望使畏知入朝，上賜文秀名若錡，爵泰侯，晋濟國公；胡執恭矯詔封撫南王，皆不受。

四年九月，可望自滇回黔，聞楊展死，命文秀、王自奇圖蜀。王祥戰殁烏江，文秀降其衆，盡收遵義地。以盧名臣取重慶，而自引兵渡金沙江，攻建昌，連破越嶲、黎雅。自奇出畢節、永寧至川南，袁韜、武大定拒之。文秀大兵壓其前，大敗就禽降。威遠羅應林稱總兵，門下任大德勸歸清，文秀攻之，土官廖公、楊四敗走。既取嘉定，祭展墓，卹其家。順流東下，而名臣亦入涪州，李占春逆戰敗，于大海入楚降清，諸將盡散，無敢敵者，譚弘等皆附。張虎亦通西山十三家，與王光興、王友進合勢。乃留白文選守嘉定，劉正國守雅州，以樊申生爲峨眉知縣。十一月，還師雲南。

六年春，吳三桂及都統李國翰以清兵十萬人侵蜀，陷成都、重慶、嘉定、敘州，文選、正國敗走黔中。夏，可望復命文秀率王復臣、賀九儀、韜、大定、張先璧、張光萃將步騎八萬、舟千，自烏撒、雪山關、永寧、瀘州出敘州，會文選嘉定，向成都，復陝西。文秀善撫士卒，蜀人饑渴官兵，所在響應，諸郡邑爲三桂所陷者，次第恢復。七月，戰於敘州，敗總兵盧光祖，禽總兵南一魁，悉收其兵。三桂急，使都統白含貞、白廣生拒文選，而自當文秀，戰於山下，大敗。八月九日，文秀圍三桂及總兵馬化豹數重，自辰至午，不得出。文秀登城，前仆後繼，象破門入，三桂單騎突圍，賴都統楊坤力戰免，遁綿州。文秀禽含貞、廣生，斬首四萬餘級。三桂與定西將軍李國翰走保寧，議棄城退漢中。十月二日，文秀、復臣，將軍王自奇，總兵李本高、祁三昇、官友才等五萬人至保寧，別部復成都，斬知府周基昌，前鋒及梓潼劍閣。嘗譚引鄖兵屯洋縣宋軍山，未幾敗歿。夔、涪以西成、重、瀘、永以及川南悉定。捷聞，晉南康王。

初，文秀北上，約文選會攻保寧，未至，文秀獨兼程引兵追躡，惟恐失敵，復臣諫之。及保寧，三桂不動，文秀悉衆作浮橋七星壩濟河索戰。十一日，南自江岸，北至沙溝子，依錦屏山、土地關連營十五里，并北塞葭萌關，東塞梁山關，扼清兵漢中歸路。復臣又諫，不聽。已戰，文秀領十三營、象十三乘，東北高山分三道攻城，列陣四重，里許，象居前，次挨牌長槍，次扁刀弓箭，次火礮鳥銃，陣圓如月，堅不可犯。三桂令揮鎮將川兵東路觀音寺迎戰，而自統滿漢兵列北路土地關拒之。兩陣相持，槍礮如雨，呼聲動地，自辰至午，清兵不能進。三桂先破先壁軍蟠龍山下。滿兵陽退百許步，文秀見陣動，輕騎下山追之，圓陣開丈許。三桂騎百數百突入陣開處，弓矢亂發，文秀兵甲居前，無甲者在內，無以禦矢，營中大亂，盡奔入河，死者枕藉，復臣死。文秀撤圍渡江，總副以下二百餘、兵萬餘、象三皆殁，梁山之兵亦殲，刀仗輜重遺棄無算，餘衆萬人得脱。三桂不敢追，回師漢中。文秀至成都，復集潰兵二萬人，以曹勳、侯天錫戍成都、雅、黎、瀘、叙；塔新策守重慶；總兵龍麟，攝四川布政使，守嘉定；自走遵義而南。報聞貴陽，可望承旨曰：「不納良謀，損大將，劉南康罪當死；念有復城功，罷職閒住。」十二月，副總兵李化入成都，徧置守令。文秀歸雲南，與高僧道足談禪雞足山。諸軍或分守蜀，或調征楚，從者百餘人。然可望實忌文秀，用此奪其兵。諸軍以廢處文秀太過，咸有怨心，皆不樂爲可望用矣。

會有勸可望招定國者，朱養恩言尤切，可望終忌之，乃謀起文秀以抗定國。文秀聞之，單騎見可望，言力劣不任，可望强起之。七年八月，疏請爲招討大將軍。八年正月，都督諸軍東伐，縣嘗德攻岳州、武昌，恢復中原。師入貴州，凡文武迎者，下車揖謝。頒諸將百將傳，禮延文儒講學，戒諸將不得虐民，又訪求天文術數士。鴻臚夏甲言興隆山中隱士李石談星數驗，聘至，密言窮日夜，贈衣金送歸。以甲能薦賢，兼金謝之。五月，自川南出按黔興、靖州諸營。七月二十六日，縣平越屯天柱。九年二月，在川南。五月二十三日，與馬進忠、大定以兵十餘萬、舟千、象四十復沅興，攻嘗德不克。七月朔，與馮雙鯉、楊國棟、莫宗文、名臣縣沅興攻嘗德，禽桃源知縣李瑢等。水陸並進，舟速，大軍後期，名臣敗歿，乃退沅興。旋命經畧四川，屯夾江、南安，尋移洪雅天生城，建宮室百司，勒石千秋坪峯頂。十一月，總兵湯有星降清。

時定國亦敗歸南寧，可望自是以爲不足忌，逆謀益亟；然頗疑文秀意趣，未敢即發。文秀亦深自引匿，行在及定國營，無一字往來遺問，以故上下莫測。文秀聞可望跋扈，告諸將曰：「秦王尊君，我輩當尊秦王，今不臣若此，宜與之絶。」遂與麟縣建昌還雲南。

十年三月，定國奉駕幸雲南，抵曲靖，王尚禮將拒命。文秀陽與尚禮、自奇、九儀等議守城，而私以數騎詣定國曰：「我輩爲貪官污吏迫反，至社稷傾覆，實我等負國，國家無負我等。今上爲烈皇帝嫡派之弟，不如同心共保，藉滇、黔以復中原，封妻蔭子，榮歸故鄉，垂名青史。如隨秦王胡亂作爲，稱王稱公，到底不得歸正。但我輩今日以可望爲董卓，但恐誅卓後又有曹操耳。」定國指天自誓，遂偕迎駕歸化寺，大哭，奉上入滇京。晉蜀王，招討大將軍如故，賜「藩宣親臣」金章。上爲定國、文秀割襟訂二姓之盟，文秀、定國同輔政。

十月，命經畧川、廣，贈其高祖以下冀、恭、安、榮四王。十一月，命陳汝森、藺自强齎敕招清督李國英保寧。漢州官吴祥舉護送，經綿州，被執死。十一年九月，可望舉兵犯闕，爲右副招討，率九儀、三昇、胡一青、趙應選、吴子聖、本高破之交水，偕文選追向貴陽。繇大路至盤江，始知可望自間道走。不忍急追，兵故緩行，嗚礮激其速去。文秀至貴，可望已去四日矣。上欲息兵合謀復楚，詔文秀曉解。文秀刺血書告可望，可望復書狂悖，走長沙降清。文秀泣曰：「自作不靖，以召外寇之侮，吾死無日矣。」遂收可望兵，得三萬人，屯守連隘。

十月，請移蹕貴州，敕禮部擇吉行。時大憝既去，忠義同心，方議安集滇、黔，經畧川、廣，而定國叵聞而忮之。十二月，召之還。並以在邊諸將多可望故部，悉更調，論功小大爲分兵多寡之地。及清兵猝至，兵失其將，將不得兵，迄於大潰。

十二年三月，文秀回滇。上問追可望狀，沈吟良久曰：「追之不殺，激之投虜，滇南之禍不遠矣。」文秀汗流出，乃以兵馬付陳建，日鬱鬱不自得，疽發於背，上親臨問。病革，上遺疏曰：「虜兵日逼，國勢日危，臣精兵三萬人，在黎、雅、建、越之間，窖金二十萬，臣將郝承裔知之。臣死之後，若有倉卒，請駕幸蜀，臣妻操盤匜，臣子御羈靮，以十三家之兵，出營陝、雒，庶幾轉敗爲功。此臣區區之心，殁而猶視者也。」上覽而悲之。四月二十四日卒。事聞，上震悼輟朝，謚曰忠，賜葬安寧漕溪寺右山。

是年十二月，定國敗炎遮河，議移蹕，部將建舉文秀遺疏請幸蜀，廷臣以爲不可，乃止。文秀儀度温雅，柔和謹慎。入滇之初，曾屠武定，已而悔之，自是不妄殺一人。子震，都督。李嗣興降後，同總兵谷友、傅法、聶守先、雷光庫自猛窪降於清，封歸義侯。

能奇，字雲枝，綏德人。獻忠平南將軍。北征失利，降參將，挂定北將軍印，督十九營兵馬，衆七萬餘人。攻城徇地，與文秀齊稱。獻忠死，隨可望自順慶南走渠河，遇曾英兵，出不意敗之，追至重慶。先紹宗有詔，獻忠所害者兄弟，非君父也，降可免罪立功。可望等至遵義，獻忠東閣大學士汪兆齡，故桐城諸生，殘忍狡獪，欲盡屠蜀人，能奇首數其罪誅之，四分其衆，自爲定北王。上賜名時泰字策勳，封信侯，晋信國公，不受。執恭僞封如其自署，能奇曰：「丈夫自王耳，何必封？」東川禄萬億拒可望，與兄萬兆隙，乞援於能奇，命總兵趙世朝誘殺萬億。能奇至東川，一夕，中藥弩死，其黨屠東川。後贈延安王，部曲歸雙鯉代領。子承業，字錫吉。妻天波女，以左都督鎮國將軍管王府事。上發滇京，與狄三品以驍卒伏大寺中，謀劫駕。定國嚴隊西走，不敢動。後降於清，終順天府尹。

歐陽直，字公衛，渠縣人。廩生。獻忠入蜀，劫致劉進忠營，司筆札。獻忠死，走永、遵間，爲邢十萬所執，得脱。又爲總兵李孝所執，妻李投江死。入英軍，馬乾薦安居知縣。乾死，爲樊一蘅贊畫，咨入展軍，遷通判。再入大定軍，文秀命供事中書。從攻保寧敗歸。時總兵龍麟權四川布政使，守嘉定，招之未赴。文秀再入川，楊國明聘之，文秀薦禮部司務行營辦事。以平川功，轉儀制主事。謁滇京，陞車駕員外郎。交水之捷，擢職方郎中兼簡討，管蜀府教授事。建、鄒簡臣、掌科光禄卿杜鼎疏留，隨震西，入定國軍，出銅壁關。孫崇雅畔，遁山谷間，與駕相失。後歸里卒。

劉茂遐，字玄初，四川人。之復子。諸生。蜀府中書舍人。後歸三桂。三桂起兵，集諸將議，茂遐曰：「國亡未久，人心思漢，宜立太祖後，奉以東征，老臣夙將無不願爲前驅矣。」方光琛阻之，不果。未幾死。子漢臣，十二年八月，命齎敕印封三桂濟王，被執，不屈死。

贊曰：定國、文秀，拔身林莽，附光日月，廉靖仁武，沈機決勝。方其出楚、蜀，蹶名王，開疆拓地，輒敵攻堅，淩風捲霧，天下震動，有雲雷之壯烈焉。使孫可望不爲掣肘，並力夾輔，臨淮、汾陽之業可幾。志卒不終，坎坷以死。然國家亡而不亡，既一十六載，二人力也。扶危持傾，其風義與張世傑、王保保並矣。明史於桂王傳後，大書「定國卒」，若有關於明之末運者。有以哉，有以哉！

南明史卷七十三

無錫錢海岳撰

列傳第四十九

白文選 徐佩弦 薛崇士 趙得勝 王安 陳士慶 馮雙鯉 子天裕 宋騰熊 陳國能 馮萬保 胡正禮 張治法 張好 王復臣 盧名臣 周應熊 王命臣 靳統武 竇名望 高文貴 王璽 盧桂生 祁三昇 吴三省 魏勇 李本高 鄭文雄 洪應麟 王應舉 高明宇 雷朝聖 族人正勷 高承恩 王有德 王德地 童相垣 杜學 楊國明 曹珍等 王朝欽 郝承裔 陳建 高隆 龍韜 林萬全 覃文鼎 韋來朝 袁邦泰 莫世欽 羅金鼐 廖篤增等 倪志倫 王之翰 陸仕傅 莫世澤 莫廷陛 周正登 張嘗等 劉文煌 李文斌 王祐 王英 龔典謨 僧慈茂等 李先芳 廖鳳 吴祖胤 龔瑞等 韋綱 李亞 李勝 李喬華 何奎豹 李盛功 梁忠 曹友 廖午養 韋大等 潘志乾 楊啟芳 楊其清等

白文選，本名可哲，字毓公，吴堡人。張獻忠前軍都督。嘗戰傷足，人呼「跛將軍」。獻忠敗歿，從孫可望走川南。

永曆四年，可望命安撫貴州百姓。九月，可望自滇回黔，命副劉文秀圖蜀。十月，與總兵古勝、張國運、魯成賢、陳相奇率兵二萬攻王祥於遵義。成賢敗，復命勝、相奇兵五千進，大破祥。再與國運以重兵壓之，祥走死，乃回貴州。標下總兵李應元，别以可望命出沅州托口，遇清兵被執死。五年，文秀還，代任元祐留守嘉定，授總兵，挂定虜將軍印。

六年三月，吴三桂引清兵入蜀，不能禦，與總兵王復臣以舟師走永寧，學道徐佩弦自叙州降清。七月，復以五萬人自遵義出。八月二十五日，復重慶，斬副將潘應龍，向嘉定、成都。文秀約會攻保寧，至順慶，見兵屍蔽江下，知保寧兵敗，乃還重慶，挂恢討左將軍印。十一月二十二日，與張虎將儸倮兵五萬列象陣復辰州，禽總兵徐勇；斬參議劉昇祚，知府王仕杞，知縣楊來鳳，參將張鵬星，遊擊吴光鼐、李勛，都司周良三、李埴、薛自成、張奎、尤廉，守備吴伯文。爲高臺，設何騰蛟王，斬勇首，刳心瀝血，酹酒哭祭。命薛崇士、吴孔珍曹宗胤、黄明選、朱元韶，賫可望令旨招胡茂楨於嘗德，茂楨有歸正意，自是威聲頗著。

七年二月，將右軍，與總兵白來喜從可望戰清兵寶慶、嘗德敗走。可望以安南不貢，命圍交岡破之。回守奉天，後移安龍。

九年，命族人總兵繼左赴陝西，秦愷之徧沅，孫自英、高希勝、王有功假爲賈人北上，探虜虛實被執。十年八月，死北京。

文選雖爲可望用，心不直其所爲。初，禮部吏陸也茂、百户葉炤扈從不愆於禮，及依文選，説之歸朝，錢邦芑因復責以大義，文選感動，折箭自誓殺可望。

既可望聞田州之敗，知李定國必至安龍，疾召文選、駐鎮周自貞、百户葉應禎將兵劫駕入黔。應禎露刃入宮，太后哭，從官皆哭。文選與劉正國合謀，請間以情告曰：「姑遲行，且俟西府」，西府者，定國也。遂以輿徒不集報，陰留候之。數日定國至，可望兵七百及應禎宵遁。行在宴安，車駕無恙，文選力也。已扈上雲南，封鞏國公，賜金篦，命往貴陽宣慰，曰：「二藩復敦故好，事事爲祖宗社稷起見，卿功垂竹帛矣。」文選見可望，可望大怒，欲興兵與定國決戰。文選曰：「天子在彼，戰非策，盍平之。」可望謂文選畏定國强，猶未知其同謀；又以妻孥在滇，未敢爲逆，乃復遣議和。文選白上：「虎爲可望腹心，不可令在輦轂下。」上命虎歸可望孥貴陽，同謀事始泄。文選還自滇，可望奪其兵而幽之。

十一年秋，與諸將謀犯闕。馬寶紿可望，謂「使功莫如使過，文選才足任也」，釋之，爲招討大將軍總統諸將。文選僞稱定國兵敗狀，曰：「國主倘以故好爲念，不必苛求。若禽之，假臣兵二萬，可立致殿下。」既渡盤江，列營曲靖左山上，都督總兵列營新橋之西山雙河。定國、文秀駐曲靖，衆止數千，相顧失色。文秀議趨安南，定國欲繇元江、景東入土司，躊躇二日不決。忽文選率所部拔營走曲靖，單騎詣滇京，見定國、文秀曰：「諸將已有成約，宜於明早速出戰。如破之，以一人追，一人入衛滇京，遲則不可爲矣。」定國未之信，文選誓之曰：「紿皇上誤國家者，身死萬箭下。」言畢，即上馬馳。定國遂悉師出交水。陣甫交綏，而驍將李本高死，定國、文秀欲退。文選怒曰：「張勝已間襲滇京，我退則彼精騎躡吾後，不鳥散，亦蹂爲肉泥耳。死於陣，不愈死於走乎！況馬維興輩必相應。」乃率所部五千騎直衝維興營，維興開壁納之，合兵繞可望陣後，定國、文秀繼進，大破之，可望遁貴陽，文選妾胡遇害。晉鞏昌王，挂蕩平大將軍印，賜「心膂藩臣」金章。部將總兵挂將軍印張國用封同官伯，趙得勝封伏羌伯。

十二年，清兵三路侵滇，官兵亦分三路拒之。五月，督國用、得勝、竇名望、張光萃、王安，將軍鄒自貴、馬得鳴、王汝霖、塔新策、高應鳳、劉之復，總兵周名望、高正魁、潘正龍、陳發、秦斗金、吕三貴、王有德、郄先祚、高世傑、張斗霖、黄之宫、陳勇、武國用、王國勳，以兵四萬守七星關。七月，以勢孤無援，退永寧。九月，進孫界壩立營，示欲攻遵義者，并遠連王光興、王友進、莫宗文、譚弘、譚詣、譚文、郝永忠、劉體仁、李來亨、袁宗第兵，以牽制三桂。聞三桂已踰遵義，於十一月二十日，自孫界壩回七星關。關臨麻哈江，水勢汹湧，四山壁立，樹木參天，中僅木橋以濟，名曰天生橋。文選於南岸層臺設石城木栅，徧列大礮，積粟扼守。十二月二日，三桂次以烈，厚養嚮導。平明，繇苗疆水西襲橋背，控關大路，逕叩烏撒。文選偵知，大愕，棄關走畢節。值總兵趙國明兵至，文選回軍，前後夾攻，敗清兵。越日，國明攻定西將軍都統李國翰營不利，乃與文選退可渡橋。清兵追至，國明敗走。是日國翰死於軍。寶守橋之軍亦奔，乃焚橋走霑益。已而三路兵皆潰，上倉卒西狩。文選命劉漢臣說三桂反正，被殺，遂次大理，列陣下關，衆尚萬餘。

定國以數百騎赴之，文選憤涕叱曰：「皇上以全國全師恢復宗社之重任畀公，一旦至此，誰執其咎？公於炎遮河，固先走矣，其見無數萬人搶天呼地悉離鋒刃之慘戮乎？」定國南向叩頭曰：「事既如此，夫何言！惟本此孤忠，死而後已，以報君父，結此殘局。」文選收涕謝曰：「公幾許人，死虜何益？公行矣，文選以一身當之耳。」定國乃引兵追扈。

十三年閏正月十二日，清兵攻玉龍關丁當山，文選與張先璧、光萃、陳勝、正龍、斗金、三貴、斗霖拒守。清間至漾濞，斷關後，戰又敗，三貴等死者四千餘人。大理陷，士民婦女拒守死者萬餘人。蒙化、雲龍、永平、永昌先後陷，文選南入蒙化山，走永平。清追至瀾滄江，文選火橋斷絙，繇沙木和、右甸道鎮康、木邦。

聞上駕入緬，定國求之不獲，乃就文選，謀屯邊隘，圖再舉。而文選以上左右無重兵，恐緬人生心，間渡隴川、潞江，招精兵萬餘，踵上所在求之。三月二日，文選以兵至阿瓦城下，去行在才六十里，諸臣隱聞礮聲。緬人藏舟篙楫，竟不相聞。

十一月，至孟艮，合定國。十二月，移猛稟。十四年二月，屯猛撒。三月，移景海。四月，屯景線，去定國軍千五百里。七月，再繇木邦薄阿瓦。阿瓦有新舊二城，上居舊城之者梗，而緬酋自居新城。緬人請敕書止之，令毋進兵。文選不應，謂使者曰：「前者祁將軍來，詔云航閩。若前詔爲真，則今敕爲僞，使今敕爲真，則航閩後何自而來？君非臣何以威衆，臣非君何以使人，蠻人不足信也。」急攻新城垂克，緬人紿之曰：「三日後，出新城相讓。」文選信之，卻兵十里，城中得固備。再攻失利，望者梗城痛哭而去。時文選、定國相去二千里，不得實耗。已知定國回孟艮，移書告之。

十五年二月，聞定國屯洞罏，文選以兵數千馬千許屯象腿。疏上行在，上答璽書甚切。定國全軍西，中途遇文選，刑牲歃盟，誓必克緬迎蹕。四月，文選造浮橋進兵，剋期渡河，距行在六七十里。緬人數千殺守橋兵，斷其橋，文選至不及。緬酋拔其豪邊牙鮓、邊牙猓爲大將，集兵十五萬錫箔江，前隊巨象千餘，夾以槍礮，陣横二十里，中有花象者善突陣，鼓譟而前。文選、定國兵不及十一，且戎器耗散，惟操長刀手槊白棓以鬭。前隊稍卻，定國視戰地當象來處有石橋，橋下水深不測。象將及橋，自持長刀迎之，象鼻捲定國，定國躍起避，隨其鼻入斫之，象鼻反捲，迎刀鼻斷，負痛反奔，羣象皆崩；文選抄其後乘之，緬兵大敗，僵死數萬計，邊牙猓鼇於陣。而邊牙鮓猶收餘衆，栅大榕樹林中，蔭翳百里，鼓鳴竟夜，如列陣。曉視之，則舉軍逃。遂濟錫箔江，謀橋大金沙江，不克。尋興定國分兵次桐郻。十月至眇纇。國用、得勝以賀九儀之死，銜定國，謂文選曰：「王毋爲九儀之續。」挾文選北走耿馬。文選見定國部將吳三省，不言而涕出，國用、得勝復心動。會徽人汪公福携鄭成功約師表來，兵皆踴躍，乃入車里、猛獵，附近土官貢餉。十一月，合三省屯錫箔江，命總兵蘇甲進木邦會定國。八日，三桂至木邦，文選副總兵馮國恩偵敵中伏被執，降爲導，軍情盡洩。十八日，三桂至錫波，選前鋒疾馳三百里，至江濱，文選毁橋走茶山。三桂慮其攻木邦後路，二十日，自與愛星阿結筏渡江，而令寶分兵追文選五日夜，及於孟養，單騎説之。文選泣曰：「吾負皇上，負晋王矣。」遂與陳士慶、國用、得勝、王三才、楊成、彭應伯、閻惟龍、何起隆官四百九十九、兵萬一千七百四十九人、馬三千二百六十、象十三降清，封承恩公。

佩弦，仁壽人。崇禎四年進士。授崇仁知縣，興學愛民，活者萬人。遷武庫主事，出爲撫州知府。卒年八十五。

崇士，益陽人。參將。

得勝，不知何許人。勇衛營守備，征剿湖廣。

安，神木人。歷官總兵挂將軍印。可望反，拒勝滇京城外，封保德伯。七星關敗後，走建昌降於清。十三年四月，與汝霖、黄之寶反正。終事不詳。

士慶，字鳳典，新野人。少得禁方終南山，獻忠致軍中，所治多全活，軍中呼爲老神仙。後死騰越。

馮雙鯉，字壯力，膚施人。張獻忠後軍都督。與王自奇隨孫可望入貴州。永曆四年，破皮熊、王祥，執郭承汾、黄應運，可望薦授總兵挂征虜將軍印，會蔣克達撫民招商。閏十一月，屯平溪，以二萬人敗張先璧烏羅，降之。

六年，以三萬人副李定國出楚，復黎平、沅、靖，會於奉天，屯寶慶，宋騰熊爲監軍。孔有德退桂林。六月二十八日，雙鯉率高承恩、陳國能、高文貴、靳統武及鐵騎前營王會等，合兵八萬，自祁陽先進。清兵萬人逆戰，大破之驛湖，斬驍將李四，清兵奔。進薄全州，有德將孫龍截雙橋，破之。龍退守全州。復之，斬龍。會復桂林，封興安侯。定國上所虜獲，僅有德金印金册、人葠數束，財物值不及萬金。雙鯉不服，密啟可望，言定國專横，恐難制。

七年三月，可望戰清兵寶慶岔路口，雙鯉自奉天將左軍佐之，斬輕車都尉麥圖、伊爾格德、韋徵、阿拉密，侍衛柏天儲，驍騎較李天寵。可望大潰，雙鯉獨全師自衡州退奉天；别將亦出江華，禽知縣王克遜。

七月，可望聞定國駐柳州，命雙鯉督賀九儀以騎七千、步萬人襲之，而統其軍。定國燒糧，伏兵柳州江口蘆荻中。雙鯉以爲怯，追之。兵過遷江、來賓，定國逆之，伏發，一軍没於江。雙鯉被禽，定國禮釋之，繇是傾心焉。

八年正月，攻桂林不克，與國能從定國復高、雷、廉，攻肇慶爲先鋒。

九年五月，劉文秀命攻武昌，晉興國公。盧名臣死，走貴陽，再晉興安王。

可望將犯滇京，預爲杻鎖三百，曰：「破滇日，械送行在君臣也。」力諫不聽。及稱兵，復曰：「國主此往果勝，難免畔逆之名。」可望叱之，痛哭，留守貴陽。可望敗，回守威清隘。約追至，發三礮。文秀兵達普安，遲疑不敢追。雙鯉欲可望走，乃發礮紿之。可望出城，逕奔長沙降清。十二年正月，改慶陽王，掛戡定大將軍印。文秀回滇，代鎮平越。

清兵至，以百餘騎至貴陽，不守。清兵自楊老堡侵滇，屢請定國速襲貴州，不應。定國命守雞公背，距中路。鐸尼粵兵自普安進，雙鯉敗績北盤江，退滇京。

上西幸，謂定國曰：「雙鯉與公俱生於滇。公扈駕西行，圖再舉，爲其難者；雙鯉願死守京城，與共存亡。」定國涕泣，遂命留守。

清兵迫，與國能渡金沙江，轉趨建昌。清招降，不應。狄三品勸降，不從。十三年八月，爲三品、馮萬保，將軍張明志、王安、丁友才所執，以二千人降清。

子天裕，永曆中，與總兵閻廷桂從高承恩軍，累功官總兵，封甕安伯。十二年三月，自平越降清。一夕，縋城走湄潭、甕安間，號召忠義。十一月，定國命復平越、新添，遂合胡正禮、張治法而南。正禮與辰沅總兵李永昌攻甕安，戰曲黨貢，正禮執死，都司王仁戰死。永昌走，治法與子副總兵文彬，把總謝君上、劉可登、何大朋力戰沿河司死。十三年二月，命總兵盧正友、冉宗孝自婺川、餘慶攻遵義、思南、平越，張思聖自思南、湄潭、遵義之間應之。及戰，敗楓落壩，思聖與副總兵蕭聲玉死。再敗婺川，總兵李正洪及子應龍、參將魯學仲死客老屯，副總兵薛萬珠、都司蔡魁以湄潭降清。天裕戰泥落壩、山箐口，副總兵劉江垓、畢忠孝、柯成宗，守備蒲乾芳死，天裕走。八月，正友與總兵李茂林、安良弼屯木猴屯。清兵四至，茂林、良弼及總兵金月殿，副總參遊都守李君重、李世珍、覃倫、周顯明、包朝柱、李明信、李德、張明遠、李登聯死。清兵至席樂坪，總兵毛羽輝、副總兵雷坤宇死，宗孝弟副總兵宗倫降清。總兵馮任國、遊擊陳宗善守險屯合馬菁。天裕中流矢死。任國、宗善，遊擊姜槎，都司李茂應、陳啟奉、劉志龍、趙夏，守備楊方祥、秦國寶、張啟元、張大容、曹光應、尚得紀、雷起龍死。宗孝、正友屯萬佛山木城力拒，宗孝中矢死；總兵呂昌，副總兵丘正甫、金啟見，參將盧正朝、盧鳳鳴死；正友走瓜子溪死。

騰熊字徵鉉，偏橋人，崇禎十二年舉於鄉。授寧海知縣，憂歸。魯王監國，歷禮部主事、員外郎。永曆時，擢僉都御史。

國能，清澗人。少落魄呈貢，文俊德資之。從可望軍，封仁和伯，晉侯。十三年八月，與將軍黑邦俊，總兵岳鼎、高恩，副總兵王應舉自扶上降清。

萬保，江寧人。歷功官右都督總兵，鎮永北。後與張好隱祿勸卒。

正禮、治法，貴陽人。正禮都督總兵，治法都督總兵，挂招虜將軍印。

好，不知何許人。累官總兵，挂破虜將軍印，加太子太師，賜尚方劍便宜行事。爲道士終。

王復臣，字自明，葭州人。張獻忠左軍都督。歸附後，授左都督，挂討虜將軍印，守千崖、隴川。永曆六年春，封東寧侯。

吴三桂以清兵犯蜀，復臣總統總兵王之俊三萬人自烏撒、永寧出敘州。三桂大軍至，復臣以象銜馬前，步兵夾左右，突入大軍中，象吼馬怖，遂大捷，復重慶，向成都。三桂潰退保寧，劉文秀緊追。惟恐失敵，復臣諫曰：「三桂，勁敵也。我軍驕矣，彼方致死。以驕軍當死敵，能無失乎？」不聽。至保寧，又諫曰：「毋圍城，圍則師分而弱。」文秀曰：「三桂坐守孤城，計日可下，將軍何怯也！」令張先璧軍其西南。先璧勇而輕敵，三桂登城見之，曰：「是可襲而破之。」出精騎突其壘，果驚潰；轉戰而南，復臣營爲亂軍所擾，又阻於水，勢不支。復臣被圍數重，曰：「大丈夫不生禽名王，豈可爲虜所辱？」手斬數人，自刎；總兵姚之貞、王繼業、楊春普，副總兵董良樸亦死。文秀撤圍退，三桂不敢追，曰：「生平未嘗見此惡戰。使如復臣言，吾軍休矣。」其見畏如此。

盧名臣，雒陽人。文秀部將。領撫左營，累官總兵。文秀圖蜀，命與王顯明復重慶、涪州。六年三月，清兵攻重慶，沿南岸爲七營，設臣礮與水師相應。及戰，不支走，移鎮辰州。八年正月，張纏頭攻桃源兩河口敗，總兵李陽春執死。九年五月，文秀以衆出川、峽，命名臣挂援剿左將軍印，與馬進忠、武大定、周應熊別將攻岳州，柴甲爲辰溪知縣。名臣樓船二百、大鰍舟六十餘，蔽江先下，爲都統辰泰所扼，不得進。七月初，攻嘗德。秋漲流迅，舟以夜至，文秀大軍後期。平南將軍阿爾津、一等子蘇克薩哈以荆州、長沙兵伏城外德山，俟師過半突擊，名臣中伏，六戰，敗退龍陽，身中數矢，燔舟擐甲赴水死。文秀遂還貴陽。十年七月，副總兵陳寶良自辰州；八月參將段文科自瀘溪降清，辰州亦陷。

應熊，嵩明人。武進士。貴州操道都司、清浪參將，擢總兵，挂將軍印。

王命臣，岳池人。永曆元年官總兵。王祥命與馮啟大破清兵大西橋，復順慶。二年三月十八日，順慶陷，參將李光德、朱朝國、曾桂齡執死，監營南充杜君恩降清。命臣從文秀川南，副總兵李開藻謀以保寧内應，事洩死。

靳統武，涇陽人。李定國部總兵。永曆四年十月，屯石阡。六年，從定國出楚，以坐營破清兵驛湖，復全州、桂林，擢左軍都督，挂樹德將軍印。八年三月，以兵數千、象二攻高州，張月反正，斬副將陳武，復羅定。九月，從攻新會。定國敗肇慶，新復州邑盡陷，獨羅定固守不下。十二月，棄羅定。已封平陽伯。

入衛安龍，敗孫可望將張明志。上在滇京，定國命收馬吉翔，將請詔治罪。吉翔日夜媚統武爲頌冤，得復用。交水之戰，統武留守滇京，解王尚禮兵仗，嚴兵備非嘗。張勝聞襲滇京，破走之，行在以安，加上柱國，太子太保，晋侯。從幸永昌，降伯。聞玉龍關敗，以兵四千扈駕騰越。上發蠻莫，與梁杰至關前。見上已入緬，即以兵從定國屯銅壁關。

上既幸緬，定國議救駕，分兵渡江。統武曰：「兵分力單，不如全力擣緬都，都破，駕自出。」已命造舟馬得狼江。後從定國猛臘。

定國卒，遺命其子嗣興事之如父。而統武專横，上下離心，將士多畔。未幾，卒於軍。

竇名望，徽州人。從張獻忠軍，提督皇城都指揮使；從李定國，授總兵，領大定營。定國出楚，偕高文貴破清兵驛湖，復全州、桂林。後敗孫可望將張明志，入扈安龍。可望反，與鄒自貴、李本高各領一軍。軍各五千人，兩翼各二千爲應，名望爲前鋒。戰交水，先登，大呼突陣，諸軍勇氣百倍，直攻可望營，連破三十壘，可望遂敗。論功第一，封泰安伯，晉侯。

清兵三道窺滇，民望以前部先鋒從白文選守七星關，進孫界壩。永曆十二年十月，定國救安龍，命率三十人回滇，備萬一不勝，扈駕永昌。

十三年閏正月，上幸騰越，以左路將軍扈行。定國渡潞江。江不甚寬，而水勢洶湧，每歲清明至霜降，有青草瘴，土人亦皆惡之。過江二十里，有磨盤山，即高黎貢山，鳥道叢箐，屈曲僅通騎。定國度清兵累勝窮追，必不戒，設柵數重，三伏以待之，炊食饟伏，令毋見烟火。民望爲初伏；文貴爲二伏；王璽總兵王國棟、李玉炳爲三伏。每伏兵二千，埋地雷谷中。令俟清兵盡入初伏，發地雷，二伏、三伏首尾横突截擊，必無一騎返。卓布泰、吴三桂既追文選至瀾滄江，編筏而渡，再渡潞江，逐北數百里，無一夫拒守，謂定國遠去，不復慮，行伍散亂，登山者已萬有二千人。忽盧桂生畔，洩其計，三桂大驚。時前驅已入二伏，急傳令舍騎而步，以礮發伏叢莽中，而正兵繇大道平行，矢礮雨下。民望不得已，舉礮出戰，三伏亦發礮下應，戰於山間。自卯迄午，短兵肉薄，僵屍如堵牆。民望自領步兵三百，與三桂戰，拔刀斬其騎將數十、兵百餘人，清兵畏縮欲退。是夜，民望復謀夜襲，爲降者所洩，三桂別遁而免。

名望短小勁悍，戰輒飲酒數升，去兜鍪出。翌日戰酣，謂士卒曰：「吾姓竇，而山名磨盤，天下有豆入磨而不腐者乎？今日我死日也！」復飲酒免冑出，三百人且盡。一卒奔三桂營，三桂詗民望在，槍礮齊攻，民望受數百槍彈，洞脅，戰如故。持刀潰圍走，覓駕所在，行不三十里，血湧仆地死。定國坐山巔，聞號礮失序，大憒，麾後軍並進，殊死鬭，忽飛礮墮其前，濺土滿面。以孤軍不支，整旅出騰越追扈西百二十里，中原界盡矣。

當磨盤山之戰，伏兵以不得號令不敢發，死林箐中三之二，令發而起者止二千人，而清亡三等男拜察，都統沙理布、琿錦，參領曹丹，護軍較筒泰、庫爾、庫德十餘人，精兵數千，上山者無一免。三桂師卻三十里，尋回滇京，命都統伊爾德、卓羅留滿漢兵數萬及西洋礮分守，不復窮追。名望部將軍高應龍，定國前總兵周名旺、馬良、張登武、蔣成龍，副總兵張天寵、段有榮、徐文道、吴泗，於十五年三月討畔將楊武騰越死。

文貴，易州人。定國部總兵，領天威營。桂林復，加太子少傅，挂鎮虜將軍印。六年十月，自茶陵攻吉安、永新。十一月二日，復吉安、永新、安福，禽知縣陳謙生，坐貪酷伏誅。八年二月，文貴復清頭營，一日夜行軍四百餘尼堪兵至，調回衡州，以王會屯永新更鼓寨。

里，復石城、化州。四月，與總兵黄元才復電白。十二月城陷。九年四月，復高州。十月，移潯州。十年正月，調守南寧。二月，自皈朝間越田州，逕攻可望將關有才後。有才圍州已三月，不意文貴後至，兵截爲二，遂走。文貴急追三百里，得其衆三千人。入扈安龍，封廣昌伯，晋侯。十一年十一月，從討王自奇永昌。十二年二月，屯奉天，馬寶屯辰溪。清兵至，自靖州拒戰鎮遠敗歸。上發滇京，扈駕次安寧，聞警促行，宿草鋪，招廣南土府儂紹周上供，上與從臣始得食。十三年四月，與吴子聖兵入緬境，鋭甚。緬人大恐，迫上出旨，命楊生芳、丁調鼎諭之，乃出布嶺。兵死瘴者半，文貴亦抑抑卒。妻萬、妾吴從殉。

璽，同官人。歷官都督總兵，亦殁於瘴。

桂生，墊江人。歲貢。官大理卿，降，終滇東道。

祁三昇，字鳳川，涇陽人。多勇畧，累功官左軍都督。永曆四年閏十一月，屯石阡。李定國有龍驤、天威二營，既出楚，留三昇統龍驤營，鎮遵義。已代狄三品鎮嘉定。

及定國入滇，調三昇，而孫可望亦檄召之。三昇謂其部曰：「秦王、西寧舊主義均。今西寧尊奉天子，名正言順，我等亦有依歸，當遵西府調爲正。」於是卻可望使，振旅還滇。可望以兵追之，三昇且戰且走。久之，達滇京，封咸寧伯。交水之戰，爲督陣，論功第二。迤西定，晉侯。

清兵犯黔，定國三路出師。清攻安順，與李如碧屯中路雞公背，扼貴州。安莊警，退關嶺，清兵不敢進。尋戰大潰，總兵郭名儒降清。

上發滇京，以右路將軍扈幸永昌，削爵。及幸緬甸，三昇率師至，勢甚鋭，上疏迎駕。馬吉翔以丁調鼎、楊生芳持敕書止之，曰：「朕已航閩，將軍善自爲計。」三昇痛哭回師。吉翔又與緬官守隘者敕曰：「後有官兵，截殺不論。」

三昇後與定國不和，走户臘，吴三桂招之。永曆十五年二月，與總兵王有功、劉芝林、邵文魁，副總兵張鳳翔、黄元、舒相禹、何天衢、韓桂馨，都督僉事周心翼，遊擊吴立志，以兵七千九百三十一人、馬千三百四十六匹、象三降於清，終貴州提督。

吴三省，中部人。以都督總兵，與郭尚賢從李定國復楚、粤。上發永昌，命掛定夷右將軍印，斷後收軍。時魏勇自滇京出駐耿馬。永曆十三年六月，與吴子聖及天威、保國兵復永昌，執降臣張應井，兵瘴死大半。三省護定國妻子將赴其軍，遇子聖、楊武脅之畔，三省陽諾，出不意走潞江，至定國所，連合轉虎喇。勇病卒，子君重降清。三省尋與祁三昇僞降，又出不意，返兵谿孟定趨孟艮，至則定國已移營。及次磨乃，唐宗堯將畔，誅之。兵弱不敢深入，流連孟定、孟艮間爲遊徼。後遇白文選耿馬。文選將降，告以雲南軍降者皆怨恨不得所，人心思漢甚於往日。文選凛於大義而止。終事不詳。

勇，偃師人。八年三月二十日，以都督總兵自射洪攻順慶敗績，副總兵熊飛、旗鼓趙自臣、遊擊楊友恩、哨頭陳大用、管隊金大等戰死。後封孟津伯。

李本高，遼東人。崇禎中，以材官守舒城，降張獻忠。負膂力，多智畧，累功授水軍都督總兵。永曆九年冬，代祁三昇鎮嘉定，已代以王朝欽，移屯雲南，封崇信伯，晋六安侯。孫可望犯闕，戰於交水，本高以數十騎追及之，引槊刺可望。過馬首，可望大呼曰：「本高非余故人耶，受恩深矣，顧害主乎？」本高厲聲曰：「既作朝廷臣子，須知君臣大義。本高非殺主，乃殺欺主賊臣耳！」言未竟，爲流矢所中，可望得脱。本高尋馬蹶，爲陳羅漢所害，他將亦射殺羅漢。贈徽國公，謚壯烈。

鄭文雄，字功著，合肥人。漳國公亨八世孫。性倜儻，偉軀幹，猿臂善射，力任千斤，輕財好施，喜交山澤之豪。

崇禎九年，盧象昇過廬州，上謁軍門，獻平虜蕩寇策，較射角力冠軍。象昇大奇之，曰：「公汾陽、湯陰之流亞也。」薦授剿都指揮使，屯宜陽，屢敗寇。寇畏其鋒，遠道去。未幾，遷潯梧參將。北京變聞，呼天搶地，拔刀自刎，以救得不死。

昭宗立，擢總兵，挂將軍印。李成棟以清兵西犯，血戰十餘，多奏捷。成棟嘆曰：「此間亦有勁敵也。」永曆三年冬，尚可喜以兵萬人入粵，羅成耀逃，文雄以鐵騎三千逆戰追兵，可喜怯，乃得緩行。文雄東西守禦數年，大小十餘戰不挫，人以「飛將」稱之。十年，從李定國奉上幸滇，晉太子太保、右都督。十一年十二月，封偃師侯，而國事日不支。

十三年正月，滇京陷，吳三桂追至玉龍關，白文選敗，文雄獨以驍卒千人逆戰，自晨至夕，千人皆死，無一存者。文雄身負重創死。妻夏、幼子通刎死，諸僕咸亡。上幸緬甸，贈周國公。

邑人洪應麟，字瑞徵，官總兵。王應舉，字淩霄，副總兵。與總兵張臣肇從陳國能自扶上降於清，應舉不受官歸。

又高明宇，郿州人。亦定國將，隱居終。

雷朝聖，一名兆聖，字崇仁，嘉禾人。任俠負大畧，精騎射弓槊，觀書目炯炯然，以文采自喜。

崇禎六年從軍，以千總隨洪承疇陝西，爲參軍，請領散軍。與黄得功、劉良佐戰淮河間，爲先鋒。敗張獻忠潛山、安慶，累遷都督同知總兵。南京亡，間關江介，求死不得。聞昭宗立，乃之行在，從瞿式耜守桂林，與焦璉、白貴出戰。何騰蛟出師，從曹志建屯鎮峽關，當西衝。關陷，與歐正福、丘民仰立寨自保。永曆六年，李定國出師楚、粤，以衆響應。轉戰有功，封嘗寧伯。定國扈駕入滇，命留後，扼守關要。十二年，謁滇京。胡興明謀奪志建命婦圖財，特疏劾之，事下兵部察追。從扈緬甸，命與副總兵黄朝用、高三胤以五百人代靳統武造舟馬得浪江。二人及都司李尚火舟二十七，以三百四十二人降清，謀殺朝聖，朝聖走免。聞上蒙塵，仰天椎胸痛絶。左右勸曰：「聞上消息始殉，未晚也。」定國殁，孤軍無所依，遂與其子嗣興降清，回滇京。十七年卒。

朝聖遭國難，以書生從戎，身經百戰，愛撫兵民，忠勇鬱發，始終爲國。喪歸日，感其義者，白衣冠送者，道路爲塞。

族人正勣，日誦萬言，急公好義。朝聖與鄧甲有隙，將報，力止之。國亡，自稱山野逸叟。及殁，遺言碑題「皇明布衣某墓」。

高承恩，延長人。張獻忠將。驃悍敢戰。隨劉文秀歸朝，授前軍都督總兵。永曆六年，從馮雙鯉自祁陽復全州、桂林，封雅安伯。七年，晉侯。

十年，代王有德守雅州，以戴甲爲知州。承恩設船廠、鐵局、官莊徵草糧，掠子女，勒完人税，民不堪命。十一年，以王國忠爲知州。十三年春，破天全六番招討使高躋泰地，大殺掠，躋泰走保寧，承恩係其家。夏，聞滇、黔陷，率千户劉明相、諸生曹鳳苞、諸土司斂兵拒守。恃强，併杜學及副總兵向葵軍，朱、王等將亦亡去。已而陳建自滇至，承恩責其棄駕不從扈，亦併其衆，計川中無與抗者。惟楊國明於十一年二月代朝欽鎮嘉定，多計智，然無兵，搜昔年附名起義者及吏役入伍，終不及三百人，勝兵者不及半。承恩數召，恥不至。

五月初，承恩自天全歸，即發學及總兵許甲以精騎千餘，一日夜奄至嘉定，沿路烽不及舉。國明已無可如何，乃盛供帳，卑詞厚幣，乞留三日束裝，不許；二日，許之。且請結兄弟，幾藉其力以賒死。而裨將及兵士之相約結亦如之。客軍無不樂留者，仍納諸簿籍與城門管鑰，且云敝卒皆胥役土著，憚於行，逃匿者過半，若單騎何以見爵主，請置貴卒各門，以譏訶出入，二將益信其無他。國明既發輜重家口登舟，而素取民間及自置雜器菽粟，列之堂廡，陽言欲以還民，而陰餌城内外士民諸二將及己門泣留，肩踵紛挐，無慮二千餘人，而所運用及私人得雜之以出入。國明對衆示以不可復留狀，且自咎無似，謝厚意，諸物任若取，詰朝無勞遠送，揮涕遺之。」客軍多泣下者。薄暮，移盛筵，操重寶，就一將爲壽，禮卑詞哀，兼奏女樂侑酒。其將較士卒，俱於他所兼饌款之，兩軍皆洽。夜既半，各相勉安寢。國明丁寧黎明上道，不敢復留。國明歸，密召衆陳利害，向天囓臂盟，親暱者露刃向，無異議者。將五鼓，帽垂白帶爲號，分將其衆，無白帶者即殺之。燔屋舉礮，象壞館門入，遇者皆死。甲入水竇，索之不得。其在外將卒醉夢酣，聞變相殺，而國明已奪水門與家口順流東矣。學營老蕭頂，國明潛以火藥燒之，欲一爇無遺。已而學按軍不救，國明念其一體被脅之人，戒勿發，故得全。而天已向曙，學計國明單弱，所襲殺終不能盡，且妻子在雅，恐無詞對承恩，乃舉號遥爲聲援，而甲亦出應，殘卒均集。主兵反顧乃無主，情見勢屈，突門不得出，遂散走城上投江者百許人，溺死及賴綿甲濟者各半，其不及者數十人，俱被殺。復大索城中，得三十許人及象以歸。

承恩大怒，殺其俘。聞學觀望，恨之，以其幾被爇而止。然失亡皆選鋒，顧新軍反多於己，恐爲所圖，繇是猜暴益甚。又欲盡屠川南遺民，引兵繇西南夷入緬扈駕。以婦人多，欲盡殺其下之孥，引精兵去，郝承裔不可。諸兵不欲行，久不決。承恩日夜縱酒，醉則手刃左右以逞。又惡承裔、建，將殺之。諸將喘喘懼死。

六月十一日，記室張士禄密告承裔、建，謀降清。二鼓，承裔、建、士禄合計謀殺承恩，遮得其夜巡符驗，潛令陳卒二分之，一則掩殺甲，一則斧承恩門而入。承恩聞變縋城出，於所置塘撥，得弓刀衣履及二人二馬行。午後，抵榮經署，無一語語令，但獨步堂皇咄咄，刀不去身，且令隨卒登樓北望，但呼具湯。湯至，不能下咽。急索白鏹數十兩寘懷，上馬南走。次日，夜宿黄泥鋪大板橋，鄉人以雞至，酬十餘金，夜哭甚哀。及走黎州，不納。學屯蘆山，追兵則已先發，至榮經取承恩首以歸，民咸大悦。

有德，延川人。孫可望授黎雅遊擊。永曆七年十二月，斬文胤元名山，以孫子憲爲知縣，與民相安。八年，昆明龔泰、郭晟、夏道曙先後知縣，復茶馬市，累遷總兵。十一年冬，與信武營中軍守備王德地屯彭水、郁山。初，四川亂，總兵鄧甲起兵采芹城；李占春屯涪州三村壩；總兵湯進忠屯巖西；總兵朱國璽奉米壽圖命守郁山；武生白士眉屯大河，與國璽相攻，國璽走城。永曆二年，國璽敗士眉，士眉降清。有德至，譚文道、譚天叙來攻，有德方醉，德地、童相垣以身迎戰死，士民得免，尸祝之。有德歸滇京降清，後從吴三桂兵死。

德地，酉陽人。精騎射。從左良玉數百戰，以勇聞。

相垣，彭水人。

學，白水人。總兵，挂武義將軍印。承恩死，八月，以衆千人自蘆山東走至重慶降清。

國明，四川人。副總兵。成都陷，與曹珍、茂、璜兄弟起兵，代朝欽守嘉定，累擢左都督總兵，挂平寇將軍印，改右扈將軍兼四川布政使。政苛，下多怨畔。是年八月，以兵千人至永寧降清。同時，總兵吴在朝至成都降清。

珍，榮縣人。與弟茂、璜皆武生。蜀王招通巴十營，應募，各爲千總。後珍官守備，璜都司。十三年，潰東走。以國明隙，將三百人走榮招兵。時范張榮自稱「泣天無主都督」，約合討。自以千人擊之，初捷後退，張榮陷城。

朝欽，隴州人。自參將累官都督總兵。

郝承裔，本名承麟，膚施人。郝孟施義子。孟旋死，承裔年幼，養於高承恩，冒其姓。承恩遇之無禮。長隸劉文秀。歸朝，授總兵，挂討夷將軍印，封威寧伯，晋侯，從承恩守雅州。

永曆十三年，殺承恩。十月，與陳建及總兵管按察使張士禄、靳洪玉，副總兵劉尚臣，兵三萬人，以邛、眉州降清，仍鎮雅、榮、蘆、黎、名、邛。

初至成都。其將王功臣、秦有功見清兵單，悔之，每勸反正。慶符王宣坚亦至雅，乃於十四年八月，奉宣坚，斬遊擊胡其俠、守備李邦佐反正，稱討夷大將軍，功臣、有功、湯克勝、艾奇英爲總兵，項國俊爲名山知縣。清兵至總岡，承裔將劉川、雷保、張翼軫迎戰，斬將王寶山，清兵退卭州，川西大震。承裔攻嘉定不克，欲襲成都，破遊擊李甲新津。清兵四至，走名山。九月，破高名瞻兵，復洪雅。十一月，破總兵楊甲卭州。其戎旗下百騎深入，象乘之。騎歿，提督鄭蛟麟亦敗於卭州

十五年三月，李國英至嘉定，督蛟麟、王明德來攻，屯洪雅。承裔恃竹箐關及對岸土地柡之險，設關門，各以數十人守之，有警則舉礮爲號以赴援，而失險則礮倍之。國英詗其計，重金購洪雅人爲導，蹊歧徑可繞出關後者，并令毋得訶行人。承裔間輒假貿易以出入，凡有舉動悉知之，承裔深幸以爲得計。三月二十日，明德揚言二十六日破關，承裔聞之，計曰：「道里相當，我以是日援之，亦足以達；但恐爲此虛聲，則卭州甚可慮。」乃益發兵戍之。至二十四日薄暮，明德令閉城門，乘夜兵銜枚趨關，犁旦，至關下，承裔憑險拒。明德已出關後，反攻之。總兵李棟、領旗瞿進戰死，承裔走，礮不及發，對岸者望見發之亦遁。承裔聞之，知中計，乃放火棄雅州走滎經，留五日，清兵至，承裔北還。四月朔，清兵陷夾盤關，攻飛龍關、八步石。川、保、翼軫、克勝、奇英率兵萬餘、象二，伏關下，誘清兵破之。清兵繼至，道險不利，騎皆步鬬，自巳至申不退，川等皆降清，翼軫及總兵武見龍、汪勝龍、聶麒麟、劉虎、雷龍戰死，承裔兵飢不支，象反走，遂潰。二日，滎經陷，承裔走。象尋死，中有礮子矢鏃二三斗、皮骨齒牙，百餘人舉之不盡。六日，黎州陷。十日，清兵至漢源街，承裔

與將高思宸，遊擊蒯方，知州知縣熊翹楚、朱盛溙、丁鍾、李作楹走山箐中，後被執至重慶死；功臣、有功爲僧，亦執死；國俊走；克勝、奇英及總兵劉耀、金學、蕭應舉、汪國祥、帥甲、劉正杰、劉加富、洪所吉，副總兵夏良佐、李達、寇坤才，參將孫權、楊允受，守備傅玉春，指揮鄧鍾英，鎮撫單唐祚，委官毛有槐降清。先，十二年，吴三桂自保寧至遵義，止定川北入滇一路，至是川南始陷。

建，真定人。劉文秀左扈衞將軍，授都督。與高隆、張明志鎮滇京，封廣平伯。六年，文秀出川，命爲總統，率龍鳴陽渡大渡河取峨、嘉，會成都，後失利嘉定，退大渡河不進。十三年春，至雅州，屯滎經，與承裔殺承恩。九月，與總兵楊聯芳、武國治，副總兵劉進才、王有功、張豹、姜承業、蕭若蘭，蘆山知縣蕭應芝、華陽知縣張斗、洪雅知縣吴特起，至嘉定降清。總兵傅汝友於十五年七月降清。總兵吴天成、孫繼偕、古中乾、張珍於十七年起兵復江安死。

隆，南府帥標，管理各營大營事務副總兵，陞總兵。

龍韜，字奇六，柳城人。幼孤貧，事母以孝稱。已見天下亂，乃棄文習武。及長，容貌魁梧，技藝絶人，善騎射，控馬如飛。同邑林氏女美而賢，韜娶之。林勸韜從戎，韜以母老辭。林曰：「孝養獨力任之。」遂入卒伍，尋舉武鄉試。與李雄剿陽山蓮花寨。寨厚植刺竹，外濠深廣周之。其酋四娜，女丈夫也，多謀能戰，屢敗官兵。韜縛油棉猫尾，燃火，竄竹林立燼。寨下，四娜降，願爲妾媵。論功，授都司。

未幾，清兵陷廣東，或勸畔附。韜曰：「君憂不能解，國破不能救，韜惟一死明臣誼，誓不辱也。」棄家，率陽山民數十家歸覃村。村人懼，閉閘堅守。時韜母死未葬，求入不得，憤而攻之；村人殺其舅並及妻林。韜終破村。木寮村人聞之，大震，乞援於清都司呂甲。韜擊斬之，還攻巖村。人預儲粟，足支半年。韜焚椒巖口薰之，人盡死，惟一女存，使贅龍姓，以贖木寮村。

永曆二年，復柳州、南寧、慶遠、太平，從何騰蛟復衡、永。初，上幸柳州，楊勝、蘇際盛受郝永忠命，屯融縣，爲寨羅城。三年，覃遇春將林萬全與勝、楊奇、謝海龍、海虎及商人康公黎屯東城堡，燔諸生王愼行家索餉。五月，勝入融縣城，兵不戢，上命韜與賈文鼎剿萬全。四年三月，斬勝，奇、海龍中矢死，執海虎殺之。萬全歸楊國棟，又與羅城梁國材二萬人攻融，合總兵王甲及張勝龍軍。九月，清兵至，甲戰死小東門水港口。

後清兵陷廣西，昭宗幸安龍，韜率兵勤王，迎謁柳城。時沙子橋水漲，韜負上以濟。上曰：「卿忠誠若此，朕如返蹕，當不失五等也。」尋封義寧伯。韜請扈從，不許。命與周文昌、扶穩、韋四守柳城、羅城待援，因建府於海龍山石城，斬知縣許鴻儒、副將沈邦清，復柳州，以賈守昌、全綸守之。後二人走柳城穿龍寨。綸死；守昌降，被殺。

李定國入楚，韜從戰嚴關，復桂林、柳州，東守梧州。韋來朝、袁邦泰、莫世欽、羅金鼐、廖篤增、倪志倫、王之翰、陸仕傅、莫世澤、莫廷陛先後響應。韜練兵籌餉，圖恢復，晉雒容侯。九年，再復柳州。周正登屯天河羅城之山海村，擄剥貢生余家傑。民楊枝秀、曹應時不出粟，俱驅入水死。民吴振夫婦被執，婦蔡投邕江死，振元亦不食死。正登走大溶江。韜部將温如珍素勇武，屯羅城，犯法當斬，復貸死，割左耳以徇軍，恨甚。十一年二月，遂密通清兵，伏兵鳳凰嶺，請韜議事，四娜力勸沮。韜曰：「方收服豪傑，以興大明，若多疑，何以用人！」遂率陳、侯二將及兵十餘往。及真武鞏橋，所乘馬忽後退，鞭弗起。易馬前，抵嶺，伏發均死。所乘馬奔歸，汗雨下。四娜方沐，驚曰：「夫休矣！」不及梳裝，挽髮率兵馳救。道遇如珍，射殺之。清兵大至，擊殺數十人，度不可脱，自刎死。總兵楊振威、韋文有、羅天舜亦被執象州、賓州死。正登至十三年入山，被執死。

萬全，翁源人。千户。

文鼎，融縣人。遇春將，從戰湘陰歸。

來朝，本姓陳，東莞人。陳邦傅將。定國復桂林，與韋日登、譚化龍、譚化春、梁萬鍾、萬四、梁士英、梁士錫、韋全寧、韋太寧、李三元起兵貴縣、賓州山中，授總兵，挂彰武將軍印。十年，合伍金鑾、胡一青兵。定國敗後，屯武宣，戰死。化春、太寧十七年九月，與陸明初、譚國經起兵廉州，十八年八月，皆執死。周子建十九年起兵貴縣死。

邦泰，東莞人。邦傅將。起兵鬱林、欽州，授總兵。定國敗，至象州降清。

世欽，來賓人。與參將莫保珠起兵，授總兵。後降清。

金鼐，賀縣人。歷德慶總兵，提督禁旅、錦衣衛。七年三月，定國復梧州、開建、德慶，以衆附之。

篤增，富川人。萬曆三十三年武舉。官梧州總兵。與族人副總兵篤堅、參將篤璽、守備存忠、都督總兵伯通、慶遠參將知德起兵。永曆八年十二月，與廖定國守玉版寨死。篤堅，字羅石，後降於清。

志倫，昭平人。總兵。定國回南寧，九年三月二十九日，與歐光天、袁啟祕、徐天麟以城畔。十一年，張嘗起兵武緣，諸生蘇允新等數百人、歸德土知州黄道等二十四土司，先後降清。十三年，張彪、盧英敗懷集走。

之翰，字飛白，趙州人。天啟七年武舉第一。授總兵，上書中機宜。出參廣西軍，以忠信著，山寨帖然，卒於官。

仕傅，隆安人。負膂力，能制奔馬。自南寧千總累擢總兵。清招不應，冠帶赴敵死。
世澤，全州人。永州參將。
廷陛，岑溪人。七年，敗走。十一年，與張隆、陳選同死。
正登，融縣人。
嘗，上林人。土目。起兵復宣化、上林。八年九月，與蘇應禎復三里城，斬參將許甲。十五年四月，戰死武緣。
又容縣張義屯關嵩，劉文選屯王相，易天章屯沙木大峒，皆定國將。出没山中，二十餘年乃敗殁云。

劉文煌，一名京，小名金，泰和人。少爲巨室家奴，入萬陽山爲盜。隆武時，從郭應銓起兵撫州，授副總兵。永曆元年降清。金聲桓反正，與李文斌起兵吉水，衆數萬人，紅布帕首，時稱紅營。三年五月，復泰和，遷總兵。冬，宋、蔣起兵雲亭鄉死。尋文煌封泰和侯；文斌授副總兵，封新淦侯。四年，與蓋遇時、魏麟鳳攻永寧、泰和、永新。五年，復永寧。六月，復酃縣，斬知縣徐鼐臣、于琨。六年十一月，李定國兵入永新，與倪端等從之。王祐、王英及建昌鎮兵耿虎、張禹玉皆響應。文煌與遇時、王打鐵復安福、龍泉、永寧、袁州、瑞州、臨江，圍吉安。後定國回師，文煌等屯冶坡自保。七年援絶，爲下所賣，被執南昌死。蕭甲起兵寧州太湖山死。標將李三先於古城戰敗，執死。

文斌，吉安人。

祐，吉安永豐人。永曆五年，起兵永豐，屯九仙寨，累功官都督總兵，挂將軍印，封吉國公，轄臨江副總兵徐兆魁、尹耀祖三十六將。命與潘永禧、張自盛、吴汝學相應，屢破清兵。九年，監軍副使朱國臣、王琳、龔典謨，副總兵胡溥、楊威、傅登雲、陳參兩、胡士先、尹多、高祐先、李象乾、鄒萬敵，參將萬錦、劉光祖、毛國雲執死吉安；副總兵胡長卿、張飛虎、張翼明，參將陳永亮死永豐。十三年十二月，祐遂與宗室議滃、經略彭珅自永豐降清。

典謨，南昌人。英，龍泉人。永曆六年十二月死。同時，南、上、崇間參將譚有謀、羅崇禮皆死。

又僧慈茂，汀州歸化人。居寧都寒溪山。十八年十二月，散札謀起兵。黎化中、陳九鼎、李漢英三十年正月攻連州。終事均不詳。

李先芳，藤縣人。永曆九年，李定國在南寧，先芳與廖鳳、李先善，太監龐甲，起兵屯藤縣昭平，授水師總兵，挂忠明將軍印，封富順伯。已與李承爵進復潯州。十年二月，戰清兵瀨湍，與知府江炎，總兵張士經、歐霖猷及陳邦傅，總兵陳應鳳，參將杜紀績、鄭英、林起皋等被執死；江州知州黃廷杰降清。

鳳，寶慶新化人。襲百户。邦傅部總兵。從定國，以水師攻藤縣。

當定國自安龍扈駕入滇，廣西義師響應者，有吴祖胤、龔瑞、韋綱、李亞、李勝、李喬華、何奎豹、李盛功、梁忠、曹友、廖午養、韋大。

祖胤，雒容人。九年，攻永寧。

瑞，宜山人。初與龍韜起兵柳、慶，與宗室盛濃、李茂先合守黎平、沅靖、富川山中，授總兵。十一年，與將軍王玉龍、總兵熊慶及綱，以滇、黔倮兵數千攻永寧，後被執死。弟旗，亦總兵，復守大溶江山中。十三年九月，與參將曾彪、盧朝仁，韜子呈祚，從子龍三、曾耀，旗鼓關良策，錦衣百户袁應魁，將萬五戰死；總兵潘志乾、晏日章、楊啟芳、黄金貴、晏思章、五閻王、吴興朝、羅承宇、吴國賢、王極、蕭仁、馮知降於清。

綱，融縣人。八年，岔頭人覃應春、李燦斗之掠，至永寧，招莫扶豹，斬燦斗。應春攻莫之京敗，復招韋南山合攻之，亦敗。九年，之京兵盛。十二月，合羅弘志兵。十一年，綱率浪溪義旅戰清兵有功，十二年授副總兵。兵敗入山終。十六年，弘志執死。

亞，一名化龍，宣化人。三年，以鄉兵保逃軍山。四年冬，攻南寧，與李紹誨、曾日芳閧。後應定國，授都督總兵。被執死。紹誨二十二年降清，二十四年反正死。

勝、喬華，鬱林人；奎豹、盛功，懷集人；忠，嘗寧人；友，宣化人；與總兵王得功，皆十一年起兵。勝、喬華屯鬱林，奎豹、盛功屯懷集，忠屯富川、賀縣，友屯南寧、太平，皆倚山設守，授都督總兵，與僮人羅法達、廖仁倫攻桂林、永福、荔浦、修仁。事聞，封勝鬱林伯，喬華陸川伯，奎豹懷集伯，盛功岑溪伯，忠富川伯，友宣化伯。奎豹八年屯嵩岡。十一年，龍國鎮、王天輔攻懷集。十三年，國鎮降清。十四年，張彪、盧英攻連山、白沙。十六年，英降清。十七年，天輔降清，後從吴三桂起兵。

午養，一名六，武宣人。總兵，挂威武將軍印。與子都督總兵文登屯勒馬，十九年敗歿。

大，馬平僮人。與弟二、八皆稱將軍。十二年，戰死。

志乾，柳州懷遠人。五年七月，與韋奉祥起兵，殺懷遠知縣胡景賢。攻融縣，鄧一彪、一龍戰死，志乾走羅城狗頭堡，奉祥爲忠貞營所害。志乾攻古泥，爲曹應元所殺。潘和榮屯木樟堡，亦執死。

啟芳，融縣人。世襲千户。

其後左江楊其清、王道榜、易天章，與右江莫扶化，於二十二年起兵平樂、梧州。扶化攻永寧，敗績西山、麻岡，先後死。彭奇、馮四於二十三年起兵復容縣死。韋志龍於二十九年以瑤人起兵融縣米峒，復長安，攻懷遠板江村，敗走羅城死。副總兵王邦相於是年起兵鬱林、博白、北流、容縣，以恢復爲名，後歸三桂。七月，攻岑溪死。

贊曰：緬甸之幸，《易》所謂「需於泥」也。文選以反首茇舍之從，幾出君坎窞。使無馬吉翔之阻，則厮養御乘，燕昭復國，廟社不至遽斬，英風壯采，足千古矣。復臣、統武、名望、本高、文雄、承恩、承裔、韜、文煌、先芳，勞勤汗馬，建勳方面，皆存不狃存魯之心。雙鯉、三昇、三省、朝聖，勢窮力屈，不能引決，然較之狄三品，人豕分矣。